姜龍昭　著

姜龍昭劇選第三集

文史哲出版社印行

國家圖書館出改版品預行編目資料

姜龍昭劇選. 第三集 / 姜龍昭著. -- 初版. --
臺北市：文史哲, 民 87
面：公分
ISBN 957-549-131-9(平裝)

854.7　　87002516

姜龍昭劇選第三集

著　　者：姜　龍　昭
出 版 者：文 史 哲 出 版 社
登記證字號：行政院新聞局版臺業字五三三七號
發 行 人：彭　正　雄
發 行 所：文 史 哲 出 版 社
印 刷 者：文 史 哲 出 版 社
臺北市羅斯福路一段七十二巷四號
郵政劃撥帳號：一六一八〇一七五
電話 886-2-23511028 · 傳眞 886-2-23965656
實價新臺幣四六〇元
中華民國八十七年三月初版

ISBN 957-549-131-9

蘇序

廣播戲劇是一項很特殊的戲劇型式，固然它在台灣已有近五十年的歷史，然而隨科技、時代背景，甚至語言變遷因素的影響，每個時代皆有不同的表現方式，不過所謂「萬變不離其宗」，廣播戲劇再怎麼變，其特有的想像空間，無邊無際的特性，確是過去如此，今天如此，未來亦然，而掌握這些想像空間的人，除了聽衆之外，就是劇作家靈巧，豐富的頭腦。用抽象去營造具像。

我從事廣播工作近廿年，參與廣播劇演播，亦有十七年之久，但那種由小時候愛聽廣播劇的旁觀立場，轉換到今天錄播廣播劇的主觀角色，二者之間，巧妙的變化與命運的關聯，仍然無法實在的掌握，雖然聽與演，都是在不同時空中營造想像。但是唯一可以強烈感受的，就是劇作家那生花妙筆，與音效專家使這一切轉爲具體，并有足夠的脈絡依循。十七年的廣播劇演員工作，錄製過多少廣播劇，說過多少劇作家要表達的話語，已無從計算，說別人要說的話，固然有些奇異，不過能表達一些經過精心設計編寫的話語，對演員而言，卻是興奮有加的樂事。

姜老師爲台灣寫的各種戲劇，以他豐富學養，與五十二年的經驗，貢獻良多。尤其在電子媒體中的戲劇節目領域。因而，能錄播姜老師的劇本，不但快樂，更是挑戰。快樂的是流暢明快的步調，挑戰的是自己夠不夠格擔任劇中角色，特別是姜老師的歷史劇。今人演古人，由於時空的差距，本已不是件容易的事，而姜老師的歷史劇，以他專於史實之考證，劇本出爐，都已經過百煉精雕，因此錄播起來，早已戰戰兢兢，再加上還須揣摩古人談吐、表情，錄完一齣歷史劇，不但喘口大氣，更由衷讚嘆姜老師深厚的功力與執著，也深怕辜負了劇作家的一番苦心，而姜老師也深知演員的心理，以最簡單易懂的方式，表達歷史劇的深遠內涵。

任何事、物，只要是好的都值得記憶與收藏。以戲劇而言，科技的進步已使電影、電視、舞台劇，有系統的透過十分普遍的模式，大量拷貝，而且垂手可得。但唯獨廣播劇，除電台有系統的存檔保留外，坊間或因某些原因，並無固定出版販售，使得想保存的聽眾向隅，亦使好的創作，無法廣泛流傳。如今，姜老師將自己精心寫作之廣播劇付梓成書，一如一九九五年出版之「李商隱之戀」英譯爲舞台劇本，以及之前將「淚水的沉思」、「飛機失事以後」、「泣血煙花」三劇英譯爲舞台劇本，這不但可補優良廣播劇，無法流傳之不足，亦有益於有志戲劇創作之後進者，師法參考，而作爲演員的我，更可在再次閱讀劇本之當兒，回憶起過去。

有人形容廣播劇，是一隻亮麗的蝴蝶，翩翩起舞時，令人引起許多遐思想像，然而它卻稍縱即逝，無法再捕捉，無法再沈浸。如今，這隻蝴蝶，有幸被編印成劇集出版以後，它的美麗將不再稍縱即逝，無法捕捉，而能在不同的時空中，不同的人們間，甚或不同的國度裏，永恒的呈現。

讓這隻美麗的蝴蝶永存不滅，一如那些古典的樂章，永遠爲人傳頌。

蘇文彥　一九九七年十二月於台北市

（蘇文彥先生，是一資深的廣播工作人員，更是一位傑出的廣播劇演員，現任中國廣播公司節目部副理，本劇選集中，不少角色，均由他演播。）

戴序

廣播劇與我淵源久遠，影響既深且鉅，它曾陪我走過孩童時代。動人的故事情節，字正腔圓的國語，豐富的聲音表情，更爲孩童時代編織了不少美麗的夢。希望有一天，能說得一口好聽的國語，演廣播劇。如今，美夢成眞，不但演「廣播劇」，還導了「廣播劇」。現在更擔負「創作劇坊」稿件約審及導錄工作。姜龍昭先生即是我常叨擾的編劇大師。

欣聞姜龍昭先生將其精典廣播作品，選出十一本，滙集成冊，出版「廣播劇選集」，絕大部份，都曾在「創作劇坊」播出，其中「異鄉」一劇，且曾獲頒中廣公司「日新獎」戲劇節目第一名。身爲「創作劇坊」工作者，樂見其成，並欣然應姜編劇大師之邀，略書一、二。雖有僭越之嫌，但也樂於斗膽一番。

與姜編劇因工作之緣，時相討教，對其作品及寫作態度，也有了解。姜大師廣播劇作品特色是題材與時勢相結合，充分掌握時代脈動。例如：「異鄉」一劇，探討當時社會熱門移民話題。「一頭蠻牛」揭示現現代年輕人打破「傳統結婚生子」觀念。「三度空間」，則針對社會治安問題，提出對生命尊重的呼籲。劇本對白用字遣詞，流暢練達，且能付與角色年齡、個性、身份特有之性格語言。主旨激濁揚清，深具「振聾啓聵」，寓教於樂之功效。

姜編劇寫作態度嚴謹，經常爲編寫故事題材，苦心積慮，到處搜隻有關資料，不論報章雜誌或深入家庭探訪，竭盡心力。因此他的廣播劇作品播出後，深受聽衆喜愛。有一次姜編劇在廣播劇「盲戀」中，留下一個電話號碼，結果姜府電話連連，原來都是盲人聽衆打來，探聽奚大夫下落的，可見聽衆迴響之熱烈。

大師首創廣播劇是可以讓人看得見的，曾經編寫「看不見的殺手」一劇，給聽衆去看，眞是特別。事實上，廣播劇的迷人之處，就在於它純以聲音藝術呈現的戲劇型態，可以激發人高度想像力。不論男女主角俊俏秀美，場景環境變化，或時序更替，都是每個人想像中之「最」，最眞、最善、最美，絕無設限。廣播劇雖無有形舞台，舞台領域卻寬廣無限，因爲舞台就在你、我的腦海中。

姜編劇從事文藝創作已五十餘年，著作等身，得獎無數，聲譽崇隆。不但勤於筆耕劇作，更富「薪傳」使命感，近年成立「龍昭編劇班」，教授社會青年在學子弟編劇，他希望有更多的人能透過戲劇寫作方式，灌輸正確人生觀，藉著戲劇潛移默化的力量，達到「心靈改革」的最終目標，能夠爲敗壞的社會風氣，注入一股清流，化解暴戾之邪氣。我們爲他的使命感喝采！希冀有更多的新血輪，投注於廣播劇的創作，爲廣播劇園地，綻放芬芳花朵，散發馨香之氣。此乃廣播劇聽衆之福！

恭賀姜編劇八十六年榮獲國軍新文藝「特殊貢獻獎」，並將此一「廣播劇選集」順利出版，相信此選集，不但開展閱讀者文學欣賞領域的範疇，同時也是有志廣播戲劇創作者學習的最佳範本！

祝福姜大哥閤家健康愉快，平安喜樂。

戴愛華 八十六年十二月廿六日于中廣公司

（戴愛華女士，是一位優秀的廣播工作者，她從事廣播劇之演、導、策劃及製作，已有相當的歲月，目前，她是中國廣播公司導播，兼「創作劇坊」製作人，本選集中，有不少劇，皆由她擔任導播。）

自序

一

民國八十六年十月廿八日，國軍新文藝輔導委員會，特頒發一座「特別貢獻獎」的獎座給我，由國防部副參謀總長唐飛將軍在「國軍文藝活動中心」親自頒授，與我同獲此項至高榮譽的，尚有劉毅夫（新聞報導）、吳劍虹（國劇）、朱西寧（小說）、黃瑩（音樂）、鄧雪峰（美術）等五位先生，而我是以「影劇」得獎，每一項目，只有一位得獎人，可謂得來不易。

這項獎勉，對我而言，是非常大的鼓勵與肯定。也使我引起決定要出版這本「姜龍昭劇選第三集」的動機，因爲將我的作品，薪傳下去，當是我對此項獎勉，最好的回饋。

「姜龍昭劇選第一集」，於民國七十一年，由遠大文化圖書公司出版，迄今早已絕版，內收容了我得獎的電影劇本「鐵甲雄師」，及得獎的舞台劇本「多少思念多少淚」、「國魂」與多次演出的「沒有舌頭的女人」。相隔了六年，民國七十七年，由文史哲出版社，出版了「姜龍昭劇選第二集」，內收容了五個舞台劇本，其中「心眼」、「母親的淚」、「淚水的沉思」均曾得獎，未得獎的有「一隻古瓶」、「孟母教子」二劇，現是否尚有存書，已不得而知。

時光匆匆，相隔了十二年，我再由文史哲出版社，出版「姜龍昭劇選第三集」，內所收容的是十一個廣播劇本，其中「異鄉」一劇，八十六年曾獲中國廣播公司頒給「日新獎」，其餘諸劇，分別在中廣及漢聲兩電台播出過，是近年來，我自己比較滿意的作品。

「**看不見的殺手**」，是一齣可以讓人「看」的廣播劇，很新鮮吧！廣播劇只能聽，無法看，但我特意作一項新的「嘗試」，播出後反應熱烈，中廣曾在不同的時間內，一再重播。

「**終站**」，是主題表達「人生哲理」的一齣廣播劇，全劇前後歷時卅餘年，主角由一個小職員，不斷奮鬥升到總經理，最後卻服毒自殺，抵達人生的終站，全劇只出場六個人物，你想解開這個謎嗎？讀後方知。

「**乾隆與香妃**」及「**長恨歌**」上、下兩集，是這一劇集中，僅有的兩個歷史劇本。我為劇中人香妃之考證，從民國六十五年至八十二年，共化了十七年的功夫，前後出版了「香妃考證研究」正集、續集兩本專著，才著手編寫是劇；「長恨歌」中的楊貴妃，生前並未為「壽王妃」，死後亦未葬在「馬嵬坡」，我也寫了不少有關她的考證文字，因此該二劇，與他人編寫的不盡相同，特蒐錄在本集中，歡迎大家讀後賜教。

「**盲戀**」，是依據報紙上一篇不到三百字的短文所編寫的劇本，想不到播出後，有眞的盲人聽衆，打電話給我，探聽劇中眼科專家奚大夫的地址，中廣公司先國語播出該劇後，又將之用閩南語播出。

「**求偶**」、「**紅娘難為**」、「**異鄉**」、「**迷情**」四劇，是以美國爲故事背景的廣播劇，其中一些情節，多半由留美十餘年之好友伹仁先生所提供，十分眞實動人，「異鄉」能得獎，榮譽應歸功於故事提供者。

「**一頭蠻牛**」是刻劃現階段新新人類言行的寫實劇，一半也是我耳目所見所聞、有所感而寫，老友史良騏於收聽後，特打來電話給我，表示讚賞。

「**三度空間**」是八十六年我應中廣公司戴愛華導播，再三熱誠邀約寫的一個本子，劇中出現的一些人物，都是大家耳熟能詳且已去世的新聞人物，也是我寫「廣播劇」以來，一項新的「突破」，希望能引起大家的共鳴。「三度空間」究竟在那裡呢？聽了才分曉。

二

回憶我第一次寫廣播劇，是在民國四十六年，當時我依據聶華玲的小說「葛籐」，將之改編成廣播劇：「葛籐之戀」，想不到投稿寄到中國廣播公司後，積壓了半年之久才獲退稿。後來我將之參加教育部徵求廣播劇本而入選獲獎，結果由教育部再轉送到中廣播出，已是民國四十八年一月四日了。迄今民國八十六年止，我已爲廣播劇，整整寫了四十年，開始時，多靠投稿，應徵得獎而被播出，後來才慢慢的受電台青睞，邀請撰稿，最近，我因「異鄉」得獎，將歷年保存的廣播劇本，加以整理蒐羅在一起，發現我已寫了近一百七十個廣播劇本，有些分上、下集，或上、中、下三集播出，也有分一週六集播出的，正確的數字，已無法統計，唯概略的計算總字數，以一本一萬五千字計算，當在二百五十萬字以上。

四十年中，我因廣播劇而得獎的情形，簡述如下：

「葛籐之戀」——四十七年獲教育部徵求廣播劇本佳作獎。

「六六五四號」——五十一年獲「新文藝」月刊祝壽徵文劇本類首獎。

「海角一樂園」——五十三年獲中國筆友會徵廣播劇本獎。

「寒澗圖」——五十四年獲教育部徵求廣播劇本佳作獎。

「江爺爺」——七十四年獲中華民國編劇學會頒發最佳廣播劇本「魁星獎」。

「地下英雄」——七十四年獲新聞局「國家建設」徵文廣播劇本獎。

「血洗天安門」——七十八年獲警備總部青溪新文藝學會廣播劇「金環獎」。

「李商隱之戀」(上、下集)——八十二年獲中華民國編劇學會最佳廣播劇本「魁星獎」。

「異鄉」——八十六年獲中國廣播公司最佳廣播劇「日新獎」。

此外，已出版的廣播劇本，包括錄音帶在內，亦有九種之多，在附錄內刊出，此處不再贅述。

三

廣播劇，在電視未出現前，在民國四十年代，是它的「黃金時代」。到了民國五十年代，電視劇崛起後，開始走入低潮，但自從「有線電視」興起後，電視連續劇的泛濫及水準低落，連每晚八點檔的國語連續劇，其收視率已低到只剩百分之十左右時，聽廣播劇的聽衆，卻相反的又漸漸抬起頭來，廣播劇雖已改在深夜播出，但近年我所寫的廣播劇，經常有一些友人收聽後向我陳述，而坊間很少有出版過「廣播劇選集」的書籍，年輕朋友、有意學編劇的，都在我辦的「龍昭編劇班」內，向我反映。內子柯玉雪於民國八十一年出版的「錦瑟恨史」廣播劇選集，現在亦已找不到剩書了。名編劇家高前先生，八十年曾出版過一本「她還會回來」的廣播電視劇選集，他在該書的後記上，引用劇作家貢敏說的話：

「廣播、電視劇劇本的壽命，不如一隻蝴蝶。」

爲什麼這樣說呢?因爲蝴蝶的壽命，大約活不到一星期，廣播劇聽完，也就像煙霧一樣，在空氣中消失了。

但我卻不這樣想，我覺得自己絞腦汁、用心血寫出來的作品，仍有流傳下去的價值，至少後一代的子孫，可以知道，在民國八十年代，曾播出過那些廣播劇本。蒐集在本集中的諸劇，全是民國八十年至八十六年間的作品，我自己十分珍惜，希望愛好戲劇的朋友，也喜愛它們。

我保存有上列各劇播出時的「錄音帶」，願意看了書以後，再聽一聽的朋友，可以打電話：二五七八五八二〇給我連絡，寄空白帶給我也可，僅收極少的手續費及掛號郵寄費，你就可以在家一聽再聽，我家的地址是：台北市八德路三段十二巷五七弄十九號四樓。

本劇選集，刊出的全是廣播劇，我特請經常爲我劇本播音的廣播明星蘇文彥先生，爲我寫序，他現任中廣公司節目部副理，從事廣播工作已廿年，他謙稱我爲老師，有些不敢當，因我雖在一些大學執教廿餘年，但他不是我教過的學生，特在此說明，此外，我也請了「創作劇坊」的導播戴愛華女士爲本書寫序。他倆是使我的劇本，發出光彩的基因，也是我請他倆寫序的最大原因。最後，本書爲作者保留電視劇、舞台劇、電視劇之改編著作權，若有人改編，希先聯絡，以徵得本人之同意。

姜龍昭 民國八十七年一月廿日

姜龍昭劇選第三集

目　次

附錄

看不見的殺手

——民國八十年八月十一日中廣公司播出——

·常燕 導播·

時：現代

地：台北

人：沙虎臣——六十餘歲，年輕時，作惡多端，年老時精神分裂。（沙）

沙太太——六十餘歲，吃素拜佛。（太）

沙小莉——虎臣的獨生愛女。（莉）

曲大夫——沙虎臣的醫師，四十餘歲。（曲）

呂春桃——廿餘歲的少女，被害人。（呂）

徐志青——五十餘歲，被謀殺分屍之苦主。（志）

黑　狗——四十餘歲之不法之徒，也被虎臣滅口。（狗）

（音樂、劇名、演職員報幕）

報幕：各位聽衆，這是一齣可以「看」的廣播劇，很新鮮吧？你想不想看啊？想看的話，可以先把電燈熄滅，閉上眼睛，打開你的「心眼」，就可以看到銀幕了。

報幕：這是一個風雨之夜！（配風雨聲）

在一幢豪華別墅的客廳裡，時鐘敲了十二點（十二下鐘聲），風吹動著窗簾，倏然，門外進來一團黑影，（配開門聲）鏡頭只照黑影的腳，他一步一步走上樓去！（可配輕微的腳步聲，或緊張恐怖的音樂）

啊，臥室的門推開了，黑影進入了臥室……

鏡頭讓我們看見，床上睡了一對老夫婦，年紀已六十多歲，他們睡得正香（配以鼾聲）黑影一步一步向床邊走去，她掀開了蚊帳，伸出雙手，掐住男主人的脖子，欲置他於死地，……

沙：（驚醒，掙扎，推開對方，驚嚇過度）誰！……你是誰？……

呂：沙老闆，……我是春桃，……你不記得我啦？……

沙：春桃，……你認識我嗎？……我年紀大了，記不起來了，……你……要謀殺我？爲什麼？……

呂：你……把我害得好慘，你忘了？……

沙：啊，……我害過你嗎？……我怎麼一點也想不起來了呢？……

呂：別裝糊塗了，……爲了報仇、雪恨，……我現在就要你的命，你跑不掉的！……

沙：你……要我的命？……放手，……有話好說！……

呂：十幾年前，你在廣州香港之間做生意，……你跟我爹說，你認識一個黃牛，可以想辦法，讓我們父女倆偷渡到香港去，找到很好的工作，從此不再過苦日子，呼吸自由的空氣，……誰知在深夜偷渡過邊界的時候，一陣機槍聲，讓我爹和我走散了，……結果我一個人到了香港，……你先是強暴了我，後來，又暗地裡把我賣了，……把我推進了火坑，……這些，……你全都忘了嗎？……

沙：十幾年前的事，……我想不起來了！……

呂：哼，你倒說的輕鬆，……我在暗無天日的私娼館，受盡了折磨，好不容易逃了出來，求你救我脫離苦海，……誰知你，爲了怕我糾纏，先找流氓，把我打得遍體鱗傷不說，……更狠的，把我打昏之後，竟把我裝進麻袋，丟進海裡，餵了鯊魚，……

沙：後來呢？

呂：後來，……後來，我就死了，……我變成了鬼，想找你算帳，誰知，你已離開了香港！……

沙：（駭怕）這麼說，……你是鬼了？……你怎麼找到這兒來的？

呂：（得意恐怖的笑聲）哈哈……怎麼？你以爲，……鬼就不能找到台灣來了嗎？……沙老闆，……今天，是你的死期到了，我不會放過你的！……

沙：春桃，……你要明白，把你丟進海的，……是小毛、大熊，……可不是我，……你要報仇，……可不能報到我頭上來呀！……

呂：少廢話，……今天，我就要你納命來！……

（呂用力掐沙脖子，沙拼命掙扎聲）

沙：你放開我，……

太：（被吵醒聲）虎臣，……你怎麼啦？……是不是做了惡夢？……瞧你嚇得，……你要誰放開你！

沙：（鬆了一口氣）快把電燈打開！……快打開呀！

（開燈聲）

沙：剛才，有人要謀殺我！……

太：誰要謀殺你？……

沙：一個女鬼！……

太：女鬼？……我怎麼沒看見？

沙：啊，……好可怕，……你看，……我被嚇得出了一身冷汗！……

太：你呀！……大概是太累了，……所以心神不寧，……做些怪夢，……要不要吃顆鎮靜劑！……

沙：不，……我清楚，看見她掐我的脖子，……要不是我力氣大，……說不定，眞給她掐死了！……

太：虎臣，……你是在做夢，……你看現在房間裡，就你我兩個人，……那兒還有第三個人呢？

沙：啊呀，你不知道，她是個女鬼，她不是人，你當然看不見啦！……

太：好啦，關燈睡吧，……明天，找曲大夫去！……（關燈聲）

沙：別關燈，……我害怕！……

太：（開燈聲）好，不關燈，開到天亮，……總成了吧！

（音樂）

太：曲大夫，……你是我先生的醫藥顧問，……我先生的糖尿病，也是吃你開的藥，在控制著，怎麼，這一陣子，你開的藥，他吃了，沒有什麼效呢？……

曲：沙太太，……你別躭心，……董事長，只是有些神經衰弱，所以，夜晚，容易做夢，睡不好覺，……這要慢慢調養才行，……不是什麼急性病，可以，一吃藥，就立刻見效的。

太：曲大夫，你不瞭解，……這幾天，……我幾乎每晚都給他嚇得大喊大叫的吵醒，……他說，有一個叫春桃的女鬼，他一閉上眼，就看見她……糾纏個沒完沒了，爲了對付她，……他特別準備了一把刀子，放在枕頭底下，一看見她來了，就把刀拿在手裡，……我怕他不小心，用刀傷了自己，要把刀收起來，他就是不肯！這……怎麼辦呢？

曲：他是太緊張了！……

太：昨天，我不管他，偷偷還是把刀藏了起來，結果，睡到半夜，大概，那女鬼來了，他找不到刀子，情急之下，把床頭櫃上的玻璃杯、枱燈，向前砸過去，把落地窗的玻璃都打破了！……

曲：這麼說，……他的病情眞是不輕咯！……

太：現在，除了晚上睡覺以外，白天，他也疑神疑鬼的，他說，那個女鬼，好像隨時隨地，都會在他身邊出現，一定要我陪著他，……有時候，佣人沖了杯牛奶給他喝，……他也一定找我先喝了一口，他才敢喝，……他說，那……我看不見的女鬼，……很可能趁他不注意，在牛奶裡下了毒！

曲：沙太太，聽你這麼說，……我建議你，不妨陪董事長去找一個心理醫生，好好的談一談，他不但生理上有病，心理方面也有問題，所以，才會這樣心神不寧！……

太：找心理醫生，可以把病治好嗎？……

曲：不妨試試看。……

太：可是，我表姊說，……我先生可能遇上了「邪氣」，……碰上了不乾淨的「東西」，……這樣去找心理醫生，也是沒有用的，最好是去廟裡燒燒香，或是請道士來唸經，做做法事，……把鬼趕走了，也就沒事了！……可是，我是信基督教的，……我又不相信這一套！

曲：沙太太，……那你有沒有找牧師談一談呢？……牧師，不也可以趕鬼的嗎？……

太：我跟牧師談過，……他很願意給我先生禱告趕鬼，可是，我先生不信這一套，他不肯合作，……也不願禱告！……

曲：沙太太，……站在醫生的立場，……我也不太相信這些，……我看，這些藥，……你還是先給他按時服用，若……眞沒有效，……不妨，住院去治療，換個環境，……也許，……那鬼就不會來糾纏他了！

太：也好，……要是再嚴重，也只有送他去住院了！

曲：沙太太，……那我告辭了，……再見。……

太：曲大夫，……再見，……我不送你了。……

（腳步聲離去）

（電話鈴聲響）

太：（接聽電話）喂，……找誰？……是小莉！……

莉：（電話中聲音）媽，……同學約我去看電影，我不回來吃晚飯了！……

太：小莉，……早點回來，……別讓媽爲你擔心！……

莉：我知道……

太：對了，小莉，……你爸最近精神很不好，……你回家有空的時候，最好多陪他聊聊天，……別只是老在外面玩，……讓他整天見不到你的面！……

莉：媽，我知道了！……

太：過兩天，……是你爸的生日，……你可別忘了，留在家裡，陪他好好吃頓飯，……送他一樣生日禮物，讓他高興一下，……他的寶貝女兒，沒有把他的生日，給忘記了。

莉：媽，……你已講過了，……我會記得的！……三分鐘時間到了，我掛電話了！……

太：好，你掛吧，……（嘀咕地）跟你男朋友打電話，……就沒完沒了，跟媽打電話，多說了幾句，就嫌煩！……(又想起)喂，小莉……（對方已掛電話）……唉！話還沒講完，就斷了！……（掛上電話聲）……嗯！（嘆氣聲）……

（房間內傳來玻璃打破聲，東西推倒聲）

太：（急奔入書房聲）虎臣，……你又怎麼啦！……

沙：（厲聲的）你……給我滾開，滾！……

太：老爺子，……你又在發什麼神經？你一個人，跟誰在講話！……

沙：我不是跟你說話，你少插嘴，……（厲聲的）你再不走，……我對你就不客氣了！……

我對你的忍耐是有限度的！……

志：好！……改天，我再來找你算帳！……

（一陣風似的，書房門被用力的關上聲）

沙：（鬆了一口氣）總算讓我趕走了！……

太：老爺子，……誰讓你趕走了，……我可沒有看見，有人走出去啊！……

沙：你看不見的，……是個男鬼！……年紀跟我差不多的男鬼！

太：什麼？……除了女鬼，又多了個「男鬼」！……虎臣，……究竟是眞的，還是假的，……
……我怎麼一個也看不見啊！

沙：你看見了，他就不是鬼了！……你沒看見，……你進來的時候，書房的門，是開著的，
……現在，不是關上了！……

太：那是一陣風，吹來關上的！……

沙：不是「風」，……是「鬼」！……他還跟我說：「改天，再來找我算帳」，你沒聽見嗎？
……

太：我……沒聽見！

沙：唉，……我要怎麼說，你才相信我說的話呢！……

太：好了，我相信你說的話，……又是吃藥的時間到了，……我來倒水，（倒水聲）你吃了
藥，再說！

沙：你就知道要我吃藥，……我自己很清楚，……這些鬼來找我，不是吃藥，就可以把他趕
跑了的！……

（音樂）

（敲門聲）

沙：（有點緊張的問）誰？……

莉：爸，是我。……你還沒睡啊？……
沙：小莉，媽說你看電影去了，跟誰一起去的？
莉：同學嘛！
沙：是男同學，還是女同學？
莉：都有啦！……爸，你在做什麼？
沙：閒得無聊，我在看聖經。
莉：爸不是不信教的嗎？怎麼會看聖經呢？
沙：小莉，爸是睡不著，隨便看的，……覺得很有道理！……
莉：是嗎？
沙：小莉，你不急著睡吧，……來，陪爸聊一聊，這些日子，……在家很少看到你。……對了，剛才你去看了什麼電影？……說給爸聽聽看。
莉：我們去看的是西片，是今年美國最賣座的一部電影，片名叫「第六感生死戀」，……爸，眞的很精彩，……你也可以去看一看啊！
沙：是愛情片，對不對？爸老了，……沒興趣。
莉：爸，這可不是老套的愛情片啊！……要不要我把故事說給你聽，……包你聽了會想去看，……我願意陪你去看第二遍。
沙：啊，有這麼大的吸力，……你倒說給爸爸聽聽看。

莉：故事是說一對相戀的男女，男的叫山姆，女的叫茱莉，有一天，在回家的途中，男的突然遇上流氓的襲擊，在打鬥中，意外的死了，……

沙：男主角死了，……這後面的戲怎麼唱？……又出現了第二男主角？

莉：爸，你聽我說嘛！山姆雖然死了，但他的靈魂，卻沒有離開這個世界，依然陪伴在茱莉的身邊，保護她的安全。

沙：外國人也講究陰魂不散？……

莉：後來，山姆發現他的死，眞正的兇手，並不是流氓，幕後的主使者，是他的好朋友卡爾，卡爾因爲也愛上了茱莉，所以才設法弄死山姆的，當卡爾向茱莉展開愛情攻勢向她求婚的時候，茱莉並沒有看清他的眞面目，而死了的山姆，卻看的一清二楚，他想盡辦法，要阻止卡爾的陰謀，但是天人永隔，陰陽相隔，難以穿越溝通，……

沙：這個劇情，倒很奇特，那後來怎麼解決呢？茱莉還是接受了卡爾的求婚？

莉：沒有。幸好山姆找到了一個黑人女靈媒，……讓茱莉知道，山姆雖然死了，但靈魂仍在她身邊，……並透過靈媒的嘴，使茱莉知道，害死山姆的，就是卡爾。

沙：那後來的結局，是怎麼樣呢？……山姆有沒有再活過來？

莉：最後，卡爾的陰謀被識破了，……他自食惡果，受到報應，在與山姆鬼魂的追逐中，被奪走了性命，讓小鬼抓入地獄。而山姆報了仇，……才被天使接送升入天堂，……與活著的茱莉黯然告別。

沙：小莉，……你相信，世界上眞有鬼魂嗎？……

莉：我相信，人死了，靈魂是存在的，只是我們活的人，不容易看見罷了，……要不然，外國人，怎麼會拍這樣的電影呢？……

沙：這麼說，小莉，……你是相信有「鬼」囉？……

莉：鬼，就是靈魂嘛！……

沙：那你怕不怕「鬼」？……

莉：要是我們不去惹他，我想鬼和人一樣，不會來找我們麻煩的，除非，我們害死了人，……那才怕「鬼」！……爸，……你怕鬼？

沙：小莉，……聽你說了這個電影的故事，……爸，……今晚更不敢睡覺了！……

莉：爸，……你……怎麼啦！……你的手，在發抖？……媽說你最近夜晚，老做惡夢，嚇得大喊大叫的，……是怎麼回事呢？

沙：小莉，……爸不騙你，……有一個女鬼，還有一個男鬼，……最近我感覺得出來，……他們老在我左右，……要找我算帳！……

莉：爸，……這幾年，你老是做善事，到處捐錢，熱心公益，……怎麼還會有鬼來找你算帳呢？……大概是您太緊張了，……所以，才會精神恍惚，……心神不安。……

沙：不，小莉，……（愧疚，痛悔的說）你不知道，爸早些年，……的確做了不少……傷天害理的事，……當時，……我安排得很周密，離開香港到了台灣，誰也不知道，……我是怎麼樣的一個人，……讓我過了一段舒服的日子，……可是，現在……大概是我的死期快到了，他們一個個的來跟我算舊帳，……小莉，……你說，爸該怎麼辦？……

莉：爸，……你在胡說些什麼？……我不相信，爸……會是個壞人！爸，時間不早了，我送你去臥室休息，好不好？……

沙：小莉，爸說的是眞話，……爸沒有騙你，……小莉，你看，……窗簾在動，……你看見沒有？

莉：那是風吹的！……

沙：不是風吹的，……是那個女鬼，在拉它才動的！

莉：爸，沒有啊！……那有什麼女鬼？

沙：你是看不見她的，……（突然大聲的）門沒有開，你怎麼進來的？

莉：爸，……你……在跟誰說話？……

沙：啊，……那個男鬼也來了，……你們竟然聯合起來，對付我！好，來吧，……我女兒在這兒，今晚，我決定跟你們拼了！……來啊！……來啊！……

（恐怖的音樂升起）

（一塊硯台向前扔去，砸在門上，掉地粉碎聲）

莉：（恐怖駭怕的大叫）爸，……

（鐘聲敲十一點聲，來雜一聲貓叫聲）

（音樂）

志：（突然出現，高聲叫著）沙虎臣！……

沙：（嚇一跳）是誰？……在跟著我！

志：徐志青，……怎麼？……好多年不見，你……不認識我了？

沙：（駭怕的）徐……志……青！……你不是早死了嗎？……

志：我是死了，……可是，……我想……來找你敘敘舊，……

沙：敘舊？

志：老朋友了，……你何必老躲著我呢？……你以爲去廟裡燒燒香，捐幾個香油錢，菩薩就會保佑你了！……再不，上教堂，去做做禮拜，我就不敢來和你見面了？……這是不可能的，世界這麼大，所謂「冤家路窄」，我們還是可以碰頭的！

沙：徐志青，我們過去是好朋友，……怎麼說是「冤家」呢！

志：那就對了，……我們本來就是好朋友嘛！……你何必見了我，就一副殺氣衝天的樣子，……你不是早在香港就派人把我殺了，還分割成一塊一塊的，……東埋一塊，西埋一塊，……害我，……要到閻王爺那兒去報到，還找不到我的大腿……

沙：徐志青，你弄錯了，……殺你的，不是我，……你想想看，……我們是一起從大陸逃到香港的，……我怎麼可能殺了你，還把你分屍呢！

志：沙虎臣，我的這件案子，……陽間是懸案，沒有法子偵破，……可是在陰間，城隍老爺，……一翻生死簿，就查清楚了，殺我的是黑狗和阿龍，……可是在幕後主使的就是你，……如今，我已經成了鬼，……難道你還想賴這筆帳嗎？……黑狗也死了，他親口告訴我的，是你命令他幹的，……辦妥以後，你還送了他一層樓，……五十根金子，……這該不會錯吧！……

沙：志青，……既然你都知道了，我還說什麼呢！……當時，我也眞是給鬼迷了心竅，一心想獨霸天下，……志青，……事情已經過去多少年了，……你就不能原諒大哥一次嗎？

志：要是我殺了你，……大哥，……你能原諒我嗎？……

沙：志青，……大哥是錯了，……對不起你，……讓你冤死在香港，……大哥實在不應該，……可是大錯已經鑄成，……你是不是可以給大哥一個贖罪的機會，……大哥給你來做法事、唸經超度，……你有什麼要求，儘管提出來，只要我能辦得到的，……我絕對給你辦到。……

志：你現在有錢了，……說得倒輕鬆，……可是，……再多的錢，也沒法使我重新活過來，……

沙：那……你……要我怎麼辦呢？……

志：我好不容易，從香港到台灣來，找到了你，……我就不會輕易放過你的，所謂「冤有頭，債有主」，……現在是我申冤報仇的時候到了，我絕不會被你三言兩語，就打發走了的！

沙：志青，……俗話說：「冤家宜解不宜結」，……冤冤相報，……那就永遠沒完沒了，……

……何苦呢？……這樣吧，……我欠你的，等我下輩子，做牛做馬來報答你，……總可以了吧！

志：下輩子，……我沒有耐心等這麼久。……

沙：那你……究竟要我怎麼樣，你才滿意呢？

志：我要你……現在馬上就「死」！……

沙：志青，……你眞這麼狠心！……你……就不能放我一馬嗎？……

志：放你一馬？……想起過去的事，你實在太讓我傷心了，……那一年，我們一起從大陸逃出來的時候，你帶的路費一大半還是我給你湊的，……過邊界的時候，你的右腿中了一槍，是我背著你跳水游泳上的岸，……爲了養傷，你好幾個月，躺在床上不能動，……是我去討飯來餵你吃的，……想不到，……到我找到了賺錢的路子，你又來搶我的地盤，……

沙：志青，……這些過去的事，……你就別提了，……我是對不起你，……你是我的救命恩人，……結果，我卻恩將仇報，……我是該死，……（自刮耳光聲）我……是禽獸！不是人！……

志：別再打給我看了，……你的這一套，……過去在我面前，表現過很多次了，……因爲我心軟，……好幾次，……都原諒了你，……結果，……讓你騙了，……讓命都送在你的手裡，卻把帳記在別人的頭上！……

沙：志青，……你眞要我今天就死！

志：對！

沙：我……向你下跪，（跪下聲）向你磕頭！（磕頭聲）……還不行嗎？……

志：不行。……

沙：你要我……怎麼死呢？

志：你再往前走，……就是個平交道，……一會兒，火車就要來了，我要你漂亮一點，自己走過去，……在軌道上躺下，讓火車把你壓成三段，……總比你，把我分屍好多了吧！

沙：什麼？……你要我自己去讓火車壓死！……這……太可怕了，……我不幹，……我（堅決的）絕對不幹！

志：沙虎臣，有我在，……你不幹，也得幹！……走呀，……你不走，我就拉你走！……

沙：不，……我不幹，……我還不想死！……

志：（厲聲）不用叫，……今天，你非死不可！……

沙：（大叫）不，……我不要死！……救命啊！

（夢囈聲不斷）

太：虎臣，……你怎麼啦？快醒一醒，……怎麼，又做惡夢啦！……曲大夫的藥，……怎麼一點效也沒有呢？……

沙：（醒過來）啊，……原來是夢，太可怕了，……太可怕了。……

（音樂）

太：小莉，……你爸的病，一天比一天嚴重，你說，媽該怎麼辦，才好呢？

莉：既然曲大夫治不好，找中醫試一試，或者去看心理醫生，來心理治療。

太：小莉，你是因爲忙學校的功課，媽沒有時間告訴你，中醫、心理醫生都看過了，也都沒有用。……

莉：我看，……爸可能眞的給一些「惡鬼」纏住了。……

太：別人，也是這樣跟我說，爲了醫你爸的病，我也去廟裡燒過香，求過菩薩。……

莉：有沒有用呢？

太：一點用都沒有。

莉：媽，你信基督教，應該去找牧師，才對。

太：牧師我也找來家裡，做了禱告，當時，好像好些，可是，到了晚上，……他還是照做惡夢！有一天晚上，他拿了那把刀，差一點要自殺，幸好，被我發覺，把刀搶了下來，要不然，你爸，也許，早就不在了。……

莉：爸會做夢，拿刀子自殺？……這不太可怕了！……

太：所以，現在，我都把所有的刀都收起來，連剪刀也不讓他找到。……

莉：媽，……我聽說，「鬼」怕道士畫的符咒，要不請道士畫些符咒，貼在臥室裡，也許，那些鬼，就不敢來了。……

太：請道士畫符咒，……這媽也試過。

莉：結果，怎麼樣？

太：那天，你去花蓮秀姑巒溪划船去了，不在家，我請了好幾個道士，來作了一天的法事，門上、臥室裡，甚至被子裡、衣服裡，都放了符咒，……結果，……那兩個鬼，可能被擋在外面進不來，……就千方百計的逼得你爸，在床上坐立不安，一會兒冷，一會兒熱，像打擺子一樣，要我非把那些符咒除去不可，我不肯，他竟然發起火來，用汽油倒在地上，要放火燒房子，跟我同歸於盡……

莉：這鬼怎麼這麼可惡！

太：我被弄得沒有辦法，……只好依了你爸，把那些符咒，全給撕了！……小莉，……你給媽想一想，……還有什麼更好的法子，可以把那兩個「惡鬼」給趕走！

莉：媽，……我想，……硬的不行，……我們只有來軟的！

太：軟的，怎麼軟法？

莉：我們去找靈媒，……

太：什麼媒？

莉：就是通靈的人，……和那兩個鬼來溝通！看他們究竟有什麼條件，才肯放過我爸！……

太：你是說，跟他們講條件，……人和鬼還能談條件嗎？……

莉：我想，……應該可以溝通的！……

太：那兒去找通靈的人呢？……那些廟裡的乩童，……我看大部份都是騙人的，……

莉：對了，……我聽同學說，在花蓮，……有一個四十多歲的寡婦，她很早就死了丈夫，……但是，她可以到陰間去，把死去的人的靈魂，找來附在她身上，和活著的死者家屬談話，……那說話的聲音，和生前一模一樣，談話的內容，……也是一般局外人所不知道的，……玄得很。……

太：小莉，……那你快找同學去問個清楚，眞要靈驗的話，我們和你爸一起到花蓮找她去，……

莉：我聽說，那個寡婦沒有讀過什麼書，根本不懂英文，有一次一個老美去找她，要她把死去的父親找來，……結果，找到了，……那老美的父親，靈魂附在那寡婦身上，寡婦立刻說起英文來，那腔調還是道地美國南方的腔調，……聽得那老美，當場感動得流下眼淚來呢？……

太：聽你這麼說，這是眞的咯，……不會是騙錢的囉！……

莉：媽，……只要是眞能通靈，……當然不會是騙錢的！……

太：小莉，明天上學，就記得辦這件事，……媽……眞恨不得現在就能去花蓮，找到那個寡婦！

莉：知道了，媽，……我也希望，能早一天把爸的病治好。

（音樂）

（倒酒聲）

志：嘿，……虎臣，怎麼一個人在喝酒呀！要不要我來陪你喝一杯？……過去，在香港，我們不是常在一塊喝酒玩女人的嗎！

沙：（掃興、失望）志青，怎麼？你……又來了！

志：只要你沒死，……我就……可以天天來找你算帳，……算這筆還不清的血帳。

沙：志青，……你……來，來就是了，……我請你喝酒，總不錯吧！（倒酒聲）……隨意，還是乾杯？……

志：乾了！（碰杯聲）……（咕咕喝酒聲）死刑犯槍斃之前，都會有酒喝的，……這叫「斷魂酒」，……上路以前，……才不會害怕！

沙：你還是要逼我去死！……志青，……你放心，我沙虎臣，決不會無緣無故去自殺的，……除非，你有本事，把我殺死，……瞧你那付身材，……你打得過我嗎？……

志：我是打不過你，……不過，我有法子，看你死在我的面前，你信不信？……

沙：志青，……我信你狠，……成了吧！……前幾天，……你不是去了花蓮，找那通靈的寡婦，和你講得很清楚了嗎？……從這個月起，我每月找和尙爲你唸經、超度，另外給你燒紙錢，讓你在陰間不愁吃住，……這樣，你還不能滿足嗎？……

志：滿足？……我的「命」，……不是你花這些小錢，就可以打發得了的！

沙：你若要房子，我也可以燒一幢花園洋房給你，……你要車子，我就燒一部朋馳的給你，……你還要怎麼樣呢？

志：哼，你說得好聽，……我沒有大腿，……坐什麼車子！

沙：志青，……我知道你很難過，……但是，這也是沒法子的事，……我給你做兩個義肢，假腿行不行？……

志：沙虎臣，別再像哄小孩子一樣的來哄我了！……我……現在就要你死，……喏，……我已經給你把繩子帶來了，……上吊的結也打好了，……你只要乖乖的把頭伸進去，就成了，……我也就找到了替身，可以去投胎，重新做人！……

沙：不，我不想死，……我也不要上吊。……

志：你是「敬酒不吃吃罰酒」，……逼著非我來動手，才肯上吊！

沙：志青，你眞要逼我走絕路，……我也不是好惹的，……我……會和你拼命的，……你有本事，……你就別跑！

志：怎麼？你又找到什麼趕鬼的法寶，來對付我嗎？……告訴你，今天我來，還找了個幫手！……你回過去看看，站在你後面的是誰？

沙：（一驚）誰？

呂：（是得意的笑聲）哈哈……是我，……呂春桃，……沙老闆，我已好幾天沒來找你了！

沙：春桃，……你也不肯放過我嗎？……

呂：「狗急跳牆，人急懸樑」，……沙老闆，你「是禍躲不過」，……還是乖乖的自己上吊，……省得我們來動手！……

沙：（忽然口氣變硬）哼！……你們眞把我看扁了，……我姓沙的，早就準備好了，……你們看！（打開抽屜聲）這是什麼？

志：嘿，……眞沒想到，你太太把刀子藏了起來，……你竟然，……有了手槍！

沙：這是我從一個黑道弟兄手裡，用二十萬買來的黑星手槍，……道地的大陸貨，你們再逼我，我就開槍，在你們兩人的胸口各挖一個窟窿！

呂：沙老闆，……你的槍裡有子彈嗎？……

沙：你不相信？……要不要試一試！……

志：沙虎臣，……算你厲害，……春桃，……我們走！

呂：要走你走，……我才不相信，他眞敢開槍！

沙：你不相信，……好，……我現在就開給你看！

（砰的一聲）

（沙太太在睡夢中被槍聲驚醒）

太：（大叫）啊！……虎臣，……你那兒來的手槍！……你……在向誰開槍！……眞把我嚇壞了，……

沙：我是向鬼開槍，……眞有效，……一槍就把他們打跑了！

太：虎臣，……快把槍給我，……說不定，……警察一會兒，就會上門來查問，以爲我們這兒，出了什麼事？……

沙：會嗎？

（急急的敲門聲）

莉：媽，……快開門，……剛才我好像聽見開槍的聲音，……是不是有小偷進來？……

太：小莉，……沒有事，……你去睡，……是你爸在做惡夢！……

莉：噢！

（音樂）

太：曲大夫，……

曲：啊，沙太太，……好久不見了，……董事長的身體，……最近好嗎？……

太：曲大夫，我先生的病，越來越嚴重了，……

曲：是嗎？

太：為了替他治病，我眞是什麼法子都試過了，……沒有用，……一點也沒有用。……他說，有一個男鬼，一個女鬼，天天逼著他，要他自殺，……為了防止出意外，我把刀子，全收了起來，……想不到，昨兒，他去買了支手槍，……半夜裡，對著空氣開槍，眞把我嚇壞了！

曲：董事長本來只是神經衰弱，……聽你這麼說，可能是精神分裂症，……這可不能等閒視之呵！

太：我本來想把他送到精神病院去，可是，我去看了好幾家精神病院，覺得送進去，也許他的病會更嚴重，……再說，我女兒，也不贊成！……想來想去，曲大夫，你是我先生的常年醫藥顧問，……是不是可以讓我先生，在你的醫院裡，作住院治療，變換個環境，也許，他的病，會慢慢的治好！

曲：在我這兒住院治療？……

太：我可以用特別護士，輪班照顧他，……這樣我也可以放心！……

曲：嗯，「易地治療」，也未嘗不是個辦法，……說不定變換了環境，……那些，他說的「鬼」也許就不來找他麻煩了！

太：曲大夫，這麼說，……你同意了？……

曲：我……想，……我會有辦法，把你先生的病，治好的。……

太：那眞太謝謝你了，……我馬上把他送來，辦主院的手續！

曲：沙太太，……不過，那把手槍，可別帶來啊，病房裡是不准私藏槍械的！

太：這……我知道。……曲大夫，……再見。

（音樂）

莉：媽，……我想跟你一起去醫院看看我爸，好不好？

太：好呀！……那就一起走！

莉：媽，……爸爸住院以後，精神眞的好多了嗎？

太：嗯，……眞的好多了。……他自己跟我說，……現在，他吃也吃得下，睡也睡得好，……再也不做什麼「怪夢」，……那兩個老糾纏不清的惡鬼，也沒有再來見他！

莉：早知道這樣，……我們早就讓爸住院就好了！……

太：就是說嘛！……倒底還是曲大夫有辦法。……

莉：媽，……要是爸眞病好了，……我們是不是要把爸接回家裡來？

太：曲大夫說，暫時，……還不忙出院！……要多觀察一些日子。

莉：也對。……

（音樂過場）

（蓮蓬頭沖水洗澡聲）

沙：（邊洗澡，邊哼唱輕鬆的歌曲）……梅花梅花滿天下，越冷他越開花……

（沖洗水聲減低、弱、停止）

沙：奇怪，……上好了肥皂，……怎麼突然停水了呢？……這醫院……怎麼可以隨便停水呢？……

（一個聲音，突冷冷的冒出來）

狗：你別洗了，……你洗不乾淨的！

沙：誰在和我說話？……我……怎麼會洗不乾淨！

狗：你害死了多少人？……那些冤鬼的血，……都在你的身上，你用水，……就能洗乾淨了嗎？……

沙：你……究竟是誰？……躲在那裡，跟我這樣說話！……

狗：我是你的好兄弟，好幫手，專用的「殺手」，……你看誰不順眼，要除了他，……就找我來下手，……我說了這麼多，……你該知道，我是誰了吧！……

沙：（倒噓一口冷氣）你……是「黑狗」！……

狗：對了，大哥，……不愧是「大哥」，……沒有把我忘記。……

沙：黑狗，……你怎麼會找到這兒來的！……

狗：大哥，你以爲你離開了香港，就找不到你了嗎？……嘻……我的眼線多的是，……小兄弟到處都是，……天涯海角，……你時常掛在嘴邊說的，……到那兒都逃不出你的手掌心，……我也跟你一樣，……你走到天邊，……我也能找得到你，……何況，……我已經是個鬼了，一陣風，……就可以讓我走個十萬八千里！……香港到台灣，……我一眨眼就到了，比坐噴射客機還要快。……

沙：黑狗，夠了，別說了，……你來找我，……究竟有什麼事，……你就敞開來說吧，……只要大哥能辦得到的，……絕對給你辦到。

狗：好，……大哥，……還是當年的大哥，……乾脆！……那……我就說了，大哥，……可別生氣啊！

沙：好，你說，我不生氣！

狗：記得我最先跟你闖天下的時候，你說我是你手下最夠種的一個兄弟，……那時候我們綁票，爲了要拿到贖金，你要剁下苦主的一根手指頭，一個耳朵，那一次不是我動的手，……後來，爲了販黑貨搶地盤，殺一個人，……就像踩死一隻螞蟻一樣，……你說我是天下最漂亮的殺手，出任務從不留下任何線索，讓你傷腦筋……

沙：好了，好了，……這些過去的事，別再提了，……你說，現在，……你來找我究竟有什麼事！………

狗：俗話說：「夜路走多了，……總會遇見鬼」，……眞是一點兒也不錯，……想不到我黑狗給你辦了這麼多的事，……到最後，……大概是大哥怕我洩了底，……竟然，用「殺人滅口」來對付我。

沙：黑狗，……你誤會了！

狗：有什麼誤會，……那天，你裝著笑臉邀我去夜總會爲我慶功，說我是你少不了的左右手，共過患難的好兄弟，結果趁我喝得迷迷糊糊的時候，暗地裡在酒杯裡動了手腳，……讓我送了命！……這難道我說得不對嗎？……

沙：黑狗，下毒的是二哥，……不是我，……他是想要我的命，……誰知陰錯陽差的讓你喝下了那杯酒！……

狗：大哥，……你可眞會說話，……你說我會信嗎？……好了，別說什麼廢話了，……你也甭洗澡了，你把浴室門打開看看，你房間裡來了些什麼人？

沙：什麼人？

狗：你打開門看，不就知道了嗎？

（打開門聲）

沙：啊，……你們全來了！

狗：對了，你要我殺的那些人，全都來了，……喏，還有你說的二哥，他也來了，……是你誤會了他，還是他誤會了你。……

沙：你們……準備做什麼？

狗：他們準備把你從這高樓上推下去，算是你自己不想活了，要跳樓自殺！

沙：不，……我不跳！

狗：不跳，……我們一起來幫你跳！

沙：不，……不，……什麼？春桃、志青，你們也來了？……

呂：對了，沙老闆，……這一次你是死定了！跑不了了！

（一陣掙扎，……最後一陣風，沙被推下樓跌死聲）

沙：啊！——……（墜地，腦殼破裂，慘叫聲中止）

（音樂）

（電話鈴聲）

（鼾聲中斷，夢中驚醒聲）

太：（惺忪未醒的）這麼晚了，誰打來的電話！（接聽聲）喂，……這兒是沙公館，……我就是沙太太，……你是曲大夫，發生了什麼事？

曲：沙太太，……眞是對不起！

太：是不是，我先生半夜又發病，做惡夢啦？

曲：董事長，……他……

太：我先生，他怎麼樣啦？

曲：他一個人從樓上病房跳樓下來，……腦殼著地，已經氣絕了。

太：（大驚）什麼？……我先生跳樓死了！

曲：沙太太，……眞抱歉，你快趕到醫院來吧！

太：（痛哭我聲）啊，虎臣，……你怎麼會死了呢？……

（音樂）

報幕：「冤有頭，債有主，多行不義必自斃」，……有許多人做了壞事，殺了人，可能逍遙法外，……但是……世上還有很多看不見的殺手，……在等著找他算帳，……所謂「惡貫滿盈」，……奉勸不法之徒，在今天，壞事千萬做不得，沙虎臣就是一個例子，你願步他的後塵嗎？……

（音樂起）

—全劇終—

終站

——民國八十年十一月三日中廣公司播出——

·葛大衛 導播·

時：前後三十多年，演員聲音要有變化。

人：**霍光中**：一個公司的業務員，最後升做總經理。

邱美珠：開始是青春的女學生，後做了光中的太太。

小　王：光中公司中多年的老同事。

馬一飛：光中的上司，是公司的科長，後爲會計主任。

鍾文琴：光中做經理時之女秘書。

董明亮：光中公司的長官，先任經理，後任總經理。

（音樂，隆隆的汽笛長鳴一聲後，火車開始行駛聲）

（火車抵站，麥克風播報：「各位旅客，本次列車的終點站，台北到了，還沒下車的旅客，請趕快下車。」）

（霍仍在酣睡聲）

邱：先生，終點站到了，……別再睡了。

霍：（驚醒）啊，……謝謝你，……老是睡過頭，……讓你來叫醒我，眞不好意思！……

邱：別客氣，……我上學去了，……再見。……

霍：（依依不捨的）再見……。

（報出劇名，演職員名單）

霍：我姓霍，叫霍光中，記得，那一年，我二十五歲，大學畢業以後，好不容易在台北一家「榮輝實業公司」當一名業務員，因家住在基隆，所以，每天搭火車上、下班……而美珠家也住在基隆，因爲通勤來台北上學，經常搭同一班車，……就這樣，我們認識了！

……

（下大雨聲，汽車，計程車行駛聲）

邱：（埋怨聲）眞是的，怎麼突然下起大雨來了，……又沒帶傘，又叫不到計程車，這怎麼辦？……

霍：嗨！（意外發現）……邱小姐，……還認得我嗎？……怎麼？……好久都沒有在火車上碰見你了！……

邱：我已經畢業了！……現在在一家私人機關上班！……所以，很少搭火車了！

霍：我們找一個地方坐坐好嗎？……這是「陣頭雨」，……也許一會兒就會停的！

邱：也好！

霍：喏，……就在這一家冰果店，好嗎？

邱：好。

（腳步聲，進入冰果店，聽到果汁機轉動的聲音）

霍：你吃什麼？

邱：檸檬汁。

霍：我也一樣，小姐，來兩杯檸檬汁。

（小姐：「好，馬上就來。」）

霍：邱小姐，……這是我的名片。

邱：你怎麼知道，我姓邱？

霍：你的學生制服上，綉了你的學號，和你的名字，……你忘了？

邱：霍先生，……你還天天搭火車上、下班？……

霍：嗯，……搭火車習慣了，……好像對坐火車有一份特別的感情，望著車窗外，向後飛逝的風景，就像象徵著，……我們的人生，也像坐火車一樣，一直向前走，就是不知道，……那一站，……才是最後的「終站」！

邱：霍先生，……你說的話，很有意思！……「業務員」，是做些什麼事呢？……我因爲沒有社會經驗，什麼也不懂，你不會笑我吧！

霍：業務員，也就是推銷員，……這一行，……眞不是人幹的！

邱：怎麼說呢？

霍：我們公司，是銷售太陽眼鏡的，……業務員接觸的，就是一些商場的客戶，……希望他們願意接受簽約，承銷我們的產品！……因爲同行競爭非常激烈，……若是不能達成業務的要求，……那就得要看上司、長官的臉色！……

邱：哦！……

霍：邱小姐，……你剛才說，在一私人機關上班，……做些什麼事呢？

邱：我是在一律師事務所上班，……負責文書和檔案資料的整理。

霍：哦，……那……沒有什麼壓力，……比我輕鬆多了。……

邱：霍先生，……你是不是晚上經常要加班？……

霍：有時候是談生意，有時候是交際應酬，……差不多十一、二點才搭車回去！

邱：難怪你經常在火車上，要打瞌睡了！……

霍：也幸好，有你……叫醒我！

邱：啊！……雨停了，……我們該走了。……

霍：邱小姐，……把你辦公室的電話，留給我，好嗎？……以後，我們可以常聯絡。……

邱：好的……你有記事簿嗎？我寫給你。……

霍：七一一五八二〇，……啊，……很好記！……

（音樂）

（颱風吹括樹枝聲）

（玻璃門推開聲，霍進入，辦公室，傳來打字聲）

霍：（一跛一跛走路聲）嗬，……外面風大雨急！……颱風眞快登陸了！……

王：光中兄，……你的腳怎麼啦！……走路一拐一拐的，……摔跤了？

霍：小王，……別提啦！……昨兒，我去客戶家簽約，結果，對方又臨時變卦了，約沒簽成不說，還讓他們家養的大狼狗給咬了一口，……你說衰不衰！

王：給狗咬了，可不是好玩的，趕緊去打防疫針，要不得了狂犬病，那才衰吶！

霍：我去看過醫生了，花了我七百塊！

王：對了，剛才科長在找你，……說你怎麼這麼晚了，還沒來上班……

霍：我去跑業務去了，又沒去玩！

王：光中兄，我跟你說，……等一下見了科長，得小心一點，……今天，外面在括颱風，辦公室裡，也是「颱風」過境，「氣候」不佳。科長的臉色很難看，好幾個業務員，都挨刮了，……我猜，大概是科長他自己也挨了經理的「官腔」，才把氣出在我們頭上。

霍：糟了，……我這個月的業績，還沒有達到公司預定標準，……看來準是兇多吉少了！

（抽屜打開聲，紙張翻動聲）

霍：楊小姐，……我昨天拜託你打的顧客資料分析表和出貨估價單……你都打好了沒有？……

（打字機打動聲）

霍：怎麼？你只打好了估價單……那份顧客資料分析表呢？……怎麼？太忙了，還沒有時間打？……（無奈地）……唉，……這讓我怎麼向科長去說呢？

王：光中兄，……快，……科長在叫你了。……

霍：（腳步聲）科長，……你……找我？……

馬：霍光中，你自己看看，你送來的這些資料，根本不完整，尤其是估價單上，連客戶的地址都沒有塡，你叫送貨員怎麼把貨送出去？……本公司的業務員，要都像你這樣，公司還怎麼經營下去！……

霍：報告科長，客戶的地址，……是楊小姐大概太忙了，沒有打上去，喏，你看，我這兒原始單據，都有記載的！

馬：這些字寫得這麼潦草，難怪楊小姐沒有打上去，連我都看不懂，……霍光中……你眞該好好反省反省……你看見沒有，牆上掛的那張業績表，在所有的業務員中，你的業績最差，別人已經做了一百多萬，至少也有七、八十萬生意，……你呐！才卅萬還不到，你不覺得慚愧嗎？……再這樣混下去的話，……連我這科長，也都要栽在你手裡！

霍：科長，……我知道了，……從明天起，我會努力多做一點業績的。

馬：還有，叫你做的那份「客戶資料分析表」，……快拿出來，別再拖了。

霍：是，我知道了。

馬：以後出去跑業務，也要注意一點儀表，形象，你看看你，……襯衫皺皺的，褲子褲管也破了！

霍：那是昨天給狼狗咬破的。

馬：咬破了，不會換一條嗎？……像你這樣去跑業務，……業績怎麼會好轉起來呢？

霍：謝謝科長指導，……我一定注意改進。

馬：不是我科長愛打你的「官腔」，說眞的，我做科長也有做科長的難處，上面有業務經理在盯著，……若是業務老是落後，對你，對我，對公司都不好交待，你說是不是？

霍：是。

馬：好了，沒事了，你回自己座位去吧！

霍：謝謝科長。

（腳步聲，回座位後，重重的開抽屜聲出氣）

霍：哼！……做一個小小的科長，有什麼了不起，神氣個什麼勁兒，只會欺負我這種小職員！

王：光中兄，怎麼？……眞挨刮啦？

霍：你說對了……眞是「颱風」過境，誰也跑不了。……一點小小的錯誤，他卻會借題發揮，把你訓上老半天……要不然，怎麼顯得出他當科長的威風！……要不是爲了討生活，我眞恨不得好好的給他兩拳。……

王：想開一點，……來，（打火機聲）抽根煙消消氣。

霍：小王，……謝謝。

王：俗話說：「吃人家飯，就要受人家氣！」這是沒辦法的事，……還是要多忍一忍！

霍：對！小王，還是你說的對！……凡事多「忍耐」。

（音樂）

邱：光中，……忍耐是對的，……所謂：「小不忍，則亂大謀」，許多大人物，年輕的時候還不是和你一樣，受盡了欺負和折磨，因爲能忍耐，……才能突破困境，轉敗爲勝。

霍：美珠，話是不錯，……可是，我眞是不服氣，他只不過當了科長，就可以坐在辦公室裡，隨便罵人，他那裡知道，我們當業務員的，風吹雨打的在外面跑業務，有時候碰釘子，受白眼，甚至被狗咬，受冤枉氣，挨罵，……這些氣，他那裡受到過。……

邱：光中，凡事都是這樣的，從基層幹起都是吃苦受罪的，當有一天，你也當上了科長，……不就好了。

霍：我有當科長的一天嗎？

邱：只要你肯苦幹，拚命，……有什麼不可能呢？說不定有一天，……你升得比他快，爬得比他高，換他來看你的眼色，也有可能啊！一般人不是常說：「十年河東，十年河西」，風水輪流轉啊！

霍：美珠……聽你這樣一說，……我心裡眞是舒服多了！……對，光是忍耐還是不夠的……

我得加油拚命才行，……要是我的業績，總是跑在別人面前……他還能這樣說我嗎？……

邱：光中，……這就對了。……

霍：美珠，……我忘了問你了……你爸爸對我的印象怎麼樣？

邱：他……對你的印象……（故意不說）

霍：怎麼樣？……「好」……還是「壞」？……別賣關子好不好？

邱：好，我說，……他對你的印象，是，不好也不壞，平平。……

霍：那……我們的事，究竟有沒有希望呢？……

邱：光中，……何必這麼著急呢？……目前，……我也不想馬上結婚……再說，……你也沒有足夠的經濟基礎，……眞的結了婚，有了孩子……你難道還要我繼續去上班嗎？即使我想去，……孩子，怎麼辦？……

霍：這麼說，……你是拒絕我了。……

邱：不，我的意思是……再等一、兩年，等你升了科長……有了事業基礎，再結婚也不遲啊！
……你說好不好？

霍：再等一兩年，……要是我升不上科長呢？……

邱：只要你肯努力，……肯賣勁，我相信，你會當上科長的……我對你，還是很有信心的！
……

霍：美珠，……聽你這麼說，……爲了和你結婚，我非拚命不可了！

邱：人生就是這樣……要「奮鬥」才有明天喲！……

霍：好，……從今天起，我立志非升上科長不可。……

（音樂）

（火車行駛前進聲，汽笛長鳴聲）

王：光中兄……科長說……今天上午九點，經理召集我們開會，你知不知道？

霍：我知道啊，……有什麼重要的事嗎？……

王：可能又是訓話吧！

（搖鈴聲，「開會了，請大家到會議室去！」）

（腳步聲，一下子肅靜了下來）

董：各位同仁，今天我召集大家來開會，有幾件事情，向大家宣佈，首先，我要報告一個好消息，那就是這個月公司的業績，比上個月的業績，大幅度的提升，打破了今年最高的紀錄，這是全體同仁努力的結果，非常令我欣慰。……所謂：「商場如戰場」，做生意，眞的就跟打仗一樣，若是大家都有旺盛的企圖心，……就必然能打勝仗。……

馬：經理，……這是你領導有方。……

（眾鼓掌聲）

董：總經理交待，爲了表示公司獎罰公允，這個月工作特別努力的業務員發給工作獎金，現在，我把名單宣佈一下，希望大家爲他們鼓掌。第一名：霍光中獎金伍萬元，第二名王志勝獎金三萬元，第三名胡得海獎金二萬元，現在請三位出列領獎。……

（眾人熱烈鼓掌）

霍、王、胡等三人：謝謝經理。……

董：第二件要向大家報告的，是最近我聽到一個情報說，有一家日本的廠商，準備到台灣來擴展業務，他們推銷的也是太陽眼鏡，我聽說他們公司起用的業務員，個個都是年輕貌美的小姐……面對這樣的強敵，馬科長，……你眞該動動腦筋，趕一份新的作戰計畫出來。……

馬：是，經理。

董：各位同仁，若有什麼好的構想，新的點子，也可以提出來，向公司建議，……或者向我報告。……

（有人插入「董經理，總經理打電話來，要你馬上去一下。」）

董：沒有別的事了，……現在散會。

（眾人散去聲，有人說：「你們三人得獎，要……請客……請客……」）

（音樂）

邱：光中，你回來啦？怎麼今天回來得這麼晚？

霍：啊唷，累都累死了，……你以爲「科長」好當的嗎？……工作要比業務員吃重多了，下班也要等部下都下班了，才能離開！……唉！……眞不好「玩」！

邱：今天發薪水了吧！……我有好幾筆錢等著付呢！
霍：好，……太太，……喏，全部都交給你，我一毛錢也不要。
邱：怎麼？不全部都交給我，難道你還想留一部份做私房錢嗎？
霍：我抽煙，零用錢，總要給我留一點吧！
邱：抽煙會得癌症，還是戒了吧！……
霍：好，……我想法子戒。……
邱：伍百塊零用夠了吧？
霍：應酬呢？紅白喜帖送禮也不能不送啊！
邱：收到了帖子再說，……你當科長這點薪水，還眞不夠我分配的呢！……
（門鈴響，開門）
邱：啊，……送沙發來了，……來放在這兒，……把舊沙發搬走，我們不要了！（沙發搬動聲）
霍：呃！你……換了沙發。
邱：這早就該換了。……好，……謝謝你們……這是一萬二千塊，你點一點。……
（工人：「謝謝……」腳步聲離去）
（門鈴又響，開門）
邱：啊！……是送電視機的來了，……小心點，電視機，放這個位置！

霍：啊！我辛苦賺的錢……（心疼的）你這樣花啊！

邱：這是分期付款買的，……瞧你心疼的樣子。

（工人：「電視機裝好了，我們走了。」腳步聲離去）

邱：（向工人說）謝謝呀！

霍：美珠，你這是做什麼？舊的電視機又沒有壞，何必換架新的呢？

邱：我還不是全爲你在撐面子，你現在是科長，不是小職員，家裡有人來，也要體面些，舊電視機放在臥室裡看，免得放在客廳讓人看起來寒酸相。

霍：嘿，……這眞是太浪費了。……

邱：光中，爲了慶祝你今天發薪水，……今天我們出去吃晚飯，好不好？

霍：（無奈的）好。

邱：光中，……你看，我今天買的這套新衣服，式樣怎麼樣？我是逛街，在委託行裡買的！

霍：（有氣無力的）不錯，很好看。

邱：對了，……我忘了告訴你最重要的一件事。……

霍：什麼事？

邱：今天我去看醫生，檢查的結果，我已經有了。……光中，……看樣子，……下個月，……

……我就不能再去上班了。……

霍：大概……還有多久才生？

邱：年底吧！光中，……快做爸爸了，你高不高興？……你希望是男孩子還是女孩子？……

霍：都可以，……希望能順利生產就好。……

邱：對了，……光中，……今天我在醫院檢查的時候，遇見了過去在中學讀書時候的老同學。……她們都已經結婚了，一個嫁了個旅行社的經理，一個嫁的是貨運行的老板……都比我嫁的強！……

霍：美珠，……你嫁給我……這個科長，……是不是後悔了？

邱：光中，……你還年輕，我想，只要你肯努力，……將來你會升做經理的，……我對你有信心！

霍：我可沒信心，……整個公司，也只有幾個經理，……我又沒有什麼特別的人事背景，眞是談何容易！

邱：光中，我知道升經理不容易，……但是你總不能放棄這樣的希望啊，……就算你不爲我著想……你也該爲我們未來的孩子著想啊！……難道你希望他來到這個世界，……跟我們過苦日子！

霍：當然不是！……

邱：那不就對了！……光中……人總是往上爬的，……有了孩子，你這做爸爸的，……不努力奮鬥，還行嗎？……

霍：你說得對，……我是該繼續拚命奮鬥才行。……

（火車繼續行駛前進聲）

（沖咖啡聲，攪拌聲）

鍾：霍經理，早。……這是我給你沖的咖啡。……

霍：早。……你是？……

鍾：我姓鍾，名字叫文琴，是經理的秘書，……以後，經理有什麼事需要我代爲處理的，只要吩咐一聲，就可以了，……我都可以代你辦妥的！

霍：哦！鍾秘書……你請坐。……（心聲）眞不錯，當經理還有這麼漂亮的女秘書，沖咖啡給我喝！

鍾：經理，我先把你今天的行程，給你報告一下。

霍：好，你說……

鍾：早上九點半，開業務會報，十一點到工廠生產線去巡視，並聽取報告，中午與總經理餐會。下午三點，接待美國來的兩位客戶傑恩·史密斯和湯米·歐德蒙先生，晚上七點四海廣告公司的宋總經理請客，吃飯，經理一定要去。

霍：哦！……那業務會報開會的資料都準備好了嗎？

鍾：我已準備好了，經理，你要不要先過目一下？

霍：好的，……我得先檢查一下。……

鍾：我這就去拿。（腳步聲離去）

霍：（自言自語）啊，……還有這麼多人送花籃來給我道賀！……嗯，……我當科長的時候，就沒人送我花籃，看來，眞是當經理比當科長更過癮！唷荷！……眞是大丈夫，不可一日無「權」也。……

（電話鈴響，霍接聽）

霍：喂，……我就是……什麼？……向我恭喜！……那裡，……以後，還要請你多支持，多關照，……什麼？要請我吃飯？那一天，……好，原則上我一定到，不過……等一下，我要問過我的秘書才能算數，……不瞞你說，……我手上就有好幾張的請帖，不知該怎麼趕場，才能解決喔！……好，……等一下我再和你電話聯絡。

（掛上電話聲）

鍾：經理……資料找來了，……剛才總經理派工友來說，……他有事要你馬上到他辦公室去一趟。……

霍：哦！……我這就去。

（腳步聲、開門聲）

霍：總經理，你找我有事嗎？

董：霍經理，你先坐。

霍：是。

董：這一次，我請你來接任經理的職位，主要有兩個任務，希望你能幫我達成。第一、最近這一陣子，本公司的營業情況，有向下掉的趨勢，現在眼鏡市場的競爭，非常劇烈，我希望你能扭轉劣勢爲優勢，早日轉虧爲盈，……

霍：總經理，你這樣說，……使我感受工作「壓力」很沉重。……

董：你不要這樣說，……我對你有信心。……第二、你過一陣子，不妨去新加坡、香港跑一趟，看我們的產品，是不是可以拓展海外市場。還有，就是除了太陽眼鏡以外，我們是不是可以生產一般的近視、遠視、老花等不同的鏡片。……

霍：總經理，……這恐怕要增加「技術人才」和「製作成本」。……

董：當然，……這些我會加以考慮，……主要的是市場銷路，……對了，現在時代不同了，有些人趕時髦，喜歡戴「隱形眼鏡」，……我聽國外的朋友說，……這一新玩意兒很有發展的潛力，而且利潤，還非常可觀……。

霍：總經理，有意我們自己也來生產？

董：凡是有錢賺的生意，……我們就不應該放棄，你說是不是？

霍：對！……

董：所以，……你出去考察的時候，有關「隱形眼鏡」的銷售情形，也順便做一個詳細的市場調查。……

霍：是。

董：好了，……我要和你說的，就是這些，……你去忙吧！……

霍：是，總經理。……

（音樂）

（電話鈴響）

霍：喂，……我是霍光中，噢，美珠啊！……有什麼事嗎？

邱：光中，今晚是琪琪十歲的生日，三個孩子，都希望你能回來，……還有我父母，他們也會來！……

霍：美珠，今晚我有兩個應酬，非去不可。我最快回來，也要在十點以後。跟你父母道個歉，我實在沒有辦法。

邱：你怎麼天天都有應酬？那來這麼多的應酬！……

霍：別不高興，對了，美珠……明天一早，我還得趕飛機，到新加坡去，……等我回來，……再給琪琪補過生日，好不好？……

邱：（生氣地）沒一個經理會忙成像你這樣！（掛上電話）

霍：（自怨自艾地）唔，經理，可眞不好當！……

（推門進入聲）

王：經理，……你找我什麼事？

霍：小王，……怎麼回事？……好不容易，上個月的業績，有了點起色，……這個月的業績，又掉了下去呢！

王：已經進入淡季了，……有什麼辦法，……你總不能要大家冷天也戴太陽眼鏡吧！

霍：小王，……你上個月不是新招考了一批「業務員」進來嗎？……這一批新進人員中，……你有沒有對他們進行「訓練」與「考核」？……

王：怎麼沒有？……爲了訓練他們，……我的嘴皮子差一點都說破了。……

霍：考核呢？……要是成績不行的話，……就不妨「淘汰」，……沒有什麼好顧慮的！……「商場如戰場」，……總經理掛在嘴上經常說的，……你忘了嗎？……

王：經理，……別說了，……我會注意加強「考核」，……就像當年，……我們被人「考核」一樣！

霍：小王，……別說我盯你盯得緊，……總經理盯我盯得更緊，……「經理」，……可眞不好幹哪！……對了，小王，……明天，我得到新加坡去，……要一個星期才回來，……我不在的時候，……「經理」的工作，就由你代理，……你就多辛苦一點，代勞了。……

王：是，經理。

（音樂）

（門鈴聲、開門聲）

邱：（嘲笑的口吻）喲，……眞難得，今天怎麼十點不到，這麼早就回家來了，……今天沒有應酬嗎？

霍：沒有應酬，本來，我是在公司加班的，……因爲明天要開董事會，我要提出一份工作報告，誰知因爲董事長臨時出了車禍，受了點驚嚇，會議取消了，……我才提前回家！……

邱：哦！眞是難得。

霍：剛才我在火車上，又睡著了，幸好查票員來叫醒我，說「終站」到了，……我才醒了過來。……

邱：幸好不是你自己開車……要不然準出車禍。……

霍：美珠，我肚子好餓，有沒有東西給我墊墊肚子？

邱：你晚飯沒吃嗎？

霍：我只吃了個便當，現在又餓了。……

邱：好，……我去給你準備蛋炒飯吧！……

霍：對了，……美珠，前幾天，你跟我說，小妹病了，發燒老是不退，究竟是什麼病，現在好了沒有？

邱：啊，……你還記得小妹病了！……我以爲你早就忘了呢？……我不知道別人當經理，是不是也跟你一樣，小孩病了發高燒，做父親的知道了，也不問不聞！……

霍：哎呀！我是實在太忙了……好在家裡一切有你在照顧，我想不會有大問題的，……小孩病了，看醫生就是了！……我又不是醫生，……問了，也是白問，不是嗎？

邱：至少，你要表示關心呀！……好了，我不說了，我去給你炒蛋炒飯！（腳步聲離去）

（電話鈴響，霍接聽）

霍：喂！……這兒是霍公館，……我就是霍經理，什麼？美國來的長途電話，……好，給我接過來！……（停了一下）蜜司脫史蜜斯，……OK，……Yeah……Of course……Sorry……I know……Bye Bye……（掛上電話）……嗯，眞累，回到家，……還有忙不完的事！

（遠處傳來炒飯聲）

霍：（突然發現）啊，……糟糕……我的皮夾子怎麼不見了呢？……我忘在公司裡了嗎？……不會，我清楚記得放在身上的，……裡面還裝了才發的薪水呢？怎麼會不見了呢？……難道是小偷偷走了嗎？……

邱：好了，……來吃吧！……蛋炒飯好了。……

霍：美珠，糟了，……我的皮夾子被扒手扒走了……這個月的薪水也在裡面！

邱：什麼？你掉錢了？

霍：對了，準是我睡著的時候，被小偷偷走的！……美珠……這怎麼辦？……

邱：（生氣）你自己把錢弄丟了，還問我怎麼辦？要我……變魔術把它變出來，是不是？……

霍：只有明天我去找會計商量……暫且借支了！……嗯，眞倒楣，會碰上這樣的事！

邱：你呀！……是忙昏了頭，……我有時候，看你睡覺說夢話，談的也都是公事，……我看，你大概是把整個人都賣給公司了……除了公司，就不知道還有我和孩子的存在。

霍：美珠，你不知道，……現在時代不同了，……跟十幾年前，我們才認識的時候，完全不一樣了，……什麼都講究效率，進度，同行競爭的劇烈，……若是再像以前那樣，……

那就落伍，跟不上時代潮流了！……

邱：我看哪！什麼跟不跟得上時代潮流都是假的，……你呀，……是當了「經理」還不過癮，還想往上爬，希望能當「總經理」！……咦，……炒了蛋炒飯，你怎麼不吃了呢？

霍：我……是丟了錢……一點「胃口」也沒有了！……

邱：光中，……想開一點，……我看你眞是個「緊張大師」……

霍：是嗎？……

（音樂劃過）

（時鐘嘀嗒聲，加入打鼾聲）

（突電話鈴響）

邱：（被吵醒，去接）誰呀！……這麼半夜三更打電話來，……喂，……哦！……光中，……

……是你的電話！（搖醒霍）光中，接電話。

霍：（好夢方酣）什麼重要的電話，我不接，要他明天一早再打來。……

邱：對不起，經理在睡覺，你明天打來行不行？……什麼？……你說公司的倉庫失火了！……

……（再用力搖醒光中）光中，……快……醒一醒，……公司的倉庫失火，燒了起來！……

霍：什麼？（接聽電話）倉庫突然半夜失火，貨物損失不輕，……快報火警呀！……好……我馬上就到。（掛上電話）……美珠……我的褲子呢！……快拿給我！……我……去看看去！

（音樂）

（烈火燃燒聲，救火車聲音，交雜在一起）

霍：（指揮）快……幫忙救火啊！……把貨物搶出來，……

（突火柱傾倒下壓住霍，他大叫一聲，昏了過去）

（音樂劃過）

邱：光中，……你終算醒過來了，……你眞把我急死了！……

霍：美珠，……我的傷勢嚴不嚴重……醫生怎麼說？

邱：你的腿，已開刀動了手術，……可能要休養一個月才能出院……幸好胸部沒有受到傷害……要不然……就慘了。……

霍：吉人自有天相，我相信不會有生命危險的！……可是休養一個月，這麼多工作，怎麼辦呢？

邱：你呀，眞是個「工作狂」，……把「工作」看得比「生命」還重要！……

（門開聲）

邱：啊，……總經理來看你了。

霍：總經理……（欲坐起，忽感疼痛心肺）哎唷……

董：光中，……你別起來！……好好休養……這一次火災，幸好你帶領同仁搶救得快……貨品大部份都搶了出來……所以，公司的損失還不算嚴重，再說，我們又曾投保過火險，保險公司會負責賠償的！

霍：啊！……那就好。……

董：你的腿怎麼樣？會復原吧？……醫生怎麼說？要不要緊。

霍：已開刀動了手術，休養一個多月，就可以出院了。……

董：這……我就放心了……光中，說眞的……公司不能沒有你……這幾年，我們在逆境中打仗，眞都虧了你。

霍：那裡……是總經理領導有方。……只是，我這住院期間，我的工作可能會躭擱了！……

董：這，你不用操心……我會找人代理的……好好休養……這一陣子你也眞是太辛苦了……把什麼都丟開，靜心的休息，……光中，你還要爲公司跑更遠的路喔！……

霍：謝謝總經理來看我！……

董：這是我應該做的……霍太太……這一點小意思……你給他買點營養品，好好的補一下。……

邱：謝謝總經理。……

霍：謝謝總經理。

（音樂，按火車的行駛聲，時代進步了，火車已不用汽油，開始鐵路電氣化，配音請注意區分）

鍾：總經理，……你吃藥的時間到了，……我水也給你倒好了。

霍：鍾秘書，……眞謝謝你，除了公事，……你還記得給我準時服藥！（呑水服藥聲）

鍾：總經理，……這個星期三，是本公司開業卅週年紀念，同時，也是本公司完工的新工廠開工典禮，有許多的貴賓都要來觀禮和道賀，有酒會和很多的活動，……你親自主持……可以支持得住嗎？要不要有些儀式，請副總經理代理？……

霍：不用了，……我……還沒過六十歲，我相信我能支持得住……只是原定的「體格檢查」，要延期了……你跟柳大夫，先電話聯絡一下。

鍾：是，我知道了。……

（電話鈴響）

鍾：總經理，是找你的電話。

霍：喂！我就是……你是生產線的孫總管，什麼？……你說，有一個員工不小心碰上高壓電，受了重傷，已送到醫院去了，……好，我知道了……等一下有空的時候，我會去看他一趟。……（掛上電話）

鍾：王經理，說……他有事要見你。

霍：請他進來。……（腳步聲、開門聲）

王：報告總經理，……最近，我聽到一些消息，特來向總經理報告。

霍：好，你說。

王：據市場調查，有西德和美國兩家眼鏡公司要來台投資設廠，準備以低價銷售，來奪取台灣及東南亞的眼鏡市場……這是調查員提供的詳細書面資料。

霍：（紙張翻動聲）王經理，依你看，本公司下半年該採如何的應變措施，是減低生產，還是加強推展海外市場……

王：總經理，海外市場，我們已經投下了不少資本，虧負甚多，依我看，只有先緊縮開支，從節流來著手。

霍：這……不是辦法……我們是否可以加強宣傳，在媒體、廣告上動腦筋……或是召開董事會，再增資，你認爲可行嗎？

王：茲事體大，總經理，爲了集思廣益，不妨先開會仔細研究一下。

霍：嗯！……召開一次會議，大家討論一下也好。……鍾秘書，……明天下午開會，有沒有空？

鍾：要就福利會停開才有空。

霍：好吧！就這樣決定，王經理你去發開會通知，福利會改在下週舉行，鍾秘書馬上通知白總幹事。……

鍾：是。

（音樂）

（寂靜的夜，鐘敲了一下）

邱：光中，你怎麼啦？已經半夜一點了，你翻來覆去的老是睡不著，是不是有什麼心事？……

霍：美珠，……眞沒有想到，做總經理的煩惱，比做一個小職員的痛苦還要多！……

邱：怎麼？……你後悔當「總經理」了，……別人想當還當不上呢！……

霍：最近，這一陣子，我老是白天「頭痛」，晚上失眠！……

邱：對了，上次你去醫院健康檢查，眞的一切正常嗎？

霍：（含糊地）我……不是早告訴你了嗎？……你懷疑我在騙你？

邱：我是在關心你，……你不再年輕了……保重身體，比什麼都重要！

霍：好了，別說了……你還是給我倒杯水，拿一粒安眠藥給我。

邱：你吃安眠藥，別吃上癮了！（倒水聲）

霍：失眠、睡不著有什麼辦法？……（喝水吞藥聲）……嗯！（嘆息聲）要是時光能倒流，再回到從前……那該多好！……美珠，昨天上班，我又去坐了一趟火車！……

邱：有汽車不坐，你去坐火車？……這不太可笑了嗎？

霍：我只是想回憶一下往事……還記得，那一次，我們第一次在車上相見的情形嗎？

邱：我都忘了，你還記得？

霍：那一天，你和好幾個同學擠上了車，沒有位子坐，站在我面前，她們都望著我笑，笑得我好不自在……是你暗中提示我……褲子的拉練，沒有拉上……讓我對你的印象，特別深刻。……

邱：那一陣子，我們幾乎天天在車上見面，……有一次，到站了，你都睡著了，要不是我叫醒你，你……準遲到了。……

霍：美珠，結婚這麼多年，我們都沒有好好的去渡過假，享受一下人生，我想下個月，在我六十歲生日的時候，我們全家去墾丁渡假，玩上個三天，你說好嗎？……

邱：好呀……我想孩子們也一定贊成，只是，爲什麼要去「墾丁」呢？……

霍：這是縱貫線的一個「終點站」……我一直想去，都沒去成！……

邱：好吧！……光中……那就說定了！……

（音樂）

鍾：總經理，剛剛南企銀行裏理打電話來說，我們公司有一張五千六百萬的票子，如果三點半以前不處理，就要跳票了！

霍：我知道了……鍾秘書，去請會計主任馬上飛來一下。

鍾：是。（腳步聲離去）

（電話鈴響）

霍：喂，我就是……吳總……你那八百萬的一張支票，是不是可以緩幾天軋進去，利息我照付。實在這幾天有幾筆貨款沒收回，週轉有一點困難，多幫忙……（掛上電話）

（電話又響）

霍：喂……美珠……你說什麼？我們的小兒子國揚，被歹徒綁票了，他們打電話來開口要五千萬，否則撕票……還不准我們去報警，最近公司自己都有困難，要我到那裡去籌這筆

錢呢！……美珠……你別哭嘛！……我來想辦法！……（掛上電話）

鍾：總經理，不好了，……會計主任馬一飛，他捲款潛逃了，這是我在他辦公室抽屜裡找到他留給你的一封信！

霍：（拆信聲）什麼？他把銀行所有的存款都提光了……他是挪用公款，做股票虧空，不得已……還要我原諒他……我……（跌倒聲）

鍾：總經理……你……怎麼啦？……

（音樂）

董：光中兄……你不用「擔心」了，董事會決定支持你，繼續幹下去，大家決定增資，和外國的廠商拚一下。……

霍：唔……

鍾：總經理……你不用「煩惱」了，那些沒有收到的貨款……我們已經陸續收到了，週轉不靈的危機，已經解除了。

霍：唔……

王：（興奮地）……總經理，你不用「發愁」了，捲款潛逃的會計主任馬一飛，已經給抓到了，他帶走的公款，亦已經追回來了。

霍：唔……

邱：光中，……你不用再「著急」了，我們被綁票的兒子，他自己平安的脫逃回來了，根據他提供的線索，那些歹徒亦已被抓到了。……

霍：……

邱：光中，……（哭泣的叫著）光中……你爲什麼不再說話了呢！……光中……好好的……你爲什麼要吃安眠藥自殺呢！……

霍：（用ENCO迴音方式播出，如鬼魂講話一般）美珠，永別了，……不要難過，因爲我不這樣做，也至多再活三個月，醫生證實我得了癌症，我只是提早「解脫」而已。……現在，我很愉快，因爲我已眞的不用再「擔心」「煩惱」，亦無需再「發愁」「著急」了。……有一個作家說：「在時間的長河裡，不管你佔有些什麼，你所佔有的，都是瞬間的假象，永恆的失落。」……回想，我這一生，忙忙碌碌的追求……，究竟得到了什麼呢？……

（火車軌道行進聲）

霍：我彷彿又聽到了火車行進的聲音，我覺得，人生眞像坐火車一樣，末了，總有一個「終站」。……美珠，我走了以後，希望你告訴我們的孩子，在未抵達「終站」以前，要多爲社會大衆做事，少爲個人名利奮鬥，……這樣，才不會感到「空虛」。……

（火車刹車停止聲）

（火車進站，麥克風播報：「各位旅客，本次列車的『終點站』到了，還沒下車的旅客，請趕快下車。」）

—劇終—

乾隆與香妃

——民國八十年十月漢聲電台播出——

·胡覺海 導播·

劇中人：**乾隆帝**：風流天子，是年五十歲，最後一場是年已八十歲。（帝）

皇太后：乾隆帝之母，是年七十餘歲。（太）

皇　后：那拉氏，是年四十餘歲，愛撚酸吃醋。（后）

香　妃：回疆貞烈女子，信奉伊斯蘭教，廿一、二年紀。（妃）

圖地貢：香妃的大哥，廿餘歲，較懦弱。（貢）

余　壽：乾隆貼身的太監，四十餘歲。（壽）

（音樂，播「香妃」電視劇主題曲）

報　幕：滿清乾隆皇帝，是歷史上有名的風流天子，在位六十年中，共有三個皇后、五個貴妃、十一個妃子、六個嬪、四個貴人；此外，他六下江南，到處留情。到了晚年，六十歲的時候，還在熱河的避暑山莊，造了個「列艷館」，把蒙古、西藏、印度、暹邏、緬甸、日本、琉球、安南、朝鮮、南洋群島各地的頂尖美女，選中宮來，陪他共度良宵。他一生的風流韻事，真非三言兩語所能說盡，唯一使他遺憾的是他生平最喜愛的一個女人，……結果，卻未能讓他如願的追到手，那就是回疆的貞烈女子——香妃。

（音樂）

帝：（酒喝了不少，不時打著酒嗝）嗯，……眞是名不虛傳！她身上果然香！………（打嗝）那香味兒……可眞迷人……朕活了這一大把年紀，還沒遇見過這麼出色而又有香味的美女……

壽：皇上！您今兒酒喝了不少，是不是早一點安歇，返坤寧宮去吧！

帝：余壽，你以爲朕喝醉了嗎？

壽：奴才不敢。

帝：快去拿「冰鎭果子露」來，給朕潤潤喉，解解酒，朕還有事要問你哪！

壽：是，皇上。

（腳步聲，倒果子露入杯聲）

壽：皇上！冰鎭果子露來啦！

帝：（咕嘟咕嘟一飲而盡）余壽，今兒白天，兆惠將軍班師回朝，他呈獻給朕的那些戰利品，你都看見了！

壽：兆惠將軍這次平定回疆，完全是託皇上的洪福。

帝：（龍心大悅）哈哈……余壽，你可眞會說話。兆惠將軍這一次「眞」讓朕滿意的是不但打了勝仗，而且把那身有異香，名滿回疆的香美人給活的帶了回來，這才眞是朕的艷福不淺呢！

壽：（訝異）皇上！……您是說那個穿了戎裝，身上還佩了刀劍，見了皇上又不肯下跪的女子，您……對她有「意思」？

帝：嗯！……我瞧她不但長得美，身上有一股自然的香味兒不說，最難得的是她眉宇間那份神聖不可侵犯，威武不屈的英雄氣概，可眞讓我越瞧越喜歡！

壽：皇上，聽她說話的口氣，好像滿肚子的國恨家仇，這樣性情剛烈的女子，恐怕不會輕易就範。皇上，爲了安全起見，依奴才看，還是把她處決了，比較妥當。

帝：不，我想，……我會有辦法，讓她乖乖地就範，順服在我身邊的，人心是肉做的，眞誠的愛，可以化解仇恨，天下的女人，朕想要的難道還怕要不到手嗎？……余壽，朕現在就到「寶月樓」去找她，她大概還沒睡吧？

壽：是，皇上！（向外宣叫：「皇上起駕寶月樓」……）

（音樂）

（上樓腳步聲，門前珠簾掀動聲）

壽：回疆姑娘，……皇上來了，還不趕快跪下行禮。

妃：（訝異）你說什麼？皇上，……他……上樓來啦？

壽：快跪下啊！

妃：他是你們的皇上，可不是我的皇上。

帝：（腳步聲）香美人，妳還是不願臣服，做我大清朝的子民？

妃：小女子伊帕爾信奉的是「伊斯蘭教」，除了「眞主」，我們：一不拜天，二不拜地，……

……偶像生人，統統不下跪！

帝：（忍讓）既然如此，那就免禮。余壽，你先退下。

壽：是，皇上。（腳步聲，珠簾幌動聲）

帝：「伊帕爾」，妳的名字，就叫「伊帕爾」？

妃：是的。

帝：「伊帕爾」就回人的語言來說，是「香」的意思，對不對？

妃：對，你也懂回語嗎？

帝：我爲了要瞭解回疆百姓，特地在宮裡內務府，設置了「回回學房」，派你們回人專門來教大家學回語呢！

妃：呃！那你也會說回語了？

帝：會呀！我來說兩句給妳聽聽看。（故意先清清嗓子）

「曼悉斯格巴看 — 曼巴看阿伊，

悉斯米儂巴基 — 細斯巴基薩伊。」妳聽得懂嗎？

妃：（天眞瀾漫的笑了起來）太有趣了！你說的回語，我一句都聽不懂。

帝：這兩句回語，是你們維吾爾族最流行的「情歌」啊！翻成中文就是：我看見了妳，如同見了天上的月亮；妳看見了我，如同見了地上的陰溝……

妃：（哈哈大笑）是誰教你的？這樣的老師，該打手心，發音太不正確了！要是你眞想學回語，改天我可以教你。

帝：是嗎？那眞太好了，太好了！

妃：（拍的一聲，將乾隆的手打開）你，……怎麼可以隨便抓我的手呢！

帝：我知道妳身上有一種自然的異香，我想聞一聞妳的手，不可以嗎？

妃：你可以用鼻子聞，你再動手動腳，我可要生氣了！

帝：好，我不動手，用鼻子聞……嗯，眞有異香，啊！這香味，眞令人陶醉！

妃：你若再對我不禮貌，小心我身上的刀子，它可沒長眼睛啊！

帝：香美人！這寶月樓的四周圍，上上下下都是我的人，難道妳不怕，我隨時都可以要妳的命嗎？

妃：不用你下命令，只要你強迫我做不願做的事，我馬上（拔刀出鞘聲）就用這刀結束我的性命。

帝：（驚嚇）啊！妳，這麼勇敢！

妃：要不是可蘭經規定：「不能隨便自殺」，我早就自盡了！

帝：好了！伊帕爾，我絕不勉強妳，妳還是把刀子收起來吧！我保證像接待一個貴賓一樣的讓妳在這兒安心的住下，我希望妳能拋開一切的仇恨，讓我們像才相識的朋友一樣交往，好嗎？

妃：我希望你能說到做到，別跟我耍什麼陰謀詭計！

帝：妳看我像是個會耍陰謀詭計的人嗎？

妃：你跟我想像中的大清皇帝，是好像有點不一樣。

帝：我安排妳住在這兒，有不少宮女，聽妳的吩咐，為妳做事，妳想吃什麼，穿什麼，用什麼，可以隨時跟她們說，她們一定會替妳辦得好好的，絕不讓妳失望。

妃：是嗎？

帝：大清皇帝說的話，妳還不敢相信？妳現在餓不餓？要不要我吩咐她們，送些酒菜來給妳充飢？

妃：我不餓！我……只是想回去！回「家」。

帝：伊帕爾，這兒就是妳的「家」！妳既然已經來了，就打消了回去的念頭吧！再說，路這麼遠，決不是想回去就馬上回去得了的！對了！這一次跟妳一起來京城的族人，大大小小有兩百多口，裡面有沒有妳的親人？

妃：我有兩個哥哥跟我一起被抓來的，現在我也不知道，他們是不是都被你殺了？

帝：不會的，只要歸順了大清朝的，我決不會再殺害他們，妳告訴我，妳的兩個哥哥叫什麼名字？我要他們很快就來見妳。

妃：我大哥叫圖地貢，二哥叫阿不都哈的。

帝：土地公？

妃：是圖地貢，不是土地公。

帝：二哥叫阿不都哈的，妳沒有姐姐和妹妹？

妃：我是獨生女，我父親最喜歡我，可是現在，他已經死了！（傷心的哭泣起來）

帝：伊帕爾！妳別難過了，戰爭是你們自己引發的，這也怪不得我呀！不過，因此，讓我可以認識妳，不也很好嗎？我會比妳父親加倍的關心愛護妳！

妃：是眞的嗎？（較親切的第一次稱叫）皇上！

帝：（喜極）啊！聽妳這樣叫我，眞使我高興！妳不再把我當「仇人」一樣看待了吧！

妃：暫時我把你當朋友看待！只是，你的年紀，眞可以做我的父親！

帝：伊帕爾！妳今年多大啦？

妃：廿一，皇上！您哪？

妃：我看你的鬍子這麼長，至少有五十歲了，對不對？

帝：（嘻笑不語）哈，……哈……瞧妳這小嘴，給朕香一個，好不好？

妃：（正色地）不准你靠近我，靠近我，我就「翻臉」了！

帝：好，不靠近，不靠近！（輕聲自語）啊！這調皮的小美人，可眞把朕的魂給勾住了！

妃：你在嘀咕著說什麼？

帝：我說，妳眞是個香美人！（笑著）哈……哈……

（音樂）

后：（滿腹委曲地）臣媳叩見太后！太后吉祥！

太：皇后！起來，瞧妳，眼睛都哭腫了，究竟是爲了什麼事？讓妳這麼傷心呢？

后：太后，您在慈寧宮，也許什麼都不知道。自從兆惠將軍平定回疆得勝回京，他帶回來獻給皇上的那個什麼「香美人」進宮以後，把皇上迷得魂都掉了，朝政不聞不問不說，連我那兒，都很少去走動了！

太：是嗎？那個「香美人」會有這麼大的魔力？

后：聽說她們回教人不吃豬肉，皇上就吩咐御膳房，專門爲她做回疆的伙食，爲了維持她那身上的香氣，還特地蓋了個回疆的浴堂，供她沐浴，爲了討她的喜歡，前些日子福建巡撫進貢了一批難得吃到的「荔枝」，我皇后只分到兩顆，其他貴妃只分到壹顆，那個香美人卻分到一大盤，這不是太不像話了嗎？

太：皇后！有這樣的事？

后：荔枝少吃一顆也無所謂，皇上居然還請那個義大利的畫家郎世寧去寶月樓，專爲她畫了一幅「寶月嚐荔圖」，……太后，您說這是不是太過份了一點！

太：不是說郎世寧已經給她畫了一幅什麼油畫的「戎裝像」，據說在畫的時候，顏料裡還特別滲了香料，一看那幅畫，就可以聞到一股香味，是不是有這回事？

后：我聽那些宮女說是有這回事，那位洋鬼子畫家，還眞會拍皇上的馬屁！

太：對了，皇后，我聽奴才們說，那個香美人不穿戎裝時，身上還是刀不離身，稍不如意就把刀子拿出來威脅皇上，眞是這樣嗎？

后：我聽說，……那把刀，……非常鋒利，是她祖傳的寶刀，皇上爲了怕她用「刀」來自殺，所以不敢過份「強逼」她……

太：聽妳這麼說，皇上難道……還沒把她弄上手？

后：弄上了手，皇上也許就不會這樣入迷了，……男人哪！那個不是妻不如妾，妾不如偷，偷不如偷不到手。

太：既然這麼說，皇后，妳就想開一點，過一陣子皇上弄到了手，他就不會像現在這樣，把妳給忘了的。

后：太后，求您給臣媳作主，乾脆下一道旨意，把那小狐狸精給殺了，皇上不就可以把她給忘了嗎？

太：什麼？把那個香美人給殺了？我能這樣做嗎？

后：有什麼不能的，太后下的命令，皇上敢反對嗎？
太：話是不錯，不過，我也不能太……隨便從事，聽妳這麼說，皇上既然這麼喜歡她，我要眞把她殺了，皇上怕會難過死了的！我做娘的，總不能讓自己的孩子太傷心呀！妳說是不是？
后：太后，那，……我該怎麼辦呢？
太：做皇帝的，多一個喜歡的女人，也不算什麼，妳做了皇后，心胸就放寬一點，別一個勁兒往醋罈子裡去鑽！
（正談說間，外傳「皇上駕到」）
太：啊！皇上來了，快把眼淚擦了！
（腳步聲，珠簾掀動聲）
帝：母后吉祥！孩兒給您請安來啦！
太：平身，起來！
帝：啊！皇后，妳也在這兒？
后：皇上吉祥！
帝：免禮。
太：孩兒，瞧你喜氣洋洋的，有什麼事要告訴我嗎？
帝：母后，這幾天天氣晴朗，正是行圍打獵的好日子，孩兒打算去「木蘭圍場」，親手給母后打幾隻鹿兒回來補補身子。

太：好呀！是該出去，活動活動筋骨。

后：皇上，臣妾也想跟你一起去打獵，見識一下你的馬上功夫，還有射箭的本領，可以嗎？

帝：（突然）什麼？妳也想去打獵？妳能騎著快馬在馬上拉弓射箭嗎？

后：皇上，臣妾雖說不擅騎馬射箭，給你作伴總可以吧！

帝：不用妳費神了！我已經約好了人，陪我一起去打獵，我要跟她較量一下，看騎在馬上射箭，究竟是誰行！我不信我會輸給了她！

后：你說的是不就是回疆來的那個女人？

帝：嗯，算妳聰明。她說，她十歲那年就敢不用「馬鞍」騎野馬了！你們能嗎？這一回我讓她陪我去打獵，也是想看看她究竟有多少能耐！

太：孩兒！瞧你這麼喜歡她，為什麼還不正式給她冊封呢？若是不想封她做妃呀嬪的，先賜她一個「貴人」的名份也好呀！免得後宮的那些女人，心裡不舒坦！

帝：母后，孩兒早就有這個意思，只是，她……不同意呀！

太：什麼？你這樣寵著哄她，她還不肯答應？她對這些榮華富貴，難道一點也不動心？

帝：母后，不用著急，俗話說：「天下無難事，只怕有心人」，我相信總有這一天，她會願意做我的女人的。

太：你眞有這樣的把握嗎？

帝：她……現在是我手掌心的一隻鳥，縱然我把手鬆開，我想她也飛不出我的手掌心！

太：話是不錯，可是她來到京城已經好幾個月了，要肯的話早就該答應你了，怎麼會「不同意」呢？

帝：母后，您放心，孩兒一點也不著急，有時候朕還覺得，這樣精神上的相愛，要比肉體上的相愛，更有味道得多呢！

太：是嗎？皇后？

后：我不信，這是皇上自我安慰的說法，難道說打了半天的獵，鹿肉一塊也沒有吃到，還說，沒有吃到鹿肉，比吃到鹿肉，更有味道嗎？

帝：妳呀！就希望我吃不到鹿肉對不對？告訴妳，遲早我會吃到鹿肉的，妳……等著瞧！

（音樂）

（大隊人馬、車輛行進聲）

帝：伊帕爾！騎了這麼久的馬，妳累不累？要不要先休息一下？

妃：我不累，你累了嗎？怎麼？一隻鹿也沒有看見呢？

帝：妳不用急，到了圍場，妳就會看到了，到時候就看是妳行，還是我行！

妃：好！我們來比賽！

（遠處傳來哨鹿聲，一種用哨子吹鳴出鹿兒求偶的聲音）

（鹿兒在樹林中奔跑的聲音）

（有射箭的聲音，有的落空，有的射在樹幹上聲）

妃：皇上，你看見沒有？前面有兩隻鹿，你先射！快，……跑了！……快追！

（馬急疾馳聲）

妃：啊！眞可惜！就差那麼一點點，要不是樹枝擋著，也許就射中了！

（另一匹馬在後跟著，射箭聲數次均落空）

帝：別著急，我遲早會射中一隻的。

（又騎馬過小溪聲，水花四濺聲）

帝：伊帕爾！小心，別摔下來！

妃：（毫不在意）我才不會吶！

帝：啊！那兒有隻小鹿！伊帕爾！妳看見了沒有？妳輕輕地過去，別讓牠發現妳！

妃：這一次看我的！……（快速射箭聲）

帝：啊！射中了！中了牠的後腿，快追！別讓牠跑了！

（鞭子抽打馬匹聲，馬蹄飛奔，石子踢開聲）

妃：（吆喝）看你往那裡跑！（再射一箭）……這下，可躺下了吧！（鹿墜地聲）

帝：（高興地）伊帕爾！眞有妳的！妳贏了！

妃：回去我請皇上吃鹿肉！（遠處仍有馬追奔聲）

（音樂）

（香妃一人在彈奏新疆「冬不拉」的樂器，一種弦樂器，吟唱著新疆的民謠）

（腳步聲，珠簾幌動聲）

圖：伊帕爾！

（歌聲停止聲）

妃：大哥！您怎麼來啦！

圖：妹子！我……是特地來，……告訴妳一個好消息的。

妃：什麼好消息？

圖：我……我要結婚了！

妃：您跟誰結婚？是我們回疆的姑娘嗎？

圖：不，是漢人。是皇上給我做的媒，就是那個專門給皇上圓夢的大臣的女兒，她姓蘇，叫蘇黛香，也會說回話，我很喜歡她，她也樂意嫁給我！

妃：大哥，您娶了漢人的女兒，……你……就住在京裡，不打算再回家鄉去了！

圖：妹子，家鄉喀什噶爾，離京城這麼遠，我們就是想回也回不去了！

妃：哼！這是你的想法。我……卻日夜都在想著家鄉，我想著回去！

圖：妹子，妳住在這兒，什麼事都有人侍候著，皇上對妳又是這樣的寵愛，妳還有什麼不能滿足的呢？皇上也對我說，要我來勸勸妳，還是答應順從了他吧！他不會虧待了妳的！

妃：哦！皇上給你娶了個老婆，你就幫他來說話了！難道你眞的已經忘了你是怎麼離開家鄉，被抓到這兒來的，你願意做漢人的女婿，大清朝的順民，我不干涉，要我答應做皇上的女人，那……除非……我……「死」！

圖：哎！妳的脾氣還是這麼倔！妳覺得皇上對妳還不夠好嗎？他陪你打獵，看打馬球，爲了減少你的思鄉之情，聽說正計劃大興土木，爲妳築一個回回營，造一條回回街。

妃：夠了！哥，你別再說了！你是不是想跟那些投降大清的顏色尹、帕爾蕩一樣，封個輔國公，或是三等台吉，好過官癮，是不是？

圖：妹子，妳怎麼這樣說我呢？我可不會那樣沒有骨氣！

妃：一個人最重要的是要有「骨氣」！爲了堅持我的不肯失身，皇上他已經有好多天沒上寶月樓來了，你知道嗎？

圖：怎麼？妳和皇上吵架了？

妃：那天，我們一塊去打獵回來，皇上喝了點酒，賴在我這兒，說什麼都不肯走，強逼我答應嫁給他，把我實在逼急了，……最後我拔出刀來，準備自盡，連他攔著我手臂，都被割破了，才黯然離去，……後來，半夜裡，……你知道他做了些什麼？

圖：做了些什麼？

妃：他耐不住寂寞和憤慨，竟然下手諭去到牢房，把另外一個回疆姑娘給糟蹋了！

圖：有這樣的事？妳怎麼會知道呢？

妃：是宮女們在說的，說皇上在第二天上朝的時候，還十分得意的向大家表示：回疆的女子，也沒有什麼大不了値得驕傲神氣的，他想要佔有，還不照樣乖乖的跟他睡了！

圖：嗯，這是他故意讓宮女說給妳聽的！

妃：哥！像這樣巇視污辱我們回疆女性的皇上，你還願意我順從他，做他的皇妃嗎？

圖：妹子！皇上也許只是拿別人來出氣！對你可是眞心的。

妃：別說了，我不想……再談這件事！

（音樂）

（北風呼號聲，樹枝搖曳聲）

帝：余壽！快給火盆上加些煤炭，今年的冬天好像特別冷。

壽：是，皇上！

帝：昆明湖是不是全結冰啦？

壽：全結冰啦！那些全國選派來參加冰嬉的選手，這兩天正在加緊訓練呢！

帝：嗯，這一年一度的冰嬉大賽，我一定要香美人陪我一起觀賞。走！余壽，起駕寶月樓。

壽：是，遵命！（向外高喊：「皇上起駕寶月樓」……）

（音樂過場）

壽：啓稟香娘娘，皇上駕到。

妃：皇上吉祥！

帝：平身。今兒我是特地來邀請妳陪朕去觀賞「冰嬉大賽」的！香美人！妳不會不願意去吧！

妃：「冰嬉大賽」？是在冰上打獵嗎？

帝：不是在冰上打獵，是在冰上作各種特技表演，包括花式溜冰、冰上射箭、冰上打球等有趣的遊戲！保證妳在回疆從來沒看見過。

妃：我們回疆很少有結了冰的大湖，也很少有人會溜冰。

帝：這一次妳可以大開眼界了！我在昆明湖邊，搭了很大的蒙古包帳篷，全國推選出有上千名的好手，在冰上展露絕技，若是表演精彩，我會當場頒獎！這是我大清朝的盛會，若是妳沒來京城，一輩子也看不到的！

妃：太后，是不是也會去觀賞？

帝：母后最喜歡看冰嬉，每年她都不會錯過的！

妃：那你就陪她看吧！我不想去了！

帝：爲什麼呢？

妃：我看的出來，母后好像不太喜歡我！

帝：那是妳太多心了！凡是我喜歡的，母后一定也喜歡，她巴不得妳能和容貴人一樣，答應做我的妃子！

妃：皇上，你既然已經有了容貴人，何必還堅持要我答應你呢？難道你身邊的女人，還不夠多嗎？

帝：伊帕爾，我是眞心的愛妳，爲什麼妳……總是這樣冷若冰霜，要拒我於千里之外，難道我爲妳做的，妳覺得還不夠好嗎？究竟要怎樣才能使妳明白我的心意呢？

妃：皇上，求你，……還是放了我吧！放我回去。

（腳步聲，珠簾幌動聲）

壽：啓稟皇上，皇后駕到！

后：皇上吉祥！

帝：你……到這兒來，有什麼緊要的事嗎？

后：是太后要我來找皇上的，太后說，冬至快到了，問你去圜丘齋宿祭天的大典，準備得如何了！她有要緊的事和你商量，希望皇上馬上到慈寧宮去一趟！

帝：冬至祭天的大典，啊！我差一點都忘了，好，朕這就去！……余壽，起駕「慈寧宮」！

壽：奴才遵旨。……（向外叫喊：「皇上起駕慈寧宮」……）

（音樂）

后：太后吉祥！

太：平身！皇后，我要你辦的事，辦妥了嗎？

后：啓稟太后！人已經帶到慈寧宮。

太：把她帶上來，當我的面，向她宣佈我的懿旨。

后：是。（向外宣告：「來人哪！把伊帕爾帶上來。」）

（外應曰：「喳」。）

（腳步聲上）

太：吩咐下去，把大門鎖上，沒有我的命令，就是萬歲爺來，也不得開門。

后：太后有令，大門上鎖，沒有太后的命令，就是萬歲爺來，也不得開門。

（外應曰：「喳」。）

（大門關閉聲，上鎖聲）

后：伊帕爾，妳見了太后，也不下跪行禮嗎？

妃：皇后，不用妳操心，太后知道伊斯蘭的教規，信徒除了「眞主」，不向任何人下跪的。

太：別再說廢話了！皇后，妳快宣佈我的旨意吧！

后：是，太后。（高聲宣讀）「奉皇太后的懿旨，回疆女子伊帕爾，自入宮以來，身佩兇器，堅決拒不順從皇上，有意圖反叛復仇之念，著即賜死！」

（音效強烈配音升起）

太：伊帕爾！妳都聽清楚了嗎？

妃：聽清楚了！

太：妳接不接受我的旨意？

妃：（突下跪聲）太后！伊帕爾甘願領受太后的旨意，特向太后叩謝天地大恩。

太：（訝異）妳……一點兒也不害怕？

妃：太后！伊帕爾間關萬里，被押到京城來，時刻所想所念的，就是希望能爲死去的小王爺霍集占復仇；如今，既然不能如願，與其活著苟且偷生，還不如一死壯烈成仁。

太：妳有這樣的勇氣，眞是難能可貴。……只是，我很訝異，妳入宮至今，也有相當長的時日了，皇上待妳百依百順，寵愛有加……何以這樣的恩情，仍然難以改變妳的心意！

妃：「士可殺，不可辱」，伊帕爾甘願死，不願受仇人的屈辱，（拔刀出鞘聲）太后，請允許我，用我自己的刀來結果自己的性命。

太：等一等！把刀放下，不是說你們的教規規定不得自盡的嗎？

妃：是的，不過若是在受威脅的情況下，自盡是被允許的。

太：既然妳決心要死，我就成全妳。來人哪！賜白綾一條，送伊帕爾歸天！

（有人應曰：「喳」！）

太：伊帕爾，妳有沒有遺言？快說……

妃：謝太后成全。只是我請求：死了以後，准將我的遺體送回到我的故鄉，回疆的喀什噶爾去埋葬！與我死去的父母葬在一起。

太：嗯……好，我答應妳！

妃：（磕頭聲）謝太后大恩！

（皇后說：「扶她起來，引到西廂房去送她歸天」）

（有人應：「喳！」）

（音樂）

（車輪急速轉動聲）

（馬蹄飛奔聲，侍衛開道聲）

壽：皇上，你怎麼？這麼快趕回來，是不是有什麼不舒服，要不要奴才去把御醫找來？

帝：余壽，剛才朕在圜丘祭天的時候，聽到有人在背後說……太后可能會趁我不在宮裡的時候，對「香美人」下毒手，所以我才急著趕回來！

壽：皇上，太后……不會的！

帝：不會？那……香娘娘怎麼不在寶月樓裡躭著呢？

壽：那大概是去御花園玩了吧！

帝：這麼冷的天，御花園什麼好玩的？余壽，快去給朕找呀！是不是到慈寧宮去啦！

壽：遵旨！奴才這就去！

（腳步聲徘徊著）

帝：奇怪！我的左眼一直在跳，是不是有什麼「不祥之兆」？……香美人，妳到那兒去了呢？

壽：（奔跑聲）啓稟皇上！香娘娘……確是被太后宣召到慈寧宮去了！……大概已去了兩個時辰了！

帝：快！備轎！馬上起駕慈寧宮！

（急驟音樂過場）

（大力的敲門聲）

壽：（大聲叫著）皇上駕到！請快開門哪！
（門上回日：「沒有太后的命令，我們不敢開門。」）
壽：豈有此理！萬歲爺駕到，……還不開門！
（門上回日：「請等一等，馬上啓稟太后」）
（稍等片刻）
帝：奇怪！關上了大門，準不是好事，余壽，給我用力捶門！
（「開門哪！」夾雜著擂門聲「啊！上了鎖啦！」敲門聲）
（經過一番吵鬧，門終告開鎖聲，把大門隆重開啓聲）
（一陣零亂的腳步聲）
帝：母后，吉祥！孩兒給您請安來啦！
太：你不是去圜丘祭天去了嗎？怎麼？這麼快就回來了！
帝：母后！剛才孩兒來的時候，看見宮門外大門還上了鎖，是不是發生什麼意外？有歹徒混
　　進宮來嗎？
太：沒有。……（支吾）我……只是沒有想到你這麼快……就趕回宮來，……祭天的事進行
　　得還順利嗎？
帝：很順利。
太：但願老天爺保佑，我大清朝國運昌隆，風調雨順。

帝：母后，我聽說住在寶月樓的伊帕爾，您下令傳她進宮，她現在人在那兒？朕想見她！

太：皇兒，你眞是爲了她趕回來的嗎？

帝：母后，她是不是冒犯了您？惹您生氣了？所以，您才叫她來教訓教訓她的，對不對？

太：皇兒，爲娘的只是擔心她會冒犯了你，才叫她來的，你不會怪娘，……做錯了事吧？

帝：母后，……您……把她關起來了？還是給她上刑？

太：（愧疚）皇兒，……你別難過，娘這麼做，……也是不得已。

帝：她……人呢？現在在那兒？朕馬上要見她。

太：在西廂房，……皇后，……妳陪皇上一起去。

（腳步聲，開門聲）

后：皇上！你別難過……她已經被太后賜死了！

帝：（大驚，大叫）什麼？已經死了？

后：是的，已經氣絕了！你……來遲了一步！

帝：（痛澈心肺的哭泣）伊帕爾，……伊帕爾，……朕來看妳了！妳怎麼不睜開眼睛來看一看吶！啊！……我心愛的香美人，妳怎麼就這樣突然的死了呢？

后：皇上，……太后也是爲了怕你發生意外，才下令給她賜死的，你就節哀順變吧！

帝：（生氣的）滾開！不要跟我來說這些廢話，說不定幕後操縱，對她下毒手的人，就是妳！

后：冤枉呀！皇上！我怎麼會是這樣的人呢！

帝：妳的心我還不清楚，伊帕爾來了以後，我就明白，妳巴不得她死得越快越好！

太：（腳步聲進入屋內）皇兒，……別難過了！人死不能復生！好在，回疆女子還有一個容貴人在，你就把愛她的心，移到容貴人身上，不也一樣嗎？

帝：母后，……您不瞭解，容貴人怎麼能和香美人比呢？容貴人只是一個平凡的女子，……她既沒有「香」氣，也沒有香美人那樣的高貴的氣質。啊！……娘，……您把孩兒心中最完美，最心愛的女人，毀了！……我……活著……還有什麼樂趣可言呢！

太：皇兒！娘錯了！……你原諒娘吧！皇兒！

（母子相擁哭作一團）

（悲傷的音樂昇起）

（回教默悼的哀樂，在空中迴蕩著）

報幕：香妃死了！……乾隆皇帝一直在思念著她，容貴人不久由貴人升做了容嬪，相隔了六年以後，又升做了容妃。

（馬蹄，打獵聲）

（鹿哨鳴聲，射箭聲）

壽：皇上，……打獵的季節又到了，……今年的氣候又不太冷，是不是通知木蘭圍場，您要去打獵，要他們好好準備一下。

帝：余壽，你提起打獵，我就想起了香美人，那一年，她和我打賭比賽，……結果，我卻輸給了她，……如今，要是她還活著，我眞想再和她比賽一次。

壽：皇上，……這麼些年都過去了！您還沒把她給忘記啊！

帝：（喁喁自語）忘不了！永遠也忘不了！

（回疆冬不拉的配音，香妃唱的新疆民謠聲升起）

（音樂）

報幕：又是一串漫長的歲月過去了！到了乾隆五十五年的時候，他已經是一個八十歲的老人了，那一天，他在寶月樓上，望著當年郎世寧畫的那幅「香妃戎裝像」，又不禁熱淚盈眶的想念起香妃來……

帝：（變音，八十歲蒼老的聲音）余壽！

壽：（也老了，也變老態龍鍾，咳嗽著）奴才在！

帝：你給我拿文房四寶來，我……做了一首自警詩。

壽：是，遵旨。（倒水，磨墨聲）

帝：（邊寫邊朗誦著）

「液池南岸嫌其遠，
構以層樓據路中，
卅載畫圖朝夕似，
新正吟詠昔今同。

俯臨萬井誠繁庶，
自顧八旬恐脞叢，
歸政五年亦近矣，
或當如願昊恩蒙。」

壽：皇上，這幅畫像，您看了卅年，還看不厭啊？

帝：看不厭！……（悲從中來，抽泣起來）……要是畫像中的人，能再活過來，那該多好！

（回憶當年香妃說的話：「（笑聲）太有趣了！……你說的回語，……我一句也聽不懂」）

（香妃：「你可以用鼻子聞，你再動手動腳，我可要生氣了」）

帝：啊！……眞有異香，……這香味，……眞令人陶醉。

（回疆的音樂升起，溶入「香妃」主題曲的音樂。）

——全劇終——

長恨歌（上）

·袁光麟 導播·

——民國八十年十一月十日漢聲電台播出——

時：唐天寶四年至十四年。

人：唐明皇：即李隆基，六十餘歲至七十餘歲。（皇）

楊玉環：即楊貴妃，亦爲太眞道士，廿餘歲至卅餘歲。（環）

楊國忠：玉環兄，原名楊釗，初封侍郎，後封丞相。（忠）

安祿山：初爲東郡王，後爲洛陽節度使。（山）

永　新：楊玉環貼身之侍女。（新）

高力士：老宦官，官封右監門將軍。（高）

梅　妃：名江采蘋，後宮寵妃之一。（妃）

小黃門：內侍。（門）

（國樂配音，播出黃自作曲「長恨歌」插曲「此恨綿綿無絕期」，歌詞如下）

「淒淒秋雨灑梧桐，寂寞驪宮，荒涼南內玉階空，
離合悲歡狂作相思夢，參不透鏡花水月，畢竟總成空。」

報幕：唐明皇李隆基，是中國歷史上有名的風流天子，他六十多歲時，與楊貴妃之間香豔淒迷的愛情故事，因白居易寫的「長恨歌」而傳誦千古。……我們從唐天寶四年，楊玉環在太眞宮修道時說起。

（化入修道院，木魚聲，唸經聲，鐘鼓聲中，插入一陣喜鵲的叫聲。）

新：（腳步聲進入）太貞娘子，……妳聽，今兒一早喜鵲就在院子裡叫個不停，是不是今天會有稀客臨門！

環：永新，安心修道唸經，太眞宮還會有什麼特別的稀客光臨嗎？

新：娘子，是春天來了，院子裡牡丹、芍藥都開花了，我陪妳一起去賞花散散心，好不好！

環：永新，在太眞宮，還會有春天嗎？日子過得眞快，我們被聖上的旨諭，送到太眞宮來帶髮修道，已經快五年了。

新：娘子，記得妳那時在壽王府做宮人，日子過得好好的，爲什麼聖上要妳到太眞宮來修道呢？

環：誰知道。聖上親口對我說，他很喜歡我，他說要我修道，只是暫時的，過一陣子他就讓

我還俗，然後帶我進宮，做他的妃子，誰知道……這些話……他說了，……全忘了！

新：聖上身邊，三宮六院女人多的是，娘子，也許，他早就把答應妳的事，給忘了！

環：我眞恨，早知道這樣，我又何必離開壽王府呢！如今，在這裡，就像一隻關在籠子裡的鳥一樣，不知要耗到那一天，才能飛出去。

新：娘子，別想那麼多了，敬香的時間到了，我們還是到佛堂敬香去吧！去晚了，師父也會說我們太不專心了！

環：（嘟囔著）敬香，整天的敬香，要敬到那一天呢？我幾時才能脫下身上的這件道袍呢？

（遠處傳來一群腳步聲。）

高：（高聲叫著）皇上駕到！

新：（低聲說）啊！高公公來了，娘子，快下跪啊！

環：（下跪聲）修女楊太眞叩見聖上，聖上吉祥！

皇：太眞，不必拘禮，起來吧！

環：謝皇上。

皇：把頭抬起來，讓朕好好的看看妳，怎麼？妳在傷心落淚！

環：（帶著傷心的說）皇上，也許早就把我給忘了吧？

皇：委屈妳了，太眞，我怎麼會忘了呢？實在是天下有這麼多的事，要朕來煩心作主，成天都是忙碌，隨時都有頭痛的事發生！這些煩惱，眞是讓朕煩透了！

環：皇上，太眞在這兒沒能專心修道，有負聖上美意，罪該萬死！請皇上把修女發配出去吧！

皇：發配出去，朕怎麼捨得！

環：修女在太眞宮眞是待膩了！

皇：朕今天就給妳想辦法讓妳還俗，這，……妳該高興了吧！

環：皇上，是眞的嗎？

皇：當然是眞的，高力士！

高：奴才在！

皇：你去叫小黃門把西涼州進貢的葡萄酒拿來，今晚朕要和太眞好好的喝幾杯！

高：是，只是聖上，在這兒喝酒，恐怕有所不便吧！

皇：爲何不便，你快去辦，對了，朕的龍榻旁邊小櫃小裡放有一個金釵鈿盒，你去替朕拿來！

高：是，遵旨！（腳步聲遠去）

皇：太眞，妳離開壽王府已經多久了？

環：聖上，五年了，妾身是不是已經不再青春年少了？

皇：不，依朕來看，妳和五年前相比，長得更豐滿、成熟了！妳的肌膚還是那麼白嫩，明亮的眼睛，還是那麼勾人心魂，妳的聲音，還是那麼悅耳動聽！

環：（撒嬌的）不來了，聖上，儘在說反話，挖苦我！

皇：太眞，朕說的是眞心話，這些年，壽王，他有沒有到這兒來看過妳？

環：沒，我早就把他忘了，他也早忘了我，聖上，從現在起，我們再也不提過去的事，好嗎？

皇：不提他，也對！太眞……

環：聖上，求聖上也別再叫我太眞！還俗以後，我也不要是修女了！

皇：對，那，妳的名字叫……

環：玉環。

皇：玉環，好名字。啊！酒拿來了，快，斟上……玉環，今兒陪朕好好喝幾杯！

（倒酒聲。）

環：聖上，妾身不太會喝酒，喝多了，怕會醉酒失態！

皇：好，那我乾杯，妳隨意！來！乾杯！（喝酒聲）這第一杯，……妳還是陪朕乾了吧！

環：謝，聖上。（喝酒聲）

皇：玉環，今天，朕眞是太興奮了！爲了慶祝妳還俗，咱們再乾第二杯！好嗎？（喝酒聲）

環：好，謝聖上的美意！（乾杯聲）

皇：玉環，今晚，妳就隨朕一起回宮去，朕要妳，整天陪在朕的身邊，爲朕解除寂寞和煩惱！

環：聖上後宮，有佳麗三千，難道還會有寂寞和煩惱嗎？

皇：那些平庸的女子，沒有一個像妳這樣合朕心意的！

環：眞是這樣嗎？

皇：妳該相信朕，玉環，朕說的全是眞心話！

高：（腳步聲）萬歲爺，金釵鈿盒已經取來了！

皇：高卿，好極了！快呈上來。玉環，這付金釵鈿盒是海外番國的貢品，是稀世的名寶，朕已經收藏了多年，今天，總算爲它找到了合適戴它的主人，玉環，來！朕要親自給妳戴上。

環：謝聖上的賞賜。

皇：妳看，這眞是寶劍贈英雄，金釵賜美人，這一付鑲玉飾翠的金釵、鈿盒，戴在妳的鬢髮上，眞是光芒四射，那些六宮粉黛，都將黯然失色了！

環：聖上，你把妾身說得太美了！

皇：玉環，朕說得一點也不過份，瞧妳透著紅暈的臉頰，配著發光的首飾，眞是迷人，俗語說：「秀色可餐」，朕恨不得把妳一口吞下肚子裡去！

環：聖上，妾身不勝酒力，眞是醉了，您摸摸妾身的心，跳得好快！

皇：玉環，朕的心，和妳一樣，跳得好快，來！扶著朕，咱倆這就起駕回宮，共度春宵。

環：（嬌滴滴地）聖上，但願從今天起，妾身永遠和聖上在一起。

（音樂。）

（化入「長恨歌」插曲「仙樂飄飄處處聞」，歌詞如下）

「驪宮高處入青雲，歌一曲，月府清音霓裳仙韻，舞一番，羽衣迴雪紅袖翻雲，

驪宮高處入青雲，宛如菡萏迎風，楊枝招展，

飄飄欲去卻回身，更玉管冰絃嘹亮，問人間那得幾回聞。………」

（曲終，唐明皇鼓掌不已聲。）

皇：太好了，太好了，玉環，妳不但資質豐艷，聰明迷人，而且精通音律，善歌舞，眞是色藝雙絕的絕代佳人，來，陪朕來乾了這一杯！（斟酒聲）

環：（喝酒聲）謝皇上誇讚，妾妃受寵若驚！

皇：高力士。

高：奴才在。

皇：著即通知李丞相，叫翰林學士草一道冊立楊玉環爲貴妃的詔書，就說楊玉環知書識禮，談吐儒雅，既通音律，又善歌舞，深得朕的歡心，即行冊封爲貴妃，遷入西宮居住！

高：恭喜皇上，賀喜貴妃娘娘。

環：高卿免禮。

皇：立即通知貴妃的家人，並宣娘娘的兄姊一併進殿，前來見駕聽封。

高：奴才領旨，啓稟萬歲爺，今日早朝時，聖上要李丞相尋覓精通番邦蠻語的胡人安祿山，已經帶到，是否宣他前來見駕？

皇：宣。

高：（應）遵旨。（向外高叫）宣安祿山上殿見駕。

（腳步聲，盔甲聲。）

安：臣安祿山，叩請萬歲爺平安。

皇：李丞相說你精通蠻語，又曾在吐番國居住過，可是實情。

安：臣精通六國番語，自幼在番邦長大。

皇：這兒有一封吐番國呈遞的國書，你看了，把書中的內容翻譯給朕聽一聽。

安：臣領旨。（展讀書信聲）吐番國國王拜見大唐天子陛下，敝國地處荒瘠，僅盛產牛馬，素聞貴國地大物博，國泰民富，敢請大唐給予通商交易，以其所有，易其所無，則敝國臣民感恩不盡矣！

皇：原來是請求通商貿易，吐番國有些什麼產物？

安：啓稟聖上，吐番國所產，有木材、藥材、五金、皮貨。

皇：所缺少的是些什麼？

安：據臣所知，彼國缺少食鹽、布匹、五穀、雜糧。

皇：玉環，與吐番國通商交易，妳認爲如何？

環：妾妃以爲與番邦締結友好，互相通商，在我朝所費不多，而番蠻受惠之餘，定會感恩圖報，對大唐有益無害，但如何定奪，還請聖上親自斟酌。

皇：安祿山，你的看法如何？

安：啓稟聖上，臣認爲吐番國既有意請求，若加拒絕，容易結成怨仇，通商交易兩方均可蒙利也。

皇：嗯，言之有理，那就派李丞相和你會同洛陽節度使，與吐番國早日簽約，通商交易。
安：臣領旨。
皇：安祿山，你的肚皮這麼大，裡頭究竟裝了些什麼東西？
安：啓稟萬歲爺，臣肚子裡裝的是一片赤膽忠心，保佑皇駕！
皇：（高興）哈……哈……說得好……念你滿腹忠心，眞是難得，安祿山聽封，朕封你爲東平郡王，隨侍在側，隨時有關蠻邦之動靜，向朕提出稟報。
安：叩謝聖上隆恩！
皇：下去辦事吧！
安：臣遵旨。（腳步聲離去）
皇：玉環，妳看，安祿山這個胖子，可靠嗎？
環：憨厚純樸，可以信任。
高：（腳步聲）萬歲爺，貴妃娘娘的哥哥已在殿外候駕。
皇：宣他上殿。
高：（高聲）宣楊釗上殿見駕。
忠：臣楊釗叩請聖上吉祥，貴妃娘娘吉祥。
皇：平身。楊釗，你可曾熟讀經史百家？
忠：啓稟聖上，楊釗，幼讀四書五經，皆能背誦。

皇：除了經書之外，武藝方面，有無精通專長？

環：皇上，家兄自幼即膽慧過人，讀過的詩文，過目不忘，在家鄉有「小神童」之稱，成年後，更勤練武藝，刀槍棍環無不精通。

皇：嗯，那可說得上是文武全才了。朕問你，本朝若和番國通商交易，依你的看法，是否允當？

忠：啓稟聖上，與蠻邦通商，恕小臣愚見，該有所提防才是，按番邦之民，喜怒無常，一旦通商交易，難免有不肖之徒，乘機竄入吾朝，有所侵害！

皇：所言頗爲有理，該如何提防，才是萬全之策？

忠：依臣之見，交易之時，不妨課以重稅，使之無利可圖，彼等亦就視交易爲畏途，以確保我朝利益不致外流！

皇：嗯，有道理，楊釗，朕見你年輕有爲，著封你爲侍郎，並賜名爲「國忠」，好爲我大唐朝效忠，有所貢獻。

忠：臣叩謝聖上鴻恩！

皇：貴妃，朕，這樣的安排，妳還滿意嗎？

環：謝聖上英明。

皇：朕有了妳這位國色天香的愛妃，又有了這樣一位爲國盡忠的賢臣，今後，眞可以享清福，做一個無憂的太平天子了！哈……哈……！來，乾杯！

（音樂。）

報幕：自從唐明皇寵幸楊貴妃以後，天天陪著貴妃，他擊著羯鼓（羯鼓聲）貴妃彈著琵琶（琵琶聲）由李白作詞，李龜年譜新曲，歌舞宴樂，再也不理朝政，為了博取貴妃的歡心，她的三個姐姐，先後封做了韓國夫人、虢國夫人、秦國夫人，國舅楊國忠更是接替了李林甫，坐上了丞相的寶座，動用公帑，大興土木，建造富麗堂皇的丞相府第，引起全國上下的矚目。

（洗澡沐浴聲。）

新：貴妃娘娘，（珠簾掀動聲）妳洗了一個時辰，該起來了吧！

環：永新，是皇上駕到了嗎？我快洗好了，泡在溫泉裡眞舒服，要不是妳催我，我眞不想起來了呢！

新：娘娘，是安祿山將軍來了，他帶了不少禮物，來送給娘娘。

環：他來的可眞勤快，又送了些什麼稀奇玩意兒來了！

新：他說是吐番國送來的一批貢品，這兒是一份清單，請娘娘過目。

環：（走出浴池聲）永新，拿浴巾給我。

新：是，娘娘。

環：（唸清單）七葉冠、照夜璣、龍腦香、七寶避風台、玻璃七寶杯，還有奇花十盆，能言鸚鵡一隻，永新，那隻鸚鵡，眞的會說話嗎？

新：嗯，牠會說：「娘娘，妳好。」

環：讓我去看看！（掀動珠簾聲，腳步聲）安將軍，他人呢？

新：他說，他還有禮物要送到丞相府去，告辭先走了，喏，這就是他送來的鸚鵡！（娘娘，妳好！）妳快說啊！

（鸚鵡學人語聲：「娘娘，妳好……漂亮」）

環：（高興）啊！眞討人喜歡！

（外面人叫著：「丞相爺駕到」）

新：丞相爺，恭喜，娘娘剛洗好澡，正準備去丞相府，給你落成的新廈道賀，怎麼！你反倒是先來了呢？

忠：我是專程來接娘娘起駕的。永新，妳也一起去，還有戲可看呢！

環：哥哥，我聽說，你爲了這座丞相府，每天動用了三千個民工，蓋了大半年才完成，相信一定相當富麗堂皇囉！

忠：這兩個月，我分日夜兩班，加工趕造，才如期完成，希望聖駕和娘娘能一併光臨。

環：有什麼餘興啊？

忠：我要戲班新排了一齣好戲：「六國封相」。

環：哥哥，你做了本朝的首相，還不滿足啊！還想像蘇秦一樣，做六國的首相嗎？

忠：那裡，那時候的六國，加起來，也沒有我們現在的唐朝大啊！

環：這倒是眞的，除了看戲，還有什麼好東西給我吃呢！

忠：有廿道大菜，十道點心，加上西涼的美酒，番蠻的野味，還有四方奇食，八府特產！

環：那麼多的菜，我怕肚子裝不下。

忠：我準備了一種消食水，會幫助妳消化的。

環：永新，時間不早了，皇上怎麼還沒來，他上那兒去了呢？

新：大概快來了吧！

環：我等皇上來給我打扮，才好出宮呀！對了，永新，你到錦華院去催一催，他們給我繡的新衣服，也該送來了啊！

新：是，娘娘，我這就去！

忠：妹妹，提起打扮，我差一點忘了，有一樣東西我要給妳。

環：什麼東西？

忠：（打開錦盒聲）喏，這一對耳環，妳喜不喜歡？這上面鑲的珍珠，……很少見到有這麼大的。是我的一個遠房親戚，叫崔駒的，專誠獻給妳的。

環：他爲什麼要送我這樣寶貴的東西？

忠：他是有所求於妳，希望妳在皇上面前提一提，封他一個侍郎做做。

環：一對耳環，……就想做一個侍郎。

忠：對了，妹妹，……上回，柳澄送了我一萬貫，要我幫他高陞一下，我還沒有和聖上提呢！

環：柳澄，他想陞做什麼？

忠：郡王。

環：一萬貫就想買一個郡王，這也未免太便宜了吧！

忠：妹妹，如今我們雖已官至極品，可是封官晉爵的大權，還操在聖上手裡，雖說，只要妳開口，沒有不成功的，但是若能做到唐朝天子楊家權，不更好嗎？

環：好了，別嚕嗦了，回頭你把崔駒、柳澄，跟一些要封官晉爵的人，開一個名單給我，今晚我就請皇上批。

忠：好，……就這麼辦。

（外面叫著「萬歲爺駕到」）

（一陣腳步聲進入。）

環：妾妃楊玉環見駕，皇上洪福。

忠：臣楊國忠見駕，聖上吉祥。

皇：平身。

環：（撒嬌的口吻）皇上，您到那兒去了，臣妾早洗好了澡，等皇上來梳妝，都等急死了！

皇：愛妃，朕這不是來了嗎？

環：皇上，你是不是上陽東宮梅妃那兒去了？

皇：朕沒有去梅妃那裡，只是在等一個人，愛妃何必猜疑呢！

環：（哭泣著）聖上的神色，妾看得出來，一定是看梅妃去了，想不到妾身把整個的心，都交給了皇上，皇上還是這樣的負情。

皇：玉環，別哭了！妳看，……朕手上拿的是什麼？

環：是「荔枝」？

皇：對了，是妳最喜愛吃的荔枝，妳剝開吃吃看，味道和妳以前吃的不一樣喔！

環：（剝食吃荔枝聲）啊！……好甜！好新鮮！這是涪州運來的嗎？

皇：這是遠從海南島運來的，爲了讓妳吃到新鮮的荔枝，我特地要求沿路各地的驛站，準備了千里快馬，不分晝夜，連續跑了十天，才從產地運到京城來的。要不，那兒還有這股清香味！

環：（繼續吃著）嗯，又甜，又嫩，跟以前吃的是不一樣！

皇：瞧妳，剛才還哭著，現在又笑了！

新：（腳步聲上）娘娘，錦華院繡的衣服，已經拿來了，妳是不是穿上試試看，合不合身？

環：（將衣服擲地上聲）不用試穿了，這……衣服……我看了就來氣！

皇：玉環，怎麼又生氣呢？這有什麼不好呢！

環：你看，這上面繡的是什麼花？

忠：啊！怎麼繡了幾朵梅花呢！

環：這件衣服，我非要把它剪了撕了不可！這一定是皇上故意讓她們繡了梅花，拿來氣我的！

（撒嬌的哭泣）

皇：愛妃，這怎麼會呢？朕怎會有這樣的想法！好了，別哭了，今兒是丞相的吉日，妳應該高興才對啊！

忠：娘娘，妳看在哥哥的份上，別再嘔氣了！

環：不，這件衣服，非拿去毀了不可。

皇：永新，快把這件衣服拿走，給娘娘再換一件新衣服來。

新：奴婢遵旨。

環：還要把那些繡花的女工，都給我換了，上回給我繡了一床有梅花的被面，已讓我罵了一回，想不到這幾天，又故意繡了這件有梅花的衣服來氣我，太不把我放在眼裡了。

皇：高力士，記住，等一下，去錦華院，把那七百個繡花女工，全給換了，娘娘，這總可以消氣了吧！

高：遵旨，奴才這就去。（腳步聲離去）

環：皇上。

皇：妳還有什麼要求？

環：宮裡御花園種的梅花，……也都砍了，換種牡丹、芍藥、月季、玫瑰……

皇：好，好，……一切都依妳，總滿意了吧！

環：這還差不多！

新：娘娘，妳穿這件繡有鳳凰的衣服，去丞相府好不好？
環：好！皇上，我要你陪我一起去丞相府，賀喜看戲！
皇：好，朕和妳一起去丞相府，起駕吧！
忠：謝皇上，娘娘賞光。
高：（向外喊叫）起駕丞相府。
（音樂。）
（鸚鵡學人語聲：「娘娘，……妳好，……漂亮」）
環：這隻鸚鵡，眞聰明！好討人喜歡。
（鸚鵡學玉環說：「娘娘，……討人……喜歡！」）
新：娘娘。
環：永新，什麼事？
新：安祿山將軍求見。
環：好，請他進來吧！
安：（腳步聲）兒臣安祿山，叩請母后娘娘平安。
環：安將軍，……你怎麼稱呼母后起來，哀家的年紀，沒有你大呀！
安：母后有所不知，前兒臣已蒙皇上收爲養子，那娘娘當以母后相稱才對。
環：是嗎？皇上已收你爲養子？

安：母后，兒臣聽說母后最近鳳體欠適，素有背癢之症，周身不舒服，特以白玉製成一稀罕之物，送請母后試用。

環：這，可以自己用來抓背嗎？

安：這是依照民間「太公樂」的式樣製成，頭部與手的形狀相似，專為老年人抓背解癢之用，一般採用竹子做成，兒臣改用白玉來替代竹木，抓癢時，更能增添清涼如意之感，母后，妳試試看。

環：嗯，……眞的抓起背癢來相當舒服，……祿山，你可設想得眞週到。

安：謝母后讚賞。父皇，今天沒在西宮陪伴母后？

環：皇上找丞相去商談國事去了！

安：會不會是去上陽東宮，找梅妃娘娘去了吧！父皇，對梅妃娘娘似乎始終情意綿綿，難捨難分啊！

環：祿山！你……對哀家，既以母子相稱，就該心貼心，相連在一起，皇上若有什麼不利於哀家的行動，隨時向哀家通風報信。

安：母后有何吩咐，兒臣萬死不辭。

環：祿山，前兩天哀家因練跳「霓裳羽衣舞」，不愼扭傷了腰，筋骨至今猶在疼痛，聞你在番邦習得「推拿之術」，可以鬆筋活血，去除疼痛，頗見功效，當眞有用嗎？

安：母后既有痛楚，兒臣自當效勞。……請母后側身躺下，兒臣這就開始了。

環：（作躺下聲，略作呻吟聲）對了，就在這兒，再下去一點，……嗯，……好舒服！嗯！

（推拿，捶打之聲。）

安：母后，……是否舒服多了！

環：祿山，……別這樣！

（音樂。）

高：皇上。

皇：高力士，有什麼事？

高：梅妃娘娘，聞說皇上龍體欠安，特專程來向你請安來了！

皇：梅妃，她來了。那貴妃娘娘呢？

高：啓稟皇上，貴妃娘娘不是到丞相府去了嗎？丞相府今日爲丞相夫人做壽，有戲看，貴妃娘娘要看完戲才能回宮來呢！

皇：啊！我忘了，那就請梅妃娘娘快進來吧！

高：是，皇上。

（腳步聲。）

梅：臣妾江采蘋，特來叩請皇上吉祥。

皇：平身。

梅：謝萬歲。

皇：梅妃，好久沒去看妳了，近來可好？

梅：謝聖上關心！聽說聖上最近龍體欠適，是否過於勞累，聖上春秋已高，還是自己多加珍惜保重才是。

皇：梅妃，朕……實在有虧欠於妳，這些日子，疏於去看望妳，希望妳能諒解朕的苦衷。……近來，夜晚還常心神不寧，通宵難以入眠嗎？

梅：妾身賤體，毋庸聖上掛慮，只是近來宮中，盛傳一些有關楊娘娘的風流韻事，不知聖上可有所耳聞。

皇：楊娘娘的什麼風流韻事？妳不妨說給朕聽聽看。

梅：臣妾聽說，聖上不在宮裡的時候，安祿山常去楊娘娘那兒尋歡作樂，……作那不可告人的醜事！

皇：梅妃，可能那是謠言吧！

梅：聖上，既然不信，……那我就不說了。

高：（匆匆腳步聲）啓稟萬歲，楊娘娘回來了。

皇：（緊張）高卿，快，即刻護送梅娘娘回上陽東宮去吧！

梅：聖上，妾妃不想走！

高：梅娘娘，咱們別給皇上找麻煩，還是快走吧！

皇：梅妃，她回來了，妳還是由朕的寢宮窗子走吧！……免得被她看見。

梅：（生氣地）哼！想不到皇上，竟怕她到這個樣子！好，我走！（腳步聲，跳窗聲）

環：叩見皇上，洪福。

皇：玉環，……妳不是去丞相府拜壽去了嗎？怎麼，不看戲，就回宮來了呢？

環：妾身是耽心聖上寂寞，特地趕回來陪聖上的，……對了，高公公……剛才，……那個梅娘娘，是不是到這兒來過？

皇：梅妃，她沒有來過。

環：皇上，臣妾沒有問皇上，臣妾在問高公公，是不是皇上命梅妖精到這兒來過。

高：沒有這回事。

環：高公公，那……你剛才跑到寢宮裡去做什麼？

高：替……替皇上拿一點東西。

環：拿什麼東西？

高：拿——拿——

環：拿什麼？你說不出來了吧！你該說是送……送梅妖精逃走。

高：娘娘，何必生這樣大的氣呢？

環：皇上，總是在騙我，妾身好命苦啊！（哭泣起來）

皇：好了，……愛妃……何必哭哭啼啼呢！

環：那皇上，你是承認她來過了！

皇：沒有，她沒有來！

環：皇上還說沒有。（發現）你看！……這一隻梅花金釵掉在地上，……不是那梅妖精的，還會是誰的？物證俱在，……這沒話說了吧！

皇：好了，別鬧了！梅妃她是來過，……只是說了幾句話，她就走了，這也沒有什麼大不了的。難道，妳還想把「天」都吵翻過來嗎？

環：皇上，你能不能用眞心對臣妾說幾句眞話，……老是騙著臣妾，這叫臣妾活著，還有什麼樂趣可言呢！還是請皇上把臣妾休了吧！（撒嬌裝飲泣）妾身甘願回太眞宮，去削髮爲尼，過六根清淨的生活，請皇上放妾妃走吧！

皇：玉環，……別這樣了，……朕再也不找梅妃！……只愛妳一個，妳還不如意嗎？……別哭了，……妳再哭，……朕也想出家去了！

（音樂。）

忠：安祿山，你只不過是個小小的東平郡王，通一點番邦的蠻語，怎麼可以盛氣凌人，以這樣的態度來和我說話！

安：楊國忠，你只不過是靠著裙帶的關係，才當上這個丞相的，有什麼了不起的。……有本事，咱們去見皇上，當面說個清楚。

忠：你以爲，……你是皇上的養子，大家就怕你了不成，哼！……我……姓楊的，……就不吃你這一套。

安：既然，你不在乎，我還怕你不成！走！……咱們現在就去皇上面前，來討個公道！

忠：太放肆了！你目中還有人嗎？走！

安：走就走，看究竟誰有理！

（兩人越吵越大聲，走近內宮。）

皇：高力士，是誰在外面吵吵鬧鬧？

高：啓稟皇上，是丞相爺和安王爺在爭吵！

皇：宣他們來見。

高：是，遵旨。

（腳步聲，先後進入。）

安：臣安祿山見駕。

忠：臣楊國忠見駕。

皇：平身。二位賢卿，究竟爲了何事？有所爭執。

忠：啓稟皇上，我天朝與吐番國訂立通商貿易合約之初，爲臣即曾建言爲提防宵小乘機侵入我國，不妨交易之時，課以重稅，以確保我朝利益不致外溢，誰知安王爺，與番邦勾通，堅欲廢止稅收，如此作爲，我怎能不加阻止。

皇：祿山，丞相所言是否確實？

安：皇上，我天朝與吐番國爲敦睦邦交，協商訂立通商貿易，自應本公平互惠之原則，今天朝對番邦物品，課以重稅，而所有之稅收，又私自挪用建造丞相府，浪費國庫公帑，如此作爲，已引起全國臣民公憤，皇上豈能坐視不顧！

忠：安祿山，你怎可如此信口亂言，我建造丞相府，是皇上親口應允，你怎麼能說我私自挪用，浪費公帑。

皇：祿山，建造丞相府，確是朕所特准，丞相對吐番國通商，征收重稅，確也符合朕的本意，……你怎可出言不遜，侮辱丞相謀國之忠心。

安：皇上，他……還有謀國之忠心？……你全給他矇在鼓裡了！

皇：不要再說了，……祿山……國忠，你們兩人，在朕的心目中，都是忠心謀國之士，只是處事之見解，有所分歧，現在不必爲此爭吵不休，聽候朕來處理。

忠：啓稟聖上，若是從此廢止稅收，爲臣今後如何再能執行政令！

安：回聖上，丞相如此專橫奪權，胡作非爲，無視聖上的存在，臣實在難以忍受。

皇：你們兩個既然難以相處，朕把你外調就是，現任洛陽節度使懦弱無能，祿山，朕調派你去出任洛陽節度使如何？

安：臣謝主隆恩。

皇：丞相，如此處置，彼此相忍爲國，尙望繼續爲國謀忠。

忠：啓稟聖上，安祿山早就心懷叵測，此番放虎歸山，……恐貽患天朝！

皇：不用再說了，你們下殿去吧！

安：謝萬歲！……楊國忠，咱倆的帳，總有清算的一天！

（音樂。）

（飛騎奔跑，加上揚鞭抽打聲，馬喘氣聲。）

小：啓稟娘娘，海南島千里快騎送來的荔枝，已經運到，恭請楊娘娘享用。

（鸚鵡學人聲：「娘娘請吃，……荔枝……」）

新：娘娘，妳最愛吃的荔枝，又送到了！是不是……現在就剝開來食用？

環：永新，……不忙……等皇上來的時候，再一起享用吧！

新：娘娘，……也許……皇上今兒不會來了。

環：你……怎麼知道？

新：皇上，可能，……去上陽東宮，看梅娘娘去了！

環：（生氣地）皇上，對那梅妖精，仍是舊情難忘。永新，……妳有聽到什麼消息……快告訴我！

新：娘娘，……奴婢聽得小黃門說，萬歲爺，昨兒在華蕚樓私自封了一斛珍珠，命高公公去送給梅娘娘，結果，梅娘娘沒有收，回獻了一首詩給萬歲爺，說什麼：「長門自是無梳洗，何必珍珠慰寂寥」……聖上大概過意不去，所以，今晚專程去陪小星去了。

環：（怒）聖上，既然難忘情於她，……何必……還要虛情假意，討好於我呢！永新，走！我們現在就到翠閣去向皇上當面問個清楚！

新：（急，勸阻）娘娘，千萬不可，……觸怒了聖上，反爲不妙，還是暫且忍耐，明日再作理會。

環：（含淚哭泣）唉！今夜，……教……哀家如何安睡是好呢！

（哀傷的國樂升起。）

（化入黃自作曲「七月七日長生殿」歌詞如下）

「風入梧桐葉有聲，銀漢秋光淨，

年年天上留嘉會，羨煞雙星。

祗恨人間恩愛總難憑，如今專寵多榮幸，

怕紅顏老去，卻似秋風團扇冷。

仙偶縱長生，那似塵緣勝，

問他一年一度一相逢，爭似朝朝暮暮我和卿。

舉首對雙星，海誓山盟，

在天願作比翼鳥，在地願爲連理枝，

兩家恰似形和影，世世生生。」

環：皇上，……今兒是七月七日牛郎織女鵲橋相會之日，也是人間七夕乞巧之日，……在這夜深人靜的「長生殿」上，高公公和永新他們，都已歇息去了，聖上可願陪妾身，來作一次眞誠的乞巧之戲。

皇：只要愛妃喜歡，朕願看妳乞巧。

環：聖上，請看妾妃手中的這根線，……能否穿在郎的心孔裡。

皇：那麼說，針孔，……就代表朕的心了！

環：（高興的）啊！線穿進針孔裡去了！皇上（親暱地）你看，……你看呀！針不離線，線不離針，我們今生今世，永遠在一起，再也分不開了。

皇：愛妃，……抱著我，……讓我們像天上的牛郎織女一樣，永遠的相愛，……永遠不再分離。

環：（發嗲地說）不，聖上，牛郎織女，一年才見一次面，皇上和貴妃，卻要天天見面，天天在一起。

皇：對，我們天天見面，天天在一起。……愛妃，……妳怎麼哭了？

環：皇上，妾妃……是太高興了，才流眼淚，……這是快樂的眼淚。

皇：那也是甜蜜的眼淚，朕願意吃妳這甜蜜的眼淚。（吮吸聲）

環：皇上，……你不會分心去愛……別的妃子吧！……想起皇上若是丟不開梅妃，……我的心，……就好疼好酸！

皇：玉環，別再妒嫉、吃醋了！朕眞心相愛的只有妳一個。

環：三郎，……在這四下無人的長生殿，妾身懇求聖上，面對銀河雙星共同盟誓。

皇：好，朕願和玉環一同起誓。

環：請牛郎織女作證。
皇：請月亮星星作保。
環：聖上，爲了鄭重，點上線香，跪下。
皇：好。（點香跪下聲）
環：妾楊玉環。
皇：朕李隆基。
環：願白首偕老，今生來世永爲夫婦。
皇：願白首偕老，今生來世永爲夫婦。
環：天長地久有時盡。
皇：此誓永遠無絕期。
環：我們像鴛鴦那樣，永不分離。
皇：我們更像比目魚般，成雙成對。
環：天上雙星爲證，違誓者不得超生。
皇：地上萬物爲憑，違誓者死有餘辜。
環：好了，聖上，今晚，……是妾身最高興的一天，……今晚以後，妾身再也不用擔心，聖上……變心了。
皇：玉環，……朕愛妳，永遠不變。

（音樂。）

高：啓稟皇上，楊丞相有要事求見。

皇：宣。

忠：啓奏聖上，安祿山自出任洛陽節度使以來，暗中將卅二路將官，一律換用番將出任，……近日又以狩獵爲名，演習武藝，操練兵馬，恐有不良之意圖，聖上應加意提防，以備有變。

皇：安祿山一向忠心於朕，日前送來公文，要呈獻駿馬三千匹，送來京城，供朕秋高氣爽，行圍狩獵之用。

（插入兵慌馬亂奔跑聲。）

忠：駿馬三千，送來京城，……定然別具用心。

（喧嘩聲，高踉蹌奔入，跌倒於地聲。）

高：皇上，……大事不好了，漁陽軍兵變，安祿山造反了！

皇：（震驚）啊！……安……祿山，……果眞變了！

（音樂，黃自作曲：「漁陽鼙鼓動地來」，歌詞如下）

「漁陽鼓，起邊關，西望長安犯，六宮粉黛，舞袖翩翩，怎料到邊臣反，那管他社稷殘。只愛美人醇酒，不愛江山，兵威驚震哥舒翰，舉手破潼關，遙望滿城烽火，指日下長安」

報幕：「長恨歌」上集，暫且播演到此，告一段落，欲知後情，請下週同一時間，歡迎接續收聽下集。

（音樂。）

長恨歌（下）

·袁光麟　導播·

——民國八十年十一月十七日漢聲電台播出——

時：唐天寶十五年至寶應元年，玄宗崩逝。

人：唐明皇：即玄宗，李隆基，死時七十八歲。（皇）

楊玉環：即楊貴妃，死於日本，本州三口縣。（環）

楊國忠：玉環兄，原名楊釗，初封侍郎，後封丞相。（忠）

安祿山：初爲東郡王，後爲洛陽節度使。（山）

永　新：楊玉環貼身之侍女，廿餘歲。（新）

念　奴：楊玉環的另一侍女。（念）

高力士：老宦官，七十餘歲。（高）

梅　妃：名江采蘋，後宮寵妃之一。（妃）

陳玄禮：龍武大將軍。（陳）

王智禮：將軍，陳玄禮之部下。（王）

王　旻：唐明皇派去山東尋找貴妃的道士。（旻）

楊通幽：通靈的臨邛道士，能招魂。（法）

（國樂配音，接上集「長恨歌」插曲「漁陽鞞鼓動地來」。）

（戰鼓聲，戰馬嘶叫奔跑聲，叫喊「殺呀！衝呀！」聲交織成一片。）

皇：（嘆息）唉，……眞是氣死朕了，……想不到安祿山這樣一個臃腫痴肥的窩囊漢，竟然眞的稱兵作亂，造起反來了，……楊丞相早就看出他有反叛之心，……要朕小心提防，……唉！朕也實在太大意了。

環：皇上，待他如同愛子一般，想不到他說反就反，眞是人心難測啊！

皇：事到如今，只能怪朕，……太不認識人了。受了他們僞裝的矇騙，還一無所知。

高：啓稟皇上，楊丞相在門外候旨。

皇：宣他進見。

高：是。

環：哥哥定有軍情稟報，妾妃暫且告退。

皇：你到後面歇息去吧！如今，眞心效忠於朕的，也只有楊丞相了。

忠：啓奏聖上，面對叛軍，我們前線又傳來捷報，河西道的涪、洛二州，已告收復。

皇：這都是丞相調度有方，指揮得力。

忠：不，全靠皇上神威，臣已命令朔方節度使郭子儀，河北節度使李光弼聯手出擊，準備直搗安賊的老巢，早日剿平戰亂。

皇：依丞相估計，大概尙須耗時多久？

忠：近則三月，遠則半載，定可把安祿山這一叛賊敉平，臣已用快馬五百里加急公文，通知潼關守將哥舒翰，出關殺賊，廿萬大軍直沖漁陽，保證生擒安賊，來見聖上。

皇：好，辦的好，……丞相，……來，……爲求我朝早日平定叛亂，活捉安賊，朕敬你，乾一杯。

忠：謝聖上，亂臣賊子，人人得而誅之，聖上可高枕無憂也。（斟酒聲）番將僅逞匹夫之勇，實不堪一擊，安祿山妄想坐大，奪取大唐江山，實乃痴人做夢也。……（喝酒聲，得意的笑聲）哈……哈……

皇：丞相，潼關乃天險之地，長據久守，敵人難以攻破，實不宜輕易出兵，一旦失守，長安豈不危在旦夕。

忠：皇上儘可安心，哥舒翰，握有重兵，潼關深溝高壘，固若金湯，安賊叛兵，決難得逞也。

皇：如此說來，朕可安心了。

（音樂。）

陳：龍武大將軍陳玄禮，……有事參見丞相。

忠：陳將軍，有何見教？

陳：前方軍事緊急，請問丞相，皇上現在何處？

忠：聖上……正在長生殿，飲酒聽歌，你有什麼事要稟報。

陳：丞相，……卑職有緊急軍情，要向皇上陳述。

忠：什麼緊急軍情，跟我說也一樣。

陳：丞相既然這樣說，我就請問丞相，是誰命令哥舒翰自潼關出兵作戰！……這樣不正中了安祿山的誘兵之計。

忠：龍武大將軍，……你以這樣的態度來和我說話嗎？（拍桌子）陳玄禮，你也未免太放肆，太不把我放在眼裡了。

陳：丞相，指揮軍隊作戰，這不是兒戲，……你這樣胡亂發號施令，你知道，造成什麼可怕的後果嗎？

忠：我既然指揮作戰，當然一切由我負責，……用不著你來干涉。

陳：臣要當面叩見萬歲。……（大聲喊叫）

皇：（聲聞於耳）高力士，……楊丞相和誰在爭吵？

高：是龍武大將軍陳玄禮。

皇：宣他上殿。

高：遵旨。……宣龍武將軍陳玄禮上殿見駕。

陳：（腳步聲）臣陳玄禮，啓稟皇上，……楊丞相，剛愎自用，用兵不當，亂施號令，前線指揮，一再失利，潼關天險要地，只宜堅守，而丞相竟然發號施令，要守將哥舒翰出關應戰，中了安賊誘兵奇襲之計，如今不特哥舒翰被叛賊生擒，廿萬大軍被衝散，潼關也失守陷入敵人手中。

皇：（大驚失色）什麼？潼關已經失守？

忠：這，……怎麼可能？……哥舒翰手握重兵，居然不堪一擊！

陳：皇上，……如今賊兵乘勝追擊，過了潼關，直逼長安而來，哥舒翰的潰敗兵馬，今日凌晨，狼狽逃回長安的，只剩了一百餘騎。

皇：如此說來，……龍武大將軍，你該即刻動員羽林軍兵馬，緊急備戰才是！

陳：前線傳來戰報，賊兵來勢兇猛，難以抵擋！龍武軍隊，兵力有限，恐怕亦難戰勝。

忠：不管怎麼說，目前穩定軍心，收拾殘局爲第一要務，趕緊收集各地散兵，建立新的防線，杜絕賊兵繼續挺進。

陳：楊丞相，……外面大家都在說……安祿山完全是由楊丞相逼反的，此次戰亂眞正的罪魁禍首就是你，事到如今，你還是少開尊口，……若不是你亂發號令，廿萬大軍，也不可能旦夕之間，被賊兵殺得如此潰不成軍。

皇：陳玄禮，你也少說兩句，丞相他也是忠心謀國！

陳：忠心謀國，忠心爲了他自己，倒是眞的！

皇：別說了，陳玄禮，「養兵千日，用在一時」，如今長安的防守，你身爲龍武將軍，你要負責！總不能打也不打，就讓賊兵長驅直入。

陳：皇上，……不是臣推卸責任，所謂唇亡齒寒，潼關棄守，長安等於丢了大門，如今丞相把局面弄得如此糟，讓爲臣措手不及，也不知該如何應戰！

忠：陳玄禮，你把所有的不是都推在我身上，你是不是也想反了？

陳：楊丞相，事到如今，你還要挑撥？還要逼人！你良心何在？

皇：不要再說了，陳將軍，如今已經兵臨城下，……你說，我們應該怎麼辦？

陳：聖上，……龍武軍總共還有三萬人馬，既然難以對抗賊兵，臣以爲，唯有以此三萬人馬保駕離開長安，遷都他處再圖復興。

皇：遷都，何處比較妥當？

陳：臣以爲漢中地勢險要，……還可以暫且存身。

忠：啓稟聖上，臣看賊兵氣燄太盛，一旦取得長安，漢中也可垂手而得，爲求一勞永逸，不如遠遷蜀郡，以求他日東山再起。

陳：蜀道險阻，長途跋涉，沿路恐不好走啊！

皇：一切還是走得越遠越安全，目前賊兵如此猖狂，長安危在旦夕，朕決定遷都蜀郡。……

事不宜遲，……高力士，速去後宮，通知貴妃娘娘，速做遷離之準備，馬上動身。

高：是，遵旨。

皇：唉，……眞想不到，頃刻之間，……朕也會落荒而逃。

（音樂，急驟慌亂奔跑聲。）

（大隊人馬車輪轉動行進聲。）

（牛馬被鞭打前進聲，風雨交加，涉山過水聲。）

王：陳將軍，……大夥兒又餓，又累，趕了一天多的山路，實在走不動了！……我看，暫且讓大家在這兒先歇腿休息一下吧！

陳：王將軍，……說得很對，……是該休息一下了。

王：那我就傳令下去了。……（向前喊叫）走在前面的弟兄們！聽著，現在已經過了申時，太陽已偏西，暫且停下來休息一下，準備做飯，再往前走，已不容易找到宿頭，今晚就在這兒露天紮營啦！

（眾：「好，……停步休息啦！」）

（車輪剎車，大家暫且停步聲。）

王：陳將軍，……你也渴了吧！暫且喝口水再說。（倒水聲）

陳：謝謝你，（咕咕喝水聲）王將軍，……這兒是什麼地方？以前，從來也沒有來過。

王：這兒叫馬嵬驛，屬興平縣管，……附近也只有一間祠堂，可以供皇上和娘娘他們住宿。

陳：這一次皇上匆促離開京城，眞是走得太匆忙了，人馬糧草什麼都沒有周全的準備，弟兄們，眞是辛苦了。

王：誰說不是啦！……剛才，我聽弟兄們在抱怨說，……潼關守兵說什麼也不該出關去應戰的，……要是堅守天險，……挫了賊兵的銳氣，……我們根本就用不著逃難！

陳：就是說麼！千不怪萬不怪，弄到這樣地步，……要怪的，……就是楊丞相，……軍事作戰他一點常識也不懂，就亂發號施令，……今天，大家覺得這樣的罪，全都是他一個人給害的。

王：陳將軍，大夥兒都說，皇上，平時對我們龍武軍，是皇恩浩蕩，沒話說的，不但吃得好，喝的好，穿的好，現時雖說苦一點，人缺軍糧，馬缺料，眞若爲皇上去死，也是應該，尤其是你，和弟兄同甘共苦，沒有一個不敬佩的。現在，大家心裡最痛恨的就是楊丞相，他當權以後，營私、弄權、欺上矇下，……可謂無惡不作，尤其是楊門五家，高軒馹馬招搖過市，老百姓們看在眼裡，沒有一個不恨之入骨的。

陳：王將軍，……你這樣說楊丞相，……也未免過份了些吧！

王：我說的一點也不過份。……就以這次逃難來說，龍武軍壓運的大大小小三百輛騾車的東西……陳將軍，你知道是誰的嗎？

陳：不都是宮裡皇上的東西嗎？

王：不是皇上的東西，三百輛騾車搬運的東西，只有二十車，是皇上的，五十多車是宮裡的人的，其餘的二百二十多車，都是楊丞相家裡的私產，再不就是什麼虢國夫人、秦國夫人的……弟兄們都怨聲載道的說，龍武軍拿的不是楊家的餉，吃的不是楊家的飯，當的也不是楊家的奴才，憑什麼兵慌馬亂的還要替他們楊家搬家！

陳：王將軍，你說的可是實情？怎麼會有這樣的事，楊丞相也太大膽了，拿了自己家的東西，冒充公家的財物，讓龍武軍來給他搬運，這眞太不像話了！

王：陳將軍，剛才龍武軍在壓運東西趕路的時候，就發覺了，丞相府裡的家丁，走一步就回頭看一下，不論吃喝睡覺，都盯著騾車，生怕少了一隻箱子，後來，大家仔細一調查，才知道三百多輛車裡，楊家的東西，佔了二百多車，上面都貼了「楊」字，楊丞相兒子帶了三十多車，比皇上、娘娘的還多，弟兄們說……我們這回不是遷都，……是幫楊丞相在逃難！

陳：聽你這麼說，難怪士氣低落，大家情緒都壞到了極點，說不定遲早會出亂子！

王：陳將軍，你是龍武軍的統帥，這種情形，你該向皇上反映才對！奏明聖上，馬上削去他官職，……否則，大夥兒恨極了，……不會輕易饒過他的。

陳：皇上，……會……接受臣的建言，……削去他丞相的官職嗎？這……恐怕，不可能的！

王：陳將軍，……不是我姓王的危言聳聽，……楊丞相，若再這樣趾高氣揚，不可一世，……我們……火大了，就要了他的狗命！

陳：王將軍，……千萬不可如此魯莽！

（腳步聲走近。）

忠：王將軍，……陳將軍，剛才……你們竊竊私語，在談些什麼？

王：我們在說，弟兄們因爲吃不好，睡不好，……又急著趕路，情緒很不穩定。

忠：現在是逃難，……逃命要緊，……還發什麼牢騷？陳將軍，……你命令六軍將士，吃過晚飯，馬上還得急行軍，趕夜路，除了小部份警衛，留在馬嵬驛保駕之外，其餘軍士，押運騾車，連夜趕到扶風！

陳：丞相……如今兵困馬乏，連夜趕到扶風，……中間還得翻越岐山，……山路險狹，……通過恐有意外發生……是否可以今晚露營過夜，明晨拂曉再行出發！

王：陳將軍所言，確是實情，……望丞相，……可否取消連夜趕路的命令下達。

忠：（氣勢凌人）這是什麼話？……軍令如山，不能走也得走！萬一安祿山的賊兵，連夜趕到此地，驚動了聖駕，或是涉及聖駕的安危，誰敢負得了這個責任？

王：楊丞相……潼關失守，又是誰該負的責任？

忠：你是什麼東西，竟然跟我丞相這樣講話！陳將軍，我請你即刻下達命令！

陳：我看，在此兵慌馬亂之際，還是丞相親自下令吧！………我的命令，深怕軍士們不聽！

忠：陳玄禮，……你居然……要脅我，……你不聽我的指揮！……我現在愼重的提請你注意，敵前抗命，跟造反是同樣的罪名！我命令你即刻傳令六軍，兵發扶風……違令者斬！

陳：好，……丞相，我這就去傳令，……只是，我也提請丞相注意一下，……龍武軍，是皇上保駕的軍士，可不是你們楊家的奴才。

忠：這是怎麼說？

陳：三百多騾車搬運的東西，……屬於皇上宮裡的，總共不過卅多車，而兩百多輛騾車運送的，全是你們楊家的家當，……這樣的遷都，如何讓弟兄們服氣！

忠：陳將軍，你怎可信口胡說，造這樣的謠言？

陳：這絕不是謠言！……是你們丞相府裡的人自己說出來的，難道還會有錯嗎？

忠：陳玄禮，……你……是不是眼紅，想……我分你幾車，對不對？

陳：楊丞相，……你摸著自己的良心，好好的想一想，皇上那一點虧待了你們楊家，只不過出了個貴妃，現在，又是丞相，又是尙書不說，還帶兩個公主，三個夫人，三個尙郡主，我大唐朝，已成了你們楊家的天下，你受了這麼多的皇恩，如今，又逼得安賊造反作亂……連逃難，……你的家當，帶得也比皇上的還要多，你對得起皇上，……對得起那些當兵吃糧的將士嗎？

忠：你……實在太放肆，太不把丞相我放在眼裡了，來人哪！我要你知道我楊國忠也不是好惹，好欺負的！……把他綁起來，我要就地正法，……我要親手殺了你！

陳：你……要殺了我？……看誰殺了誰！兄弟們……你們來評評理！

（群眾喧嘩聲：「殺死楊國忠」，「打死賣國賊」「殺！」聲。）

（一箭射中馬匹狂嘯聲「反了！反了！」「殺楊丞相以謝天下」）

（「把他的頭割下來」，……「不要放過他的兒子」，「楊家沒有一個好東西」）

（「賣國賊的下場」，「去他娘的連夜趕路」「今晚說什麼也不走了」）

（「殺得好！……」「早就該殺」）

（人聲鼎沸，馬嘶叫不已。）

（音樂。）

皇：高公公，……你快到外面去看一看，究竟發生了什麼事，亂鬨鬨的鬧成了一片，……我好像聽說，……要殺楊丞相，……是怎麼回事？

高：是，奴才遵旨，……皇上，你累了一天，該吃些東西了，說不定，今晚還得連夜趕路呢！

皇：朕吃不下，……你快去吧！軍心很浮動，可能會出亂子！

（腳步聲外出。）

環：聖上，……這些粗糙的飯菜，你……勉強的吃一點，不吃東西，……是撐不住的！

皇：愛妃，這一路上，山路崎嶇，顛簸不已，妳也夠辛苦了，妳先用吧！

（高公公你急敗壞奔走，上殿。）

高：啓稟！……陛下，楊丞相……他……被亂軍殺死了！

皇：高力士，……你慢慢地說清楚，楊丞相，……怎麼突然會被亂軍殺死了呢！

高：我聽說，他……要把龍武將軍就地正法，……龍武軍聽了心中大爲不服，又聽說他們搬運騾車的東西，有大部份是楊丞相府的私人家當，並非皇上宮中的物品，加上他又命令六軍，即刻啓程趕路，將士們在一陣衝動之下，先是有人向他射了一箭，接著刀槍齊下，在衆怒難犯的情況下，結束了他的性命，有人罵他是賣國賊，有人怪他說安祿山造反，也是被他逼的，……又說他禍國殃民，私通番人，是本朝的罪魁禍首。

皇：好了，……你不用說了，……當時，沒有人出來勸阻嗎？

高：當時，亂極了，韋尙書出面想爲丞相說幾句話，就被打成了重傷，還有魏御史，險些也跟著當場送命。

皇：太可怕了，龍武軍，怎會變得如此無法無天？

高：皇上，絕不能怪龍武軍，這幾天一路逃難，他們早就怨聲載道了，楊丞相不予安慰，反而火上加油，……他是自取其辱，……死了也罪有應得。

皇：龍武將軍陳玄禮，他人呢？

高：他還在調解這件事，聽說，六軍將士殺了楊丞相，還不甘心就此了結，……還有新的要求！

皇：什麼新的要求？

高：奴才並不十分清楚。

皇：快宣陳玄禮來見駕！

高：是，遵旨。（叫喊：「宣龍武大將軍晉見」）

（腳步聲。）

陳：臣龍武將軍，陳玄禮見駕，……吾皇萬歲。

皇：陳玄禮，……你手捧的木盤，上面放的是什麼東西？

陳：臣懇請皇上恕罪，適才楊丞相因強迫六軍，即行趕路出發，引起六軍弟兄不滿，群情激動之下，把楊丞相殺了，……這木盤上所放著，即楊丞相的首級，……臣失職之處，請聖上治罪。

皇：陳玄禮，丞相縱有所謂處事不公，假公濟私之罪，爾等也不該斷然隨便將之處死。

陳：皇上，丞相平日與龍武軍積怨已深，……此次爆發，事出突然，當時，在場之王將軍，可以佐證。

皇：（嘆息）唉！事到如今，朕也只好准你們帶罪立功，不再深究了。

陳：謝皇上恩典。

環：皇上，……難道，楊丞相就這樣白白的被打死了，……這些龍武軍，也未免太跋扈囂張了！

皇：愛妃，……不是朕不辦，……在此非常時期，……也只有息事寧人，安定軍心，……最為要緊，……萬一，……軍隊再有什麼叛變之心，……那就更不堪設想了！

高：（匆匆自外奔入）……皇上，……不好了。

（外面有一大批軍人，起鬨高喊：「內奸不除，誓不護駕」）

（「不殺貴妃，我們不走」，……「斬草要除根，……除惡務要盡」！）

高：你聽，龍武軍的將校，……現在都聚集在祠堂的門口，請求晉見皇上，有所請求。
皇：陳玄禮，……快去問個清楚，……他們還有什麼請求？難道，殺了楊丞相，……還要殺了朕不成！
陳：臣，……就去問個清楚。
（外面亂哄哄：「不殺貴妃娘娘，……我們不能安心」）
（「不殺楊娘娘，誓不出發。」）
（群眾唱起長恨歌插曲「六軍不發無奈何」歌詞如下）
「僕僕風塵苦，遙遙蜀道長，可恨的楊貴妃，可殺的楊丞相，
怨君王，沒個主張，寵信著楊丞相，墜落了溫柔鄉，
好生生把山河讓，亂紛紛家散人亡。
僕僕征途苦，遙遙蜀道長，可恨的楊貴妃，可殺的楊丞相！」
妃：皇上，……你聽聽，他們唱的是什麼歌！
皇：不像話，簡直想謀反了！……在此危急存亡之秋，……難道，……他們眞要朕的命嗎？
陳：啓稟皇上，……剛才，臣去見了龍武軍的全體將校，……他們衆口一詞，要求皇上，……
……把貴妃娘娘，……即刻賜死，……否則，……他們不再聽命……決定……
皇：決定要反叛朕，倒向安賊不成！
陳：聖上暫請息怒！……龍武軍三萬弟兄，一心感戴聖上，只是不忍見大唐朝，亡在奸臣的

手裡，如今奸臣雖已伏法，……但奸臣的妹妹，留在皇上的身邊，等於斬草未有除「根」，……來日難免東山再起，後患無窮，……所以請求聖上，……忍痛割愛，……將楊娘娘早日賜死，……以絕後患。

皇：什麼？……要朕……把楊娘娘，……賜死，……這，……朕如何，……能接受？……如何能捨得。

陳：聖上，還是以大局爲重，……暫且把私情拋開吧！

皇：這斷斷不可！陳玄禮，……朕命你，……去疏通，……絕不能再讓貴妃娘娘，……作無謂的犧牲！

陳：聖上，……唉，……臣怎麼去疏通呢？

（「不殺楊貴妃，我們就不走」）

（「不殺楊貴妃，我們就不走」一再重複的叫喊聲。）

環：皇上，……你……就答應臣妾去死吧！

皇：（傷心至極）不，玉環，……朕不能這樣做，……要死，咱們死在一起，要活，也活在一起。

新：娘娘，……讓奴婢代娘娘去死吧！………（哭著說）

環：不，永新，……他們要的是我，……不是妳。

（婦女哭聲交織成一片。）

新：娘娘，……妳不能死，……妳又沒有犯什麼滔天大罪，……爲什麼要死？……這些人的要求，實在過份。

陳：（腳步聲奔入）皇上，臣惶恐，……無能，我一再疏通，無效，……皇上爲了大唐朝的前途，……還是把娘娘捨給龍武軍吧！……要不然……再僵持下去，……一旦軍心渙散，實在不堪想像！

（叫囂聲：「娘娘不死，我們不走」，……越叫越響。）

環：皇上，既然如此，就犧牲臣妾，成全他們吧！

皇：不，……愛妃，……妳這樣犧牲，……究竟罪在那裡呢？

陳：皇上，六軍將士們說，沒有娘娘做貴妃，就不會有楊國忠做丞相，沒有楊丞相，也就不會有今日安祿山之亂，……所以他們說，……完全是貴妃娘娘，終日歌舞，迷住了皇上，才有今日的如此下場，……皇上，求皇上別再讓三萬忠心的龍武軍失望吧。

皇：（嘆息，無奈）朕，……怎能，……如此做，玉環！

環：皇上，……下決心吧！……臣妾不怪皇上！

新：娘娘！

（外面傳來一陣鼓聲，倏然停止。）

（外面傳言：「這是頭通鼓，等三通鼓後，希望皇上有所決定」。）

（寂靜片刻。）

高：（老淚縱橫）娘娘，……喪邦容易，創業維艱，爲了大唐的興亡，懇求娘娘以國事爲重，爲拯救大唐，不做千古的罪人。

環：高公公，臣妾願意死……只是捨不下皇上。

陳：皇上，大唐能否東山再起！或是就此結束，生死在此一念之間，皇上，是你該揮劍斬情絲的時候了！

（二通鼓，又急驟響起。）

王：（自外衝入）陳將軍，……皇上，軍心浮動，已把驛亭全都包圍了，不能再猶豫了。

皇：玉環，朕不能答應妳去死，……我們曾經在長生殿上起過誓，我們要像鴛鴦，永不分離！更像比目魚般，成雙成對！要死，……我們一起去死！……讓他們反了吧！朕願和妳死在一起！

陳：皇上，唉！……怎麼可以這樣想，萬望皇上以社稷爲重，勉強割愛吧！

環：皇上，你是一國之主，……答應臣妾，……天長地久有時盡，此恨綿綿無絕期，……這是皇上贈給臣妾的金釵寶鈿，定情之物，臣妾已戴了十年，現在請皇上送回珍藏，……臣妾再也不能侍候皇上，……請皇上自己保重。……永新，陪我去佛堂……。

皇：（哭泣）愛妃，……妳忍心丟下朕，走了嗎？

高：皇上，娘娘也是以大局爲重！

環：陳將軍，……送……我……走吧！……皇上，來世再見！

皇：玉環，……朕的心，……都碎了！

環：皇上，保重！

（三通鼓響。）

（「娘娘不死，我們不走」叫喊聲更響徹雲霄。）

（驟然安靜下去。）

陳：（向門外宣佈）龍武軍的弟兄們，楊娘娘已經自盡歸天了，……各位可以安心，不用再鬧了，……吃完了飯，就準備上路，保護聖駕，平安抵達扶風。

（群眾高喊：「萬歲！……萬歲……萬萬歲……」）

皇：高公公，……貴妃娘娘，……眞的昇天了嗎？

高：昇天了！

皇：她的玉體呢？可有棺木安葬？

高：在佛堂裡。……皇上，現在都在逃難，……連個棺木都找不到，只能暫且用騾車上的墊蓆包裹，草草下葬，……他日，再重行改葬了！

皇：你們去料理吧！……朕不想再談這件事，想不到十年夫妻恩愛，如今，竟然是落得這樣的下場……（哭泣傷心不已）

高：聖上千萬節哀！……別再難過了。

（音樂插入黃自的長恨歌插曲：「此恨綿綿無絕期」，歌詞如下）

「淒淒秋雨灑梧桐，寂寞驪宮，荒涼南內玉階空，
離合悲歡狂作相思夢，參不透鏡花水月，畢竟總成空。」

（流水聲潺潺。）

報幕：楊貴妃死於馬嵬驛，是在唐天寶十五年的六月十四日，歲月似流水般過去，匆匆過了一年，想不到安祿山為其子所殺，七月間，郭子儀大軍收復長安，唐明皇於十一月再度由蜀郡轉回京城，途經馬嵬驛，為補償對楊貴妃的虧欠，有意下詔，隆重改葬。

（挖土聲，剷石聲。）

陳：臣龍武將軍陳玄禮見駕，啓稟皇上，貴妃娘娘埋葬之處，臣已命兵士加深挖掘，僅尋獲當年殉葬時之香囊一枚，其餘骸骨已蕩然無存。

皇：陳將軍，當年娘娘迫於情勢，爲你們不肯護駕，冤死於此，此情此景，朕終身難忘，……

……爲了彌補對娘娘的虧欠，朕才有意下詔，將其骸骨移入棺木厚葬，如今，竟找不到屍骨，這令朕以何面目，愧對冤死於地下的娘娘……

陳：皇上，當年逃難之際，軍心浮動，因楊丞相之誤國，而遷怒於娘娘，險些釀成「兵變」，危及聖上，幸娘娘挺身而出，始平定風波，如今安賊雖已身亡，而叛軍仍四處打刼，災亂並未全面敉平，爲免橫生枝節，仍以節哀爲宜。

皇：（流涕哀戚之情，仍難抑止，不禁老淚縱橫）唉，……馬嵬之難，朕此身永難忘懷，……

……玉環，……望妳……原諒朕之無奈！

高：皇上！（猶豫再三，鼓勇說出）不用過份悲傷，……貴妃娘娘，……她……並未身亡於馬嵬驛，……也許，如今，仍在人間活著。

（音樂驟起，皇上大爲驚異。）

皇：什麼？高力士，……你在說什麼？貴妃娘娘並未「身亡」，如今還活著？

高：奴才，……跪求萬歲爺恕罪，（跪地聲）此事，奴才實在不忍，……再隱瞞聖上，讓聖上朝夕爲娘娘之死，痛苦自責不已。

陳：高公公，……你何必……急於讓聖上知道呢？……若是，待臣查明了娘娘的下落，……再行稟告，不是更好嗎？

皇：什麼？陳將軍，……娘娘眞的並未「身亡」，……你也知曉？

陳：皇上，……當時的情形，……並非臣等預謀。娘娘正欲投環之際，臣與高公公亦頗有所不忍，危急之際，忽然娘娘貼身侍女永新，跪求娘娘，准其易穿娘娘之衣飾，允其代替娘娘而死，當時，佛堂之內並無他人，高公公與臣亦不忍縊殺娘娘，乃允其所請，匆匆將娘娘改裝成村婦模樣，選派一親信宮女，伴同一起乘船逃逸，……爲恐洩漏眞相，壞了大事，……故而，……也不敢將實情向聖上稟明，伏望聖上恕罪。

皇：（又驚又喜）高力士，……陳將軍所言，……可是當眞？……如此說來，貴妃娘娘果眞並未「身亡」？

高：萬歲爺恕罪，……奴才罪該萬死！隱瞞聖上，……亦是爲了娘娘的安全。

皇：（想通了）嗯，……瞞得好，……瞞得妙，……朕恕你們無罪，……起來吧！只是，……娘娘，現在何處？朕恨不得，馬上能見到她。

陳：皇上，……臣無時無刻不在探聽娘娘的下落，……只是，到今天仍消息杳然，……困難的是，……此事又不便大事宣揚，公然尋找，……一旦爲奸宵之徒所聞，反而將陷娘娘於不利。

皇：嗯！……言之有理，……此事，……還是暗中進行，較爲妥貼。陳將軍，當時難道未有留下彼此聯絡之任何信號？

陳：臣當時，以事出匆促，……亦未曾有周詳之考慮，……爲求迅速安全，僅以走「水路」相告，……其餘，亦唯有仰賴於蒼天。

皇：屈指算來，……娘娘逃亡亦已一年有餘，……唉，……但願蒼天保佑，……她仍活在人間，……那就好了。

（音樂。）

（搖槳划船，停靠碼頭聲。）

念：娘娘，……娘娘，妳肚子餓不餓？

環：念奴，妳買了什麼好吃的？

念：喏，剛才奴婢上岸去四周看了一下，買了幾個桃子，娘娘，妳要不要吃一個嚐嚐看。他們說，這是山東肥城的桃子，是有名的。

環：山東肥城的桃子，拿一個來，我吃吃看。（吃桃子聲）嗯，很甜，水份又多，念奴，妳也吃呀！

念：是，娘娘！（吃桃子聲）……我從沒吃過這麼香甜的桃子呢！

環：念奴，這麼說，我們已逃到山東來啦！

念：是呀！離開長安，已經好幾千里路了，娘娘，方才我聽賣桃子的人說，過去的皇上，現在已是太上皇了，自從郭子儀將軍收復了京城，他也從蜀郡回到了長安，……爲了思念娘娘，經過馬嵬驛的時候，還有意下詔給娘娘改葬，結果，沒找到屍骨，才打消這樣的念頭。

環：這麼說，哀家改裝逃走的事，他眞的一點也不知道囉！

念：娘娘，現在安祿山已經死了，……咱們再想辦法回京城去好不好？

環：回京城去？……不，……妳不是前一陣子說，安祿山雖已死了，但是他的部將史思明，依然在各地興兵作亂，還自封爲大燕皇帝，妳沒看，到處還是兵慌馬亂的，……

念：娘娘，奴婢是爲娘娘著想，……這一路逃東逃西，吃沒吃好，睡沒睡好，娘娘受的苦，……難道還不夠嗎？要是能再回到皇上身邊去，……妳就再也不用吃這麼多的苦了！

環：念奴，妳說的是不錯，……可是，哀家眞的一旦回到皇上的身邊，說不定閒話一起，又將惹上殺身之禍，即使皇上不殺我，他周圍的人，也容不下我的！倒還不如，……隱姓埋名，浪跡天涯，這樣活得逍遙自在！

念：娘娘，果眞不打算再回長安了？

環：哀家已把世上的富貴榮華看穿了，……若是有緣，哀家眞想能回到太眞宮去，修道過此餘生！

念：娘娘，已經看破紅塵？對人間不再留戀？

環：記得詩人李白曾爲我寫過一首：「清平調」：（吟誦起來）

「雲想衣裳花想容，春風拂檻露華濃，若得群玉山頭見，會向瑤台月下逢；

一枝濃艷露凝香，雲雨巫山枉斷腸，借問漢宮誰得似，可憐飛燕倚新妝……」

（吟至此不禁感傷抽泣起來）

念：娘娘，別難過了，……奴婢也想不出該說什麼話來安慰娘娘才好！

環：（嘆息）也許，……一切都是命吧！

（哀怨的音樂。）

皇：高力士，……來，……給朕斟酒！

高：是，遵旨，（倒酒聲）……聖上，……今日皓月當空，是否讓梨園子弟來一段歌舞表演，爲聖上助興！

皇：免了，高力士，……他們一來，……演唱的，……又是「霓裳羽衣曲」，朕一聽就想到了貴妃娘娘，……夏天芙蓉花開了，朕想到她；秋天梧桐葉落了，朕也想到她。……三年前，你們告訴我說，娘娘她沒有死，仍活在人間，……可是朕派出多少人馬，始終找不到她的人影，……一年半以前，你們又告訴朕說，娘娘和念奴兩人已逃到了山東，彷彿有了線索，朕特意密派王旻、張三豐兩位道士，專程去山東各道觀尋訪下落，到如今，……依然如石沉大海一般，杳無半點音信，……這究竟是何原因呢？

高：聖上，不要過份焦慮，蒼天不負苦心人，……只要娘娘健在，奴才相信總有找到她下落的一天！

皇：朕也是這樣盼望，擔心的是娘娘金枝玉葉之身，若是不堪顛沛流離，長途跋涉之苦，……命喪黃泉，……那就永無再見之日了。

（腳步聲。）

高：（興奮的）聖上，不用悲觀，看，……在山東嶗山尋訪的王旻法師，不是已回來見駕了嗎！

皇：快宣！

高：（大聲）宣王旻法師上殿見駕！

旻：（氣喘吁吁）臣王旻見駕！臣見駕來遲，乞聖上恕罪！

皇：王旻，……你去了一年零六個月，尋到貴妃娘娘了嗎？快說。

旻：啓稟聖上，山東嶗山，山高路險，前前後後共有九宮八觀七十二座道庵，旻與三豐二人，翻山越嶺，整個跑遍了，最後，終於在嶗山的太乙元君祠中，會見了貴妃娘娘。

皇：啊！（大喜）果眞，……讓你找到了，……爲什麼不把娘娘接回宮來呢！

旻：啓稟聖上，貴妃娘娘說：「她原本是太乙元君下凡，如今已是神歸正傳，無法再回宮，來和聖上相聚了，望聖上多多保重！」

皇：（如遭雷擊）這麼說，……朕想見她也不可能了！

旻：是的，聖上，……這也是天意，望聖上，……順天旨意，忘了娘娘吧！

皇：（嘆息）唉！……朕……怎麼忘得了呢！

（音樂。）

報幕：唐明皇已是七十多歲的老人，他無法親自去到嶗山，只能交待王旻帶了足夠的銀兩，再去嶗山腳下西海邊的女姑山，重修太乙元君祠，並為元君的泥像鍍了金身。……匆匆又一年過去了，有一天，臨近蜀郡的臨邛縣，來了一名楊通幽的道士，自稱能通幽靈，有李少君之術，可「上窮碧落下黃泉，尋覓死者之魂魄！」

皇：好，高力士，楊法師既有如此本領，可即刻為之設壇，為朕招引貴妃娘娘魂魄，以慰朕朝夕思念之苦！

高：奴才遵旨！

（一陣道士登壇作法，念咒語：如「天靈靈，地靈靈……」效果聲。）

（此處可用「仙樂飄飄處處聞」之插曲襯底。）

（楊道士通靈後悠然醒過來聲音。）

高：啓稟聖上，……楊法師，他說：在東瀛，蓬萊仙山的「玉妃太眞院」，果眞會見了貴妃娘娘。

皇：（大喜）是眞的嗎？……楊法師，……你要一字一句，說個清楚，不得有半句誑言，矇騙於朕。

法：聖上容稟，……貧道此次爲尋覓娘娘之仙蹤，已竭盡所有之法力，先是遊神馭氣，出天界，下地府，上窮碧落下黃泉，四顧茫茫，終未有所見，乃又旁求四虛上下，東極大海，跨越最高之蓬萊仙山，上見亭台樓閣，猶如人間之宮殿一般，西廂下有一東向之洞戶，洞口有「玉妃太眞院」五字，乃上前叩門，有一雙童女應聲開門，貧道乃向之說明，係奉大唐天子之命，前來會見娘娘，希准會晤，一綠衣女童告稱：「娘娘正方寢，希少候」

皇：後來怎樣，快說下去。

法：貧道在仙山眼見西天落日，將近黃昏，女童始啓門引貧道進入內室，但見貴妃娘娘，披紫色絹衣，佩紅玉，由侍女七八人扶擁而出。

高：奴才想起來了，娘娘逃亡馬嵬驛時，的確穿的是紫色絹衣。

皇：高力士，別打岔，請法師繼續說下去。

法：娘娘見過貧道，首先發問：「皇上安康否？」接著問及天寶十五年以後，安祿山、史思明作亂之情況，……臣告以「聖上現已爲太上皇，不再顧問政事，唯龍體尙康泰，……」

皇：後來呢？

法：娘娘自首飾盒中，取出一「金釵鈿盒」，分作兩份，交一份給貧道說：「帶回去給皇上留作紀念。……」貧道當時爲求取信於聖上，特懇求娘娘說一往事，爲他人所不知者，則貧道回宮覆命時，可以有所交待。

皇：娘娘，她怎麼說？

法：娘娘，當時想了一下，……就說：「天寶十年，七月七日七巧之夕，娘娘與聖上避暑於驪山宮之長生殿上，當時曾仿民間作七夕乞巧之戲，時已夜深，聖上摒退了左右宮女，曾與娘娘跪地起誓，願今生來世，永爲夫婦，像鴛鴦那樣永不分離，像比目魚般成雙成對。不知事隔多年，聖上還記得否？」

皇：（聽至此淚如雨下）玉環……七月七日長生殿，在天願作比翼鳥，在地願爲連理枝，……此一夜半無人之私下盟誓，朕從未忘懷，……法師，此事除了娘娘和朕，無第三人知曉，……朕相信法師果眞在蓬來仙山，會見了娘娘。……這以後，娘娘還說了些什麼？

法：娘娘說，爲了實踐此一誓言，她將再次下凡與聖上締結良緣，後會有期。……

皇：這麼說，朕和娘娘還有一段塵緣可續，……眞是太好了，……太好了！

法：臨別之時，娘娘還悄悄的要貧道轉告聖上，……她說……（猶豫一會兒）她說……

皇：法師，娘娘又說了些什麼？……你快向朕稟告，怎麼吞吞吐吐的，不說了呢？

法：（鼓勇氣說出）娘娘她說，太上皇，亦將不久於人間，還是凡事想開一點，不要再自苦了！

皇：（嗒然）朕近來體力遠不如前，看來，……眞是快了！

法：聖上吉祥，萬歲萬歲萬萬歲！

（音樂起：「長恨歌」插曲「此恨綿綿無絕期」，歌詞如下）

「淒淒秋雨灑梧桐，寂寞驪宮，荒涼南內玉階空，

離合悲歡狂作相思夢，參不透鏡花水月，畢竟總成空。」

報幕：白居易的「長恨歌」完全是寫實之作，唐明皇果真如臨邛道士所言，於西元七六二年四月崩殂，距楊通幽會晤貴妃娘娘之後一年，享年七十八歲。中國的歷史書上都記載楊貴妃死在馬嵬驛，事實上，楊貴妃當時確是由宮女易裝代死，她循水路逃亡至日本，在楊道士招魂前一年，病死於日本本州山口縣大津郡的油谷町，如今在該處即有「楊貴妃之墓」，該處靠近海邊，日本已將之列入國家保護文物區，因貴妃逃亡時，在山東吃過肥城的桃子，現日本人特在該處遍植桃樹，他們將「肥城桃」稱為「楊貴妃桃」。

（加上鐘聲繚繞，海鳥鳴叫聲。）

報幕：唐明皇獲知楊貴妃之魂魄在東瀛蓬來仙山後，曾派專人帶了二尊佛像，一尊是「釋迦如來」，一尊是「阿彌陀如來」送至京都，惜因未找到山口縣的大津郡，二尊佛像就安置於京都的清涼寺。

多少年後，日本始知楊貴妃死於山口縣，才複製了二尊佛像，各分一真品一複製品，分別陳列在京都之清涼寺，與貴妃墓前之「二尊院」內，不信者可以前去實地考證。

（長恨歌的「七月七日長生殿」音樂起。）

報幕：各位聽眾，你們可以翻開中國山東省的地圖，可見「肥城」與嶗山（即青島市附近）相距甚遠，又再看一看日本的地圖，可見京都與山口縣大津郡，也相距了十萬八千里，……唉！要是當年交通發達，唐明皇在山東就找到了楊貴妃，或是死後在日本找到了楊貴妃，那該多好，那白居易的「長恨歌」，最後兩句可能要改寫了。唉！真是「天長地久有時盡，此恨綿綿無絕期」。

—全劇終—

盲戀

·戴愛華 導播·

——民國八十一年四月廿五日中廣公司播出——

人物：魏芬妮：廿餘歲大學生，外文系　（魏）

關　杰：廿餘歲化工系大學男生　（杰）

關　母：杰母，五十餘歲　（母）

莊玉雪：芬妮好友，廿餘歲　（玉）

馬振華：關杰好友，廿餘歲　（馬）

林大夫：四十餘歲　（林）

（音樂、劇名、演職員報幕）

（英文打字機的聲音）

（敲門聲）

玉：誰呀？

魏：玉雪，是我，芬妮！

玉：芬妮，我門沒關，……請進。……

魏：（開門聲）玉雪，……妳在做什麼？……

玉：我在寫畢業論文。……

魏：眞的嗎？……我以爲妳在寫情書呢！……

玉：不信，妳看，……（轉動英文打字機聲音）芬妮？……妳的畢業論文寫好了嗎？……

魏：差不多了！……玉雪，……畢業以後，……妳有什麼打算？……考研究所，……還是出國？……還是找一份工作？……

玉：妳一題也沒猜對！……我……準備結婚！……

魏：是嗎？……跟小吳？……

玉：小吳的父親，年紀很老了，……他又是最小的獨生子，……爲了想早一點抱孫子……所以，希望我一畢業，就和他走進禮堂！……

魏：玉雪，眞恭喜妳，……喜帖印好了，別忘了寄給我！……

玉：芬妮？妳吶，……妳打算什麼時候結婚？

魏：我……還早吶，……我還沒有對象，跟誰結婚！……我打算先找一份工作，能自立最要緊！

玉：妳是菲律賓來的僑生，……妳打算畢業後，就回菲律賓去？

魏：我才不回去呢？……菲律賓工作不好找不說，治安也沒台灣好，……我打算在台北打天下，……妳覺得如何？

玉：憑妳的英文這麼好，……我相信妳會找到很好的工作。……對了芬妮，妳來找我有什麼事嗎？

魏：這個星期天，我們「愛愛社」打算去訪問「盲人院」，給他們舉行一次音樂演唱會，……玉雪，妳也去好不好？……妳的口琴演奏，盲人們聽了，一定會大聲喝采的！

玉：芬妮，眞不巧，……小吳，早跟我說好了，……星期天一起到十分寮看瀑布去，……妳還是找別人去，好不好？

魏：瞧我的面子，來捧一次場，不行嗎？……

玉：芬妮，……我問妳，這一次的活動，……是不是化學系的關杰發起的，所以，妳才這麼熱心的爲他奔走！

魏：妳怎麼知道，是關杰發起的？……

玉：芬妮！……這是我最近發現的一個秘密，凡是關杰發起的什麼活動，……妳都十分熱心的參與，關杰參加的球賽，……妳也一定高興的去捧場加油，做啦啦隊！……關杰發起的什麼募捐，……妳更是慷慨的踴躍捐輸，……芬妮，……關杰，是妳心目中的「白馬王子」，……我沒說錯吧！

魏：玉雪，不瞞妳說，……我是很欣賞闕杰，他不但功課好，熱心各種活動，同時待人也親切，跟他在一起，……就感覺……很……

玉：「來電」是不是？尤其是他身材高大，眼睛明亮，……眞是一個十足的帥哥，美男子！……

魏：所以，包圍在他周圍的女孩子，多得是，……他才不會看得上我呢！……

玉：芬妮？……我明白，妳熱心的參加他發起的一些活動，……想引起他對妳的好感，建立好的印象，……對不對？……

魏：我不否認，我對闕杰，很有好感，……可是，……我知道，……我有不少「勁敵」，……我不可能是「勝利者」，……但是，我不甘心，……輕易放棄，……玉雪，……妳有什麼好的點子，……做我的參謀、或是顧問，……怎麼樣？

玉：芬妮，我們同學四年，……大家都說我倆是「死黨」，……我應該幫妳的忙，……爲妳出力，……可是？……

魏：玉雪，……可是什麼？……妳有什麼顧慮嗎？……

玉：不，我沒什麼顧慮，……只是，……晚了一步。

魏：晚了一步？……什麼晚了一步。

玉：我聽到一個秘密的路邊消息說，闕杰，最近奉了父母之命，已經秘密訂婚了！

（強烈音效升起）

魏：（悵然若失）關杰已經訂婚了？……跟誰？……是我們同學嗎？

玉：是一個富家千金，姓葉，……父親是一家化學製藥公司的董事長，……不是我們學校的同學，……聽說，……高中畢業，……現在在補習班補習，……打算到美國去讀大學。

……

魏：難怪，……我看見關杰，對女同學都一視同仁，……沒有一個特別親熱的，原來他早已有了「意中人」！……

玉：芬妮，……我看妳，……還是把他放棄算了，……人家說：「太漂亮的男人，不一定是理想的好丈夫！」……這句話，……有幾分道理啊！……

魏：玉雪，……別談他了，……這麼說，……這個星期天盲人院，……妳是決定不去捧場了！

……

玉：芬妮，……抱歉，……妳不會不高興吧！……

魏：玉雪，妳忙吧，……我走了，再見。……

（音樂）

（液體被煮沸起泡聲）

馬：（自遠處開門聲，進來大聲地）嗨，……關杰！……你還沒走啊！

杰：振華，……什麼事，……你嚇我一跳！

馬：已經快一點半了，你還在做實驗，……你沒吃中飯肚子不餓啊？

杰：還好，……再過半小時，……就可以做完這個實驗啦！……

馬：關杰，你眞用功，……難怪，你老是考第一。

杰：是沈教授叮囑我，今天非繳卷的，有什麼辦法？……

馬：對了，……關杰，……你怎麼會想起到盲人院去舉行音樂演唱會的，面對一群什麼也看不見的瞎子，舉行音樂會，那會有什麼樂趣可言？

杰：振華，你別瞧不起盲人，有些盲人的音樂修養，比我們明眼人的音樂造詣還高呢？……他們照樣會拉小提琴、彈鋼琴，……這一次舉行的音樂會，是互相觀摩、交流……說不定我們學生拿出的節目，不一定高過他們的水準呢？……

馬：關杰，是嗎？……

杰：那個盲人院的宋副院長，是我父親生前的多年好友，我是聽他這樣說，才決定發起，辦這樣的活動的！……

馬：噢，……原來如此，……本來，……我打算打退堂鼓，不去了，……聽你這麼說，……我是非去不可了！

杰：振華，……你是我們合唱團的男高音，……也是最主要的「台柱」，……你不去怎麼行！……

馬：關杰，……我剛才聽到一個合唱團的女團員說，……你最近……奉了父母之命，已經秘密訂婚了，是眞的還是假的？……我怎麼一點兒也不知道呢？

杰：振華，……你知道，……我父親才過世沒多久，我怎麼可能奉父母之命去訂婚呢！……

馬：就因爲你父親才過世，所以，在百日之內，先行訂婚，……還說女方姓葉，父親是個化學製藥公司的董事長！……

杰：振華，……是誰告訴你這些消息的？你說。

馬：是……魏芬妮。……你對她也挺熟悉的！……

杰：魏芬妮？……是她？……外文系的菲律賓僑生，對不對？

馬：是啊，……

杰：……眞是無聊！……我訂不訂婚，關她什麼事呢？

馬：關杰，……究竟是眞的還是假的？……眞的，……就請大家「吃糖」，讓大家也爲你高興一下，……若是假的，你也該澄淸這個謠言！

杰：振華，……這是我的私事，……我不想讓大家知道，製造話題，老把我的一舉一動，當做談話的資料！……尤其是……我父親驟然過世以後，……我也沒有這份心情，……向大家宣佈這樣一件喜訊，……說實在的，我畢業後還想出國深造，……要結婚，還不知道那年那月呐，何必現在，就把這件事掛在嘴上瞎嚷嚷呢！……

馬：你這樣想也是對的！……

杰：所以，振華，……幫我一個忙，……再聽到這樣的傳言，……就儘量幫我撇淸，……說，根本沒有這回事，……行不行？……

馬：行，……

杰：等我眞要結婚的那一天，……我還要請你當我的男儐相呢！……你不會拒絕吧？……

馬：一句話，……我要結婚，也一定請你當我的男儐相。……

杰：好，……勾個手指頭，就這麼說定了。……

馬：我得回宿舍去，……你快點把實驗做完吧，……我走了。……

杰：好，再見。……（腳步聲走去）

馬：對了，星期天，……去盲人院，……幾點鐘集合？

杰：下午一點鐘，在校門口集合，千萬別遲到了。

馬：OK，……我一定提前到。……（開門聲、腳步聲遠去）

杰：（沉思）奇怪，……我訂婚的事，……魏芬妮她怎麼會知道呢？……而且，知道的還這麼清楚。……

（沸滾的液體，倒入另一試管，突然發出化學爆炸聲）

杰：（痛極大叫）啊！……（跌倒於地，玻璃試管破裂聲繼續爆炸聲）

杰：振華，……啊，……怎麼？……我的眼睛，……我的眼睛……

（急驟音樂升起，不久救護車呼嘯聲）

（逐漸平息下來）

（電鈴聲）

母：啊，……（腳步聲）來了！……（開門聲）請問妳們找誰？……

玉：是關伯母吧？……我倆是關杰學校的同學，我姓莊，叫莊玉雪，她姓魏，叫魏芬妮，我們聽說關杰在學校做化學實驗的時候，發生了意外，……特地來探望他一下，他的傷勢，不太嚴重吧？

母：莊小姐，魏小姐，……請坐，……（哀傷地）謝謝您們來看關杰，……他的傷勢不輕，……兩個眼睛可能從此失明，……再也看不見妳們了。……（說著哭了起來）……

魏：什麼？

（強烈的震撼音效）

玉：兩個眼睛從此失明，再也看不見我們了？

母：我辛辛苦苦，把他扶養長大，……想不到，會發生這樣的不幸事件，這以後的日子，……眞不知該怎麼過下去！……

魏：伯母，千萬保重，……我想吉人天相，……也許會有復明的希望的，我認識一個很有名的眼科大夫，他可以做眼角膜移植的手術，改天我去找他來，給關杰先檢查一下，……看他怎麼說！

母：魏小姐，……妳跟這位眼科大夫，很熟嗎？……

魏：很熟，……他姓林，……是我的表姊夫。……我介紹，他不會收很貴的費用的！

母：哦！……那眞太好了，……魏小姐，一切就全拜託妳了。……

玉：關伯母，……我們現在可以去看看關杰嗎？……他是不是在休息。

母：我可以帶妳們進去看他，……他整個頭上包滿了紗布，……情緒也很不穩定。……

魏：伯母，……我們瞭解他的心情，……看一看就走。……

母：好，……妳們跟我來。……（腳步聲）

（開門聲）

杰：媽！……是婷婷來看我了嗎？……

母：杰兒，……不是婷婷，……是你學校的兩位女同學，聽說你受了傷，特地帶了水果來看你，……

杰：（生氣地）我不想見她們，要她們出去！……我不需要任何人同情我，要他們從此把我忘了吧！……

母：孩子，你怎麼可以這樣，人家關心你來看你，完全是一片好意，……你怎麼可以把人趕走呢？

杰：我，……已經是個瞎子，……是個廢人，還有什麼好看的呢？媽，……妳請他們走，不行嗎？……

魏：伯母，……別爲難他，……我們走了，……改天我跟林大夫約好了，再來看他！……

母：魏小姐、莊小姐，……眞對不起！……妳們多原諒他，……這幾天，他誰也不想看見！……

玉：伯母，……我們不會見外的，……告辭了！……

母：眞是對不起啊！……

魏：伯母，妳留步，……不用送了，……改天再見。……

（腳步聲遠去）

母：孩子，……人家上門總是客，……你怎麼會變得這樣不近人情呢？

杰：媽，……我現在，……心情煩極了，……除了婷婷，……我誰也不想見。……

母：孩子，……把婷婷忘了吧！……她……不可能再來看你了。……

杰：我受了這麼大的災害，……她難道不知道嗎？……媽，……妳沒有打電話去告訴她。……

母：你出事的那一天，我就打電話告訴她了，……她和父母都趕到醫院來看你，……你那時候，昏迷中，什麼也不知道，……當婷婷聽醫院的大夫說，你的眼睛將失明，無法復原時，立即大聲痛哭起來，……第二天，……他們就把訂婚戒指退了回來，並且明確的告訴我說，他們要解除這個婚約，……爲了表示歉意，還附了一張兩百萬的支票，……給你做醫藥費用。……當時，……爲了怕刺激你，……所以，一直沒有告訴你！……

杰：（痛苦的）媽！……妳所說的，都是眞的嗎？……

母：杰兒，……發生了這樣的事，……我還能怎麼說呢？……難道，我還能堅持，強迫婷婷非和你結婚不可嗎？

杰：嘿！（苦笑）訂婚的時候，……說得多好聽，天長地久，海枯石爛……全都是騙人的！

……（生氣的把玻璃杯摔破，打個粉碎）

母：孩子，……堅強一點，何必拿東西出氣呢！……

杰：媽，……怎麼可以說變就變，……這也未免太現實了吧！……

母：這個世界，本來就是很現實的，……你還是想開一點，……婚姻，講的是緣份，……也許，婷婷跟你沒有緣，你就把她忘了吧，……也許，將來你能娶到一個比她更好的女孩子，也不一定啊！

杰：媽．……我已經是個瞎子了，……還有女孩子願意嫁給我嗎？哈……哈……媽，……妳別安慰我了。……

母：孩子，不要這麼悲觀，……剛才來看你的一位女同學說，她有一個表姐夫是個眼科大夫，會動眼角膜移植的手術，……改天，她帶他來給你檢查，也許，可以讓你復明，也不是沒有可能的啊！

杰：是嗎？……那個女同學，叫什麼名字？

母：好像是姓魏，名字我記不起來了！

杰：魏？……是不是魏芬妮？……

母：對，……好像……是叫魏芬妮！……

（音樂）

母：林大夫，……你來給杰兒診治眼睛，已經快兩個月了，起先，你說他的眼睛，因濺到化學液體及玻璃的碎片，有發炎的症狀，暫時無法動手術，只是按時吃藥，點眼藥水，無法見光，過了一段時日，症狀穩定以後，才可以爲他開刀移植眼角膜，使之恢復視力，……現在可不可以了呢？

林：關太太，不瞞你說，令郎的眼睛，經我仔細檢查的結果，能重新恢復視力的希望，是很小很小的了，主要是，他的眼角膜不但受到了破壞，而視神經方面也受到了損傷，所以說，即使現在有人願意捐出眼角膜，我馬上給他動移植的手術，也不一定能重見光明。

母：林大夫，照你這麼說，那是宣佈我兒子的眼睛，已經絕望了！……

林：關太太，……我爲令郎的眼睛，已經盡了最大的努力，爲了令郎的未來著想，妳不妨另請別的眼科大夫，來治療看一看，也許別人有辦法把他治好，也說不定。我的治療，不妨到此告一段落，……下個星期，我就不再來看他了。……

母：林大夫，我知道你已盡了力，……不過，……我們還是把希望寄託在你身上，……你認識的知名眼科大夫比我們多，……若是有合適的，拜託你代爲介紹，……眞能治好了，……我們會感激你一輩子的。……

林：關太太，既然這麼說，我會隨時給你們留意的，……我告辭了，再見。

母：林大夫，別忙走，這是給你的診療費！……

林：謝謝妳，……關太太，……改天見。……

（開門聲，腳步聲離去）

（屋內突傳來椅子倒地聲，人重重跌倒聲）

母：（慌亂的）杰兒，……你怎麼啦？……看不見，……就坐著少走動。……別動，……我來扶你起來。……（扶之起立聲）跌疼了沒有？

杰：還好。……媽，……林大夫走啦？……

母：嗯！……

杰：剛才他和妳說的話，……我在房裡全聽到了！……媽，……我的眼睛，復明已經完全沒有希望了，……這以後，我不但不能扶養妳，反而還需要妳來照顧我，……這往後的日子，怎麼過下去呢？

母：杰兒，……這不用你操心，……媽現在身體還硬朗，……媽會想辦法活下去的！

杰：媽，……妳又不能去上班，……我也不可能找到工作，……今後怎麼生活下去呢？

母：孩子，別著急，……你父親生前，還留了一幢房子給我們，……我想把房子整理一下，分隔成好幾間租出去，……靠固定的房租收入，我們母子倆的生活，應該不成問題的！……

杰：收房租，可以維持生活嗎？……

母：只是苦一點……罷了！……

杰：媽，……本來我是妳的「希望」，……可是現在，我成了妳的「累贅」，……讓妳永遠照顧一個瞎了眼的兒子，……這樣的日子，過著又有什麼樂趣可言呢？……媽，……妳讓我——死了吧！……這樣伸手不見五指的日子，我一天也不想再過下去！……

母：（含淚痛苦至極的說）孩子，你千萬不能有這樣消極的想法，……「活」著，總比「死」了的好……從今天起，媽不准你再提起「死」這個字，……你聽見沒有？……

杰：媽！……（猶豫）……

母：孩子，……你一定要答應媽！……若是你不答應，……媽……也眞的不想活了，……我們一起去死，……死在一塊兒！

杰：（軟化）媽，……我答應你，……我……永遠也不再說「死」字，可以了嗎？……

母：孩子，……不管你看不看得見，媽永遠陪在你的身邊。……

（門鈴聲）

母：誰來了？……我去開門。（開門聲）啊，……魏小姐，……是妳來啦？

魏：伯母，……您好。……闕杰，……我是芬妮，……我是來告訴你一個好消息的！

杰：魏芬妮？……我還有什麼好消息？……別再來瞎安慰我了。

魏：今天，……我去盲人院見了副院長，……他特地託我帶了一些東西來給你，你自己摸摸看，這是什麼？

杰：（打開包紙聲，摸了一陣）這是什麼？

魏：這是專門給盲人用的點字課本，……他說很容易學的，……他要你一星期去他們那兒上三天課，回家後自己摸索練習，大概半年不到，……你就可以看書看信，跟明眼人完全一樣……

杰：說得倒容易，一星期去三次，我什麼也看不見，怎麼去？

魏：我騎摩托車帶你去啊，……關杰，……我告訴你，……我已經畢業了，在一家出版社，找到了一份翻譯的工作，……只要如期交出翻好的作品，……可以自由上班，……不用簽到簽退，……待遇還蠻優厚的呢！……

杰：芬妮！……謝謝妳的好意，……妳把這些課本，去還給宋副院長，說我不想學這一套！……沒有了眼睛，學什麼都是空的！

母：關杰，這是宋伯伯的一番好意，……你怎麼可以拒絕呢？……往後的日子，還長得很，……再說，芬妮願意這樣幫助你，……難道你也不屑一顧嗎？

杰：媽！不是我不通人情，……我……現在沒有這份心情！

魏：關杰，……我瞭解你的痛苦，……你不想學盲人點字，……宋副院長說，他們那兒，也可以傳授你一種技術，……比如按摩、推拿、針灸，……只要你肯去，他都可以找人教你！……

杰：（躁怒）芬妮，……妳走吧，……我不想學！……（大聲地）我什麼也不想學！

母：關杰，……人家魏小姐一片好心，你怎麼可以這樣和她說話，太不懂禮貌了！……

杰：我心裡煩，……媽，……扶我回房去！……

魏：伯母，……我走了，……改天我再來看他，……對了，……這兒是我剛才來的時候，買的兩卷貝多芬的錄音帶，是古典音樂「命運交響曲」，伯母，關杰他看不見，妳放給他聽，……也許，他聽了音樂，心情會慢慢平靜下來！……

母：魏小姐，……妳想得眞太週到了，……好……等一下我放給他聽！……我不送妳了！……
……改天，……妳一定再要來啊！……啊，……對了，我想起來，後天，……我要去醫院檢查身體，……不在家，妳能來陪陪他嗎？……

魏：伯母，……妳放心去，……我一早就來陪他！……妳別跟我客氣，以後，就叫我的名字「芬妮」，就可以了。……

母：芬妮！……（感謝）眞是太難得了，……關杰能認識妳這樣的同學，眞是他的造化！

（音樂，是貝多芬的命運交響樂）

杰：芬妮！……（厲聲地）把音樂給我關掉，好嗎？……

（音樂關掉聲）

魏：（關切地）關杰，……怎麼啦？……

杰：沒什麼，我心裡很煩，……不想聽！……

魏：關杰，……煩什麼呢？……告訴我，……我來給你解決！

杰：芬妮！？……（暴躁地）芬妮！妳說……我這樣對妳不客氣、不禮貌，妳爲什麼總是百般容忍，……一點也不生我的氣。……芬妮，……我要知道，……妳爲什麼要對我這麼好，……妳越對我好，……我的心理就越不平衡，……妳知道嗎？

魏：關杰，……以前你不是這樣的，……現在因爲失明了，……所以脾氣才會變得這麼暴躁，……這，……我能理解！

杰：芬妮？……妳知道我爲什麼心理不平衡嗎？……

魏：我不清楚。

杰：妳是一個正常的人，……而我卻是一個殘廢，一個永遠看不見的瞎子，……難道，……妳眞的瘋了，……會去愛上一個瞎子！……願意永遠陪在他的身邊。

魏：關杰，……我沒有瘋。……在你沒有瞎以前，我就愛上了你，……這以前，也許你並不知道，……自從你失明以後，……我發覺：你不能沒有我，……所以，……你跟我發脾氣、鬧彆扭，我一點也不在意，人們常說：「愛是犧牲」……爲了愛你，……我願意忍受一切的苦難，只祈求……你能幸福、和快樂！……現在……我把心裡的話，都告訴你了，……你還會覺得心理不平衡嗎？

杰：芬妮，我還是不明白，……妳和一個瞎子在一起，還有什麼幸福可言呢？人們常說：「人在戀愛的時候，是盲目的」，……難道，……妳也盲目了嗎？妳看不清，我的將來是一片黑暗！……

魏：關杰，……我一點也不盲目，……我對你有「信心」，……眼前雖說你失了明，但是憑你的智慧、才能……若是加上樂觀、努力、奮鬥，在未來的日子裡，你還是可以有所作爲的，鄭豐喜沒有了雙腿，照樣成爲十大傑出青年，他的「汪洋中的一條船」，你也曾經看過，……還有聾了耳朵的貝多芬，成了舉世聞名的音樂家，……這些，你比我還清楚，不是嗎？

杰：芬妮，……魏芬妮，……妳眞認爲：我還可以有所作爲？……

魏：除非你自暴自棄，……那就沒話說了，……否則，你去盲人院學點字也好，學技術也好，我相信：假以時日，你一樣可以比別人強，照樣跟你在學校讀書時一樣，名列前茅，出人頭地。……

杰：芬妮，……妳把我說得太好了，……我能嗎？……

魏：杰，你能的，你一定能辦到的！

杰：芬妮，……把妳的手給我，好嗎？……我要問妳一句話。

魏：杰，……你握住我的手了，……你要問我什麼？你說啊！……

杰：芬妮，……妳願意嫁給我嗎？……做我的拐杖，……永遠陪在我的身邊。……

魏：杰，……我願意，……我願意做你的拐杖，也願意做你蠟燭，在人生的道路上，陪伴你過這一生。……

杰：芬妮，……妳說得太好了，……只是，婚姻是人生一件大事，……妳的父母，願意他們的女兒，嫁給一個瞎子嗎？……

魏：我的父母，在菲律賓，我已成年，有婚姻自主權，……我相信他們不會干涉我的婚姻，……不過，……我會寫信告訴他們，……希望他們能來台灣喝我們的喜酒！……

（鑰匙開門聲）

杰：啊，……好像是媽回來了！……芬妮，……我想，……先徵求一下我媽的同意，好不好？

魏：好呀！（腳步聲）伯母，……妳回來啦？……

母：嗯，……杰兒，……你剛才說什麼？要徵求我的同意？

杰：媽，……我剛才向芬妮求婚，……她答應了，……妳不會不同意吧？

母：杰兒，你說什麼？再說一遍。

杰：媽！（大聲）芬妮答應我的求婚，……妳同不同意？……

母：（興奮）芬妮？……是眞的嗎？……

魏：伯母，……是眞的！

母：是眞的話，……從現在起，……妳該改口叫我媽，才對！……

魏：（羞怯的）媽！

母：芬妮，……我想讓妳這樣叫我，……終於想到了！

（音樂溶入結婚進行曲、鞭炮聲）

（嬰孩啼哭聲）

魏：寶寶，不哭，……牛奶馬上就沖好了。（沖牛奶聲）……

（門鈴響）

魏：來了，……誰呀！（開門聲、興奮的）啊，……玉雪……眞是稀客，請進。……

玉：芬妮，……自從大學畢業以後，……我們已經有多久沒見面了？……

魏：讓我來算算看，……至少，……有五年了。……玉雪，……聽說妳結婚以後，……沒多久就出國去了，……最近才回台灣來？……

玉：芬妮！……我回來也快半年了，……前幾天碰到「小老鼠」，……才知道妳和關杰結了婚！……啊，這是妳倆的愛情結晶！……

魏：嗯！……還沒滿週歲。寶寶，來，媽餵你喝奶！（小孩吃奶聲）

玉：男的還是女的，……好大的眼睛，……眞可愛，還雙眼皮呢！

魏：玉雪，妳生了幾個小孩。

玉：兩個，一男一女，大的四歲，小的兩歲！……可是現在，……都不屬於我了！

魏：怎麼回事呢？

玉：我和我先生已經離婚了，……法律規定由他撫養，……再說，他是家裡的獨生子，……他母親說什麼，也不會同意把孩子交給我的！

魏：玉雪，妳們是自由戀愛結的婚，小吳又沒有什麼不好，……怎麼結婚才五年，就分手了呢？

玉：唉，……說起來一言難盡，……大概是我跟他的緣份盡了！……好聚好散，……這樣也好。當初是我瞎了眼，才糊里糊塗答應嫁給他的！……

魏：誰說妳瞎了眼的，……倒是關杰，……眞的瞎了眼，我才和他結婚的！玉雪，……我願意嫁給一個瞎子，……妳是不是感到很奇怪！

玉：芬妮，……我眞欽佩妳，……關杰沒瞎的時候，他是妳心目中的「白馬王子」，眞沒想到，他瞎了眼，妳竟然不顧一切做了他的太太，……現在，他人呢？……怎麼不在家呢？

魏：我每天一早騎摩托車，送他去盲人院學技術，下午五點的時候，再去接他，他眞的很聰明，這三年來，他不但學會了盲人點字，也學會了按摩、針灸，……過些日子，通過了考試，……就可以正式公開營業了，……大家都說，他的技術和醫術，都是非常出色的！……

玉：這些年，……妳們怎麼生活呢？

魏：我還在那家出版社工作，負責翻譯外文書籍，有一份固定的薪水收入，此外，關杰有一幢房子，可以收一些房租，……關杰的母親幫忙做一些家事，……我們雖說並不富裕，過的倒挺融洽的，……關杰的母親，對我眞好，……我們婆媳之間，……就如同母女一樣。……

玉：聽妳這麼說，……我眞羡慕，妳的命，比我好的太多了。……

魏：玉雪，別這樣說，……人生的遭遇，免不了有許多的意外，……只是看妳如何去掌握。……在學校裡，曲老師常說：「生命的舵，操之在我們自己手中」，妳忘了？……啊，……寶寶吃完奶，他睡著了，……玉雪，……妳別走，……等一下，我們好好聊聊！……在我家吃晚飯！……

玉：好，……我眞想看看闕杰，……他現在是個什麼模樣？……

（音樂）

母：啊，……林大夫，……好久不見，……今天是什麼風把你吹來了。

林：闕太太，……芬妮她在家嗎？

母：她到出版社去送稿子去了，有什麼事嗎？

林：就是關於令郎的眼睛，……也許，有希望復明了！……

母：是嗎？……林大夫，……這是怎麼說呢？

林：我有個老同學，也是眼科大夫，……這些年一直在歐洲，最近才從德國回來，他如今是國際聞名的眼科權威，……令郎的症狀，……我和他談起，……他說……只要不是先天性的盲眼，……他都有把握動手術，……可以使它復明。

母：視神經損壞了，……也可以治好嗎？……

林：他說可以用顯微鏡，把視神經再接起來，……眼角膜也可以冷藏移植，……因爲芬妮是我的親戚，……所以，特地來告訴她，這個好消息！……

母：林大夫，……謝謝你，……我這就想法子聯絡芬妮，……要她儘快帶我的孩子，去你診所找你。……

林：不用去找我，……我那老同學姓奚，叫明，溪水的溪，沒有三點水，光明的明，……這是他的電話，……就說是我介紹的，奚大夫，他會儘快安排時間，和你們見面。

母：七一一五八二〇，這是他家嗎？……

林：這是他朋友家的電話，……好，……我走了，關太太，再見。

母：林大夫，再見。

（音樂）

（化入一群人唱生日快樂歌，接著熱烈的鼓掌聲）

玉：各位老同學：今天，是我們關杰同學的生日，也是他眼睛復明後，第一次與大家見面的聯誼會，……關杰同學，因意外失明，等於離開了這個世界，和大部份同學，都失去了聯絡，如今相隔了八年，奇蹟似的重見光明，這眞是一件天大的喜事，所以，我們一方面爲他慶賀，一方面也爲同學久別重逢而高興，……現在，我們先請今天的壽星關杰同學，爲大家說幾句話！……

杰：（激動而感謝地，不禁流淚哽咽地說了）各位親愛的老同學，我眞是做夢也沒有想到，我還能看見大家，站在這裡和大家說話，……在這漫長八年的歲月中，我一直生活在黑暗中，……獨自流著眼淚，我也不想和大家見面聯絡，……今天能讓我重見光明的，最先要感謝的是，給我動手術的奚明大夫！（衆鼓掌聲）就是這一位，還有是林永慶大夫，是這一位（衆又鼓掌聲），但是，我最要感謝的，是我的太太芬妮！……（衆瘋狂似的鼓掌聲）……（哽咽激動顫抖的說）若是沒有她對我「愛的鼓勵」！（衆以拍掌鼓出「愛的鼓勵」節拍聲）……也許，我早就不存在這個世界上了。我謝謝她，……也謝謝大家的光臨!……

玉:現在,……我請今天的女主人魏芬妮同學,也和大家說幾句話!(衆怪叫、口哨、歡呼聲)

魏:各位同學,……我今天沒有準備說話,……我很高興大家熱烈的來參加這一次同學會,……現在我向大家宣佈一件事,……就是關杰,他已通過了針灸醫師的考試,我們準備爲他設立一個診所,不久就可以正式開業,我希望大家介紹親友,多多來捧場,……他的技術和醫德,我保證不會使大家失望。……

玉:啊,多年不見的馬振華同學,今天也來了,……我們歡迎現在母校執教的馬教授和大家說話!……(衆鼓掌聲)

杰:振華,……眞想不到,八年不見,……你還是老樣子!……

馬:關杰,今天是你大喜的日子,……我說什麼也要來啊!……你的眼睛能重見光明,……眞是不簡單!……

杰:聽說,你留學國外,已得了博士學位,還是你不簡單!

玉:馬教授,……你最後一個到,……罰你唱一個歌,大家贊成不贊成!(衆起哄:「對,罰唱一首歌」「快,……快唱」「熱烈掌聲」)

馬:好,……我來唱一首,大家都很熟悉的:「當我們同在一起」好不好?……

(衆:「好」,……於是大家合唱:「當我們同在一起,你對著我笑嘻嘻,……我對著

你笑哈哈……」氣氛熱烈）

（音樂）

玉：芬妮，……有一件事，……彎在我心裡，……讓我很難過，……我想了又想，我覺得還是應該告訴妳，才對！……

魏：玉雪，什麼事，……瞧妳緊張兮兮的，還把我約到咖啡館來談。

玉：芬妮，……關杰，……他……有了外遇，……妳知不知道？……

魏：他有了外遇？

玉：有一個姓金的女人，……因爲找關杰看病，……結果，勾搭上了，……兩個人經常上賓館去，……妳一點也沒有感覺出來嗎？……唉，……男人哪，十個有九個沒良心的，……他開診所的錢，還是妳千方百計給他湊出來的，……想不到還不到一年，……他居然……會愛上了別的女人，……早知道這樣，……眞不如他瞎了眼的好！……

魏：玉雪，別說了，……這一陣子，……我早感覺出來，……他……變了，我沒有想到，……他會變得這麼快！……

玉：芬妮，……妳該跟他好好談一談，……他……要是沒有妳，還會有今天嗎？尤其是現在，他媽又中了風，走路都不方便，一個老的，一個小的，都由妳在照顧，他卻在外面另結新歡，眞是太不像話了！……

魏：玉雪，謝謝妳來告訴我這個消息，……我會來處理這件事的！……我走了，……改天，

（聲音哭泣著）……我再和妳聯絡。……

（音樂）

杰：媽，……

母：杰兒，……你叫我，有什麼事嗎？

杰：妳看見芬妮沒有？……她到那兒去了，……一晚上都沒有回來，……會不會在路上，發生了什麼意外？……

母：不會吧，芬妮她很小心！……對了，寶寶呢？

杰：也不見了，……一定是她抱走了！……

母：她抱到那兒去了呢？……你去找找看！……她有沒有留了紙條，說到那兒去了？……

杰：啊，……我看見了，這是她留給我的信。（撕紙聲）

魏：「杰，……我走了，……希望你把我忘了，……是我瞎了眼睛，……愛上了你，……現在，……我已看清了你是怎樣的一個人了。……在學校讀書的時候，玉雪曾經和我說過：『太漂亮的男人，不一定是理想的好丈夫』，……起先，我不以爲然，……現在……我明白了，……當初，是你瞎了眼，……才會接受我的愛的，……如今，你又重有了明亮的眼睛，怎麼還會再把我放在心上呢！……我一點也不怪你，……你去追求新的幸福吧！芬妮留。」

杰：（愧疚的，大聲叫著）芬妮，……我錯了，……我不能沒有妳！……妳……肯原諒我嗎？

……（腳步聲）媽，……芬妮，……她走了，……她對我有一點誤會！……唉，……我眞是瞎了眼，怎麼這麼糊塗呢！……

母：杰兒，你在說什麼？芬妮，……好好的，怎麼會留書出走了呢？……她對你有一點誤會，什麼誤會？……你說呀！

杰：媽，……我……不是個人，……我這就去找她，……就是天涯海角我也要把她找到！……

（阮玲玉電影主題曲：「葬心」音樂升起，唱了起來）

杰：芬妮！（叫著）芬妮！……我錯了，……請妳原諒我！……我不能沒有妳。……

（「葬心」的歌聲繼續著，至唱完）

—全劇終—

求偶

——民國八十三年九月廿五日中廣公司播出——

·戴愛華 導播·

人物：高鳳凰：卅四歲，求偶的女人，聲音嬌柔、甜美。（高）

但振華：鳳凰橋婚友聯誼中心負責人，約五十歲，熱誠。（但）

但太太：振華妻，四十餘歲。（太）

曾來發：某餐館的廚師，五十歲，木訥，老實人。（曾）

曾　母：來發母親，鄉音很重，嘮叨，七十餘歲。（母）

郭紹良：三十二歲，牙醫師。（郭）

（音樂，劇名，演職員報幕）

（電話鈴響，響了一陣子，才有人來接聽）

高：喂，……請問，……你這兒是鳳凰橋婚友聯誼中心嗎？
但：是的，我這兒是鳳凰橋婚友聯誼中心，……我姓但，……我是這聯誼中心的負責人。
高：啊！……你就是但老師，對不對？……
但：對，……小姐，請問妳貴姓？
高：敝姓高，……高低的高，名字叫鳳凰，……就是你們鳳凰橋的鳳凰！
但：高鳳凰小姐，……眞是幸會，……妳打電話來，……也是來求偶的，對不對？……
高：我是在紐約日報上，看到你們刊登的廣告，說你們可以專門爲紐約地區的單身華人，辦理婚姻介紹的工作，沒錯吧？
但：沒錯，……高小姐，希望我們爲妳做怎樣的服務呢？
高：但老師，我是想拜託你，……能不能幫我找一個理想的對象！
但：可以，沒有問題，這是本中心成立的宗旨，專門爲天下有情人服務。我們服務的方式採會員制，希望妳能來本中心，先辦妥入會的手續，我們才好爲妳服務啊！
高：你的意思是要我先塡寫申請的表格，和繳納入會費，對不對？
但：對，……這是必要的手續，就像看病先要掛號一樣。
高：入會費是多少？
但：入會費是美金一百元，……一直介紹妳找到滿意的對象爲止，不再另行收費，每月我們定期舉行餐會一次，單身男女自由參加，餐費廿元，只付自己的，……也可以不參加，那就不用付費。

高：很好，……這樣吧！這入會費，我馬上開支票寄給你。

但：寄來的時候，請妳再附寄一張妳的單人照片，一起寄來，當作資料。

高：好，……表格的資料你幫我填一塡，我現在在電話裡告訴你，可以嗎？

但：行，……不過，妳等一下，我去拿表格來再說。……

（開抽屜聲，拿表格聲）

但：好，高小姐，請說吧！

高：我姓高，小名叫鳳凰，……今年……（有些不好意思的）……卅四歲了，……我是江西人，我父母都死了，……如今我是一個人在紐約，我身高一七五，……體重五十一公斤，……三圍……不用登記了吧！……但老師，……我長得很漂亮的唷！……

但：是，……我聽妳的聲音很甜，……人也一定長得漂亮，妳現在怎麼生活呢？

高：我在一家貿易公司當會計，薪水不低，我可以獨立生活，不用靠丈夫來養活我，我大學畢業，學的就是會計。……

但：啊，……妳的條件很優秀，……妳一定可以找到理想合適的對象，……只是我想問一下，妳結過婚嗎？……

高：我只曾訂過婚，……後來未婚夫變了心，……就解除了婚約，再也沒有和人有過婚約關係。

但：這麼說，妳也沒有小孩了！

高：自然沒有了，……沒有丈夫，怎麼會有小孩呢？……

但：對，恕我多此一問！末了，我要請教高小姐的是，妳心目中理想的對象，是需要具有什麼樣的條件呢？

高：我心目中對象的條件，最主要的是，對方必須是一個牙醫師。

但：牙醫師？……如果不是牙醫，……其他科的醫師，行不行呢？

高：我暫時不想考慮，……但老師，……你的資料櫃裡，……有沒有牙醫師這樣的人選？

但：醫師是有好幾個，牙醫可不多。……高小姐，妳的對象爲什麼一定要是牙醫呢？……是不是妳的牙齒不太好？……

高：不，我的牙齒好得很，……一顆蛀牙也沒有。……

但：那是什麼理由，別的行業……就不考慮呢？

高：我當然有理由的，……我初戀的情人，是個牙醫，……我和他相戀五年，一起來美國讀書，他讀的是牙科，……一畢了業我們就訂婚，準備一年以後，他正式開業，……我們就結婚，……誰知道……（說著說著傷心的哭了起來）……

但：後來，……他……變了心？……

高：是的，……誰知道，那一年他在聖誕夜的一個舞會上，認識了另外一個女孩子，……兩個人一見鍾情，……就和我疏遠起來，……我們前後相戀了八年，……最後，……還是分手了，……到現在，……他雖變了心，我對他，到現在還是念念難忘……

但：高小姐，……妳的心情……我相當瞭解，……不過，……男女的結合，多半要靠緣份，……妳和他……大概是沒有緣，……所以沒能結合在一起，……妳……也不用難過，……也許，妳能在我這兒找到更理想的……

高：但老師，……但願如此。……其他，譬如有沒有經濟基礎、有沒有結過婚、年紀大不大、身高體重，我都不計較，……我的要求不算過份吧！

但：高小姐，……妳眞是一個很重情感的人，……我希望能很快就給妳找到合適的對象。……

高：但老師，支票我馬上寄出去，……一切全看你囉！拜拜！

但：別忘了寄照片來，還有妳的地址和電話號碼，……這樣，我才方便和妳聯絡，有好消息可以立即向妳報告。

高：我知道了，……但老師，……謝謝你。……

（掛上電話聲）

（音樂）

（門鈴響）

太：來了，來了。……（腳步聲，開門聲）

母：啊，……這地方眞不好找，……請問，……這兒是不是鳳凰橋？……

太：是呀！……老太太，……有什麼事嗎？

母：我是找……「婚友聯誼中心」，……介紹結婚對象來的，這兒有個但老師，沒有錯吧？

太：沒有錯，他是我先生，……老太太，……請坐，……我要但老師出來和妳談。……振華（向內叫），快出來，……有人來啦！……

但：啊，……（腳步聲）……老太太，……貴姓？我就是但老師。

母：我姓曾，……曾國藩的曾。……你別叫我老太太，……我今年雖已七十二歲，……可是我精神很好，……你看我的牙齒，一顆也沒有掉，……我每天晨跑五千公尺，……氣也不喘一下啊！……

但：啊！……曾女士，……那眞難得。……

母：我是聽人說，你們這兒專門為華人介紹對象，……不論男女老少、鰥寡孤獨，……都可以介紹，是眞的嗎？……

但：不錯，……我們鳳凰橋在紐約已成立三年了，……介紹成功的也有好幾十對了，……曾女士，……妳也是來求偶的嗎？……

母：喏，……我錢也帶來了，入會費是美金一百元，對不對？

但：對，……曾女士，請問妳的大名是？……

母：我小名叫惠花，……恩惠的惠，一朵花的花。

但：曾惠花，……這個名字，……聽起來不太好吔！

母：這是家父給我取的，……怎麼不好呢？

但：曾惠花，……聽起來就像「眞會花」，……男人就怕女人會花錢吔，……不是嗎？……曾女士，別見外，……我是說著玩的。……

母：沒關係，……我不生氣。……咱們談正事要緊。……

但：對，談正事要緊。……先說妳希望對方有什麼條件？……我給妳登記在這表格上。

母：條件？……很簡單，……有沒有錢無所謂，有沒有結過婚或離過婚，都不計較，……年紀不能太大，……

但：那大概多少歲才好呢？

母：三十多、四十多都可以，……不能超過五十歲。……

但：曾女士，……妳今年……高壽多少？……

母：你問我啊？……我剛才不是告訴你了嗎？我已七十二歲了，……牙齒一顆也沒掉，……你忘了？……我不想說了又說，……人家會嫌我囉嗦、嘮叨。……

但：啊！……對不起，……我忘了。……

母：學歷……也不重要，小學程度就可以了，……什麼大學畢業、碩士、博士，……我可不敢領教。

但：小學程度可……不好找吔！……中學程度怎麼樣？

母：中學程度？……就中學程度，……也可以湊和，……最主要的一個條件，……就是必需能給我生個兒子，……這最重要，不能生育的，……再好的條件，我也不要！

但：（吃驚）什麼？……妳要能生育的？……妳……不是七十二歲了嗎？曾女士，妳還想生一個孩子？……天哪！……這可不容易呀！

母：但老師，……不是我想生個「孩子」，……是我想生個「孫子」，才來找你介紹對象的啊！

但：怎麼？……妳想找個對象生「孫子」，……這我可越聽越糊塗了，……沒有兒子，怎麼會生孫子呢？……

母：啊呀！……我怎麼會沒有「兒子」呢？我兒子叫來發，……我是專誠來爲我兒子找對象的呀！……

但：（恍然大悟）原來妳是來爲妳兒子找對象的！……對不起，……那是我誤會了，……那令郎……是叫來發，……曾來發，對不對？……

母：對，我兒子叫曾來發，……原來想到美國來發財的，……可是來了卅年，現在都已五十一歲了，連個老婆都還沒找到，……你說我能不著急嗎？

但：啊！……這就對了，……所以妳希望對方年齡不超過五十歲，三十四歲左右最合適，對不對？……

母：對，……我兒子也沒讀過什麼書，跟著他二叔，來美國餐館打工的，……混了二十多年，現在是餐館的掌廚的，收入還不錯，……就是工作太忙，每週休假……他又不會交際，……人太老實，五十歲的人了，見了女人還會臉紅，……曾經有朋友給他介紹過，……

他啊，……不會花言巧語，……結果，交往沒多久，……就都吹了，……所以，我才想到但老師這兒來找你幫忙，……我什麼都不計較，……只要求能早一天讓我抱一個白白胖胖的「孫子」……這……就了了我心裡的一件大事。

但：曾女士，……聽妳這麼說，……我完全明白了，……好了，剛才妳所說的我全都登記下來了……有帶妳少爺的照片來嗎？

母：有，我帶來好幾張，有黑白的、彩色的、半身、全身的都有，……你看我兒子長得還福相吧？胖胖的、肥頭大耳的，體重是八十一公斤。……

但：就留這一張好了，……嗯，長得不難看，一臉忠厚老實的樣子，女人看了會喜歡的。妳們住在哪兒？電話是多少？

母：我們住在紐約，這張名片上有我兒子的地址和電話。

但：喔，……我都記下來了，……有合適的對象，我馬上就打電話給妳。

母：要不要我兒子親自來一趟，和你見個面。

但：好呀！……有空最好要他親自來一下。……

母：他呀，餐館一天忙到晚，我要他休假的日子，專程來看你。……但老師，……一切全拜託你了，……成了的話，我會好好謝謝你這大媒人的。

但：不用客氣，……這是我的責任，……不送妳了，好走啊！……

母：再見！……

（音樂）

太：振華，……你可回來了，剛才，那位非牙醫不嫁的高小姐，……又接連打了兩通電話來。……

但：妳怎麼說呢？

太：我說正在連絡，有消息，隨時會打電話給她。

但：妳沒有告訴她，……在我們這兒登記的會員，只有一位叫郭紹良的牙醫，……可是和她的條件並不配合，……對了，……我要妳給電話簿上的一些牙醫診所打電話，結果怎麼樣？

太：我打了一上午的電話，都是診所的掛號小姐接的，有的說醫生正忙著拔牙、沒空接電話，有的說醫生早已結婚了，孩子都有兩個了，只有一個姓馮的牙醫，倒很有興趣，和我談了很久。

但：這位姓馮的牙醫，還沒結婚？

太：結過婚了，……只是已經離了婚，他有兩個孩子，年紀都還小，希望能找個後媽。

但：這樣的情況，……恐怕高小姐也不會接受。……

太：另外有一位牙醫姓巫，……年紀很輕，還沒結過婚。

但：多大年紀？

太：他說今年卅八歲。

但：配高小姐，不正合適嗎？

太：年齡是很合適，不過，他有他的條件，他希望娶一個年輕的，不要超過卅歲。……

但：這可眞難……

太：還有，他要求對方長得身材適中，不高又不矮、不胖也不瘦，……臉孔要看得過去，……最好是雙眼皮。……

但：嘿，……他的條件可眞多呀！

太：還有吶！

但：還有什麼條件？

太：他希望對方最好也是學這一行的。

但：學會計的不行嗎？

太：他說最好是學護理的……最理想。

但：爲什麼？

太：他說，在紐約開牙醫診所，請助理護士很難，沒本事的，學了半天，也幫不上忙，能幹的，又都不肯安心幹，要另找出路。他診所的護士，三天兩頭在換人，有時還找不到合適的，眞是頭痛萬分，……要是自己太太是護士，那該多方便！……

但：他想的倒好，……眞是一心打的都是如意算盤，……這麼說，……這也不成啦！

太：是呀！……所以我說，趁會兒高小姐打電話來，你就不妨勸勸她，不要太死心眼兒，沒有牙醫，別的醫生也可以考慮喲，……何必太堅持呢？……

但：太太，妳不知道，年紀一大把，到我這兒來求偶的，沒有一個不是「死心眼兒」的，……要勸他們降低條件，可比登天還難！……

（門鈴響）

但：太太，快去開門，說不定高小姐親自找上門來了。

（開門聲）

郭：但太太，……但老師在家嗎？……

太：在，在，……郭紹良醫師，……請進。

郭：但老師，……前兩天你打電話給我說，……有一位高小姐，……希望找一個牙醫的交朋友，……問我有沒有興趣？……我因爲她年齡比我大了兩歲，一口就拒絕了。……後來，我冷靜的想了想，大我兩歲，也不太大，……所以，我今天特地來找你談一談，看是不是可以介紹我和她先見個面，……若是，……她長得還漂亮，我願意湊和。……

但：郭醫師，……娶太太，……要看彼此能不能合得來最重要，漂不漂亮、年齡高低……那都是次要的問題。

郭：是的，……但老師，……我想問一下，高小姐，……以前有沒有結過婚？……有沒有小孩？……

但：高小姐和你一樣，還沒有結過婚，也沒生過小孩。……

郭：那……她是什麼教育程度呢？

但：大學畢業。

郭：目前做什麼事呢？

但：她在一家貿易公司做事，她學的是會計，做的也是會計，她可以獨立生活，不須依靠丈夫。

郭：這倒眞是很理想，……她在紐約，還有什麼家人呢？

但：她的父母已經去世了，……她是獨生女，在紐約，就她單身一個人。

郭：她……長得漂不漂亮？……沒有什麼缺陷吧？……

但：很漂亮，……也沒什麼缺陷，只是個子長得高了點。

郭：她身高多少？

但：郭醫師，……你身高多少？

郭：我身高一六八，她呢？比我高，還是比我矮？

但：糟糕，……她身高一七五，……比你高了七公分！

郭：那我和她走在一起，不就矮了一截嗎？（矛盾）……這……不太好吧？……

但：郭醫師，……你就委屈一點，……或者，你去訂做一雙高跟皮鞋，不就可以了嗎？……說實在的，太太比先生長得高的，也有得是，人家不會笑話你的。

郭：好吧！不管這些，但老師，……你是不是可以把高小姐的照片給我過目一下，……若眞如你說的，很漂亮，……我就和她約會見面。

但：好呀！……喏，這是她的照片，……長得眞不錯喲！她的聲音才甜呢！

郭：（看照片，看了很久，不言語）

但：郭醫師，……你不滿意？

郭：長是長得不難看，……只是……

但：只是什麼呢？

郭：她戴了近視眼鏡，……看樣子，度數還很深，……我不喜歡。……

但：戴眼鏡有什麼關係？你可以讓她戴隱形眼鏡嘛！……是不是？

郭：但老師，……我看算了，……她年紀比我大兩歲，個子又比我高，……兩個人走在一起，怪怪的，……我……放棄算了。

但：郭醫師，……別洩氣，先交朋友談談……再決定嘛！……怎麼還沒見面，就打退堂鼓了呢？

郭：（勉強的）……好吧，……那就先交個朋友……也好。

但：喏，……這是高小姐的電話，你自己打電話和她約時間見面吧！……我還是衷心祝福你們能成功的結合在一起。……

郭：但老師，……那我告辭了。

但：好走，別忘了打電話喲！……

（音樂）

高：但老師！……

但：高小姐，……妳和郭紹良醫師見過面了嗎？……他可是妳心目中要找的「牙醫」喲！

高：見過面了，……可是我很失望。……

但：怎麼說呢？

高：他一點也不熱情，和我走在一起，他要保持一段距離，因爲我比他長得高，又不准我去診所看他，說他工作時，不願有人去打擾，……還一再要我去配隱形眼鏡，……結果我去配了一副，不小心，得了角膜炎，眼睛紅腫，躺在醫院裡，要他來看我一下，他都推說走不開，……我看得出來，他對我的興趣也不大，……勉強交往，也沒什麼意思。……算了，但老師，……你還是給我另找他人吧！

但：妳是放棄郭紹良了？……

高：嗯！

但：那放不放棄「牙醫」呢？……我另外也給妳找了好幾個「牙醫」，可是，條件配合都很困難。……不過，……有個姓丁的「眼科」大夫，卅八歲，……也沒結過婚，……妳願不願意和他見個面呢？

高：除了牙醫，……其他什麼科的醫生我都不考慮，……我這一輩子，非賭這口氣不可。

但：好吧！……高小姐，……那就只有慢慢……等機會再說囉！……

高：我相信總有一天會讓我等到機會的。

（音樂）

（推門進入，門後有掛鈴響起）

母：是來發回來了嗎？……（穿拖鞋走路聲）

曾：是呀，……媽，……快天亮了，……妳還沒睡啊？

母：你不回來我怎麼睡得著。……來發，……你看，快四點半了，你怎麼才回來？……路上發生車禍了嗎？……眞把我給急死了。

曾：不是我出車禍，……是碰見別人出車禍，……那輛肇事的大卡車見闖了禍，……也不下車來看看，……一溜煙似的逃得飛快。一點公德心也沒有。

母：撞死人了嗎？

曾：把一輛小汽車撞個稀爛，車前的玻璃也撞破了，開車的那個女的，……血流滿面的倒在車裡，一動也不動。……當時就我一個人開車經過那兒，我停車去看看……要不要緊？……結果……那女的……已經神智不清，……我想救人要緊，……就不顧一切……把她抱上我的車，……直開醫院急診室。……

母：後來呢？……醫院……怎麼說？

曾：醫師經過緊急施救，……折騰了大半天，又是輸血，又是照X光，……我一直陪在旁邊，……所以……直到現在才回家來啊！大夫說，她受的傷不輕，血也流了不少，若是遲了一步，……說不定就沒命了。

母：孩子，……你做得好，……做好事會有好報的，……紐約這個地方……管閒事的人，眞是越來越少了。……

曾：媽，……我走的時候……那個女的……還昏迷不醒，……我想，等會天亮了……妳先去看看她，……我今兒請個假，提早下班，……我來接替妳，……妳說好不好？……

母：好呀！……希望她能早一點醒過來，……出車禍，最怕什麼腦震盪、內出血，……那就麻煩了。……對了，……來發，……你看那女的多大年紀？

曾：看起來……可能三、四十歲左右，……不像是小姐，……也不像是太太……

母：她身上有沒有什麼證件呢？……不管怎麼說，……你該馬上去通知她的家人才對。……

曾：我在她皮包裡找到一張綠卡，……姓高，……名字叫鳳凰，……住在什麼地方……可就不知道了。……另外，……還有一些文件，……看樣子，像個上班的職業婦女，皮包裡還有一副近視眼鏡、一串鑰匙、一些錢，……看樣子，……受過高等教育。……

母：好了，不去管這麼多了，……你也夠累了，……去洗把臉，……先好好睡一覺再說。……

曾：是的，媽。

（音樂）

曾：媽，……妳來啦！

母：來發，……高小姐……醒了沒有？

曾：還沒，……一直昏迷著，……醫生在給她打點滴。

母：已經整整昏迷了三天了，……怎麼還不醒呢？……眞急人，……會不會成了植物人？……

……一直昏睡不醒，……有人會睡上幾十年喔！

曾：醫生說，……大概不會……

母：啊！……怎麼頭髮都剃光了？……

曾：醫生給她動了腦部手術，……清理掉了一些瘀血，……也許……等麻醉過了以後，她會甦醒過來的。

母：來發，……「鳳凰橋」的但老師，剛才打電話來問你，……前兩天他介紹給你認識的那位翁小姐，……你對她的印象怎麼樣？……你們已經正式見過面了嗎？

曾：媽，……那位翁小姐，……我……不想和她來往，……妳打電話告訴但老師……就好了。

母：來發，……但老師給你介紹了三個，……一個嫌你年紀大，一個嫌你的職業不高尙，……

……都吹了，……只有這位翁小姐，……好像對你還挺中意的，……怎麼反倒是你看不上別人了呢？

曾：媽，……這種事，還是不要太勉強，……再說，那位翁小姐我和她喝了次咖啡，從頭到尾嘟嘟嘟，只能聽她一個人在講話，我一句話都插不上嘴，……這樣的女人娶回家來，

……我怎麼受得了？……那張嘴就像機關槍一樣，……不會停的，妳也會受不了的！

母：好吧，……那就隨你，……眞不知道……你哪一天才能讓我抱孫子。

曾：媽，……我得上班去了，……高小姐……若是等一會醒了，……妳就問她，住在什麼地方？……好通知她的家人快來照顧她，……要不然妳也快病倒了。

母：我知道，……來發，……快走吧！……遲到了……你餐館老闆會不高興的。

曾：媽，……我走了。（腳步聲離去）……別打瞌睡呀！

（倒水聲）

母：奇怪，……怎麼昏迷了三天三夜……還不醒過來呢？……若眞成了植物人，……我們是管，……還是不管呢？

（均勻呼吸聲）

母：喲，……點滴快打光了，……要不要再打呢？……幸好醫藥費不用我們來付，……由政府的社會福利金來負擔，……要不然……可眞麻煩大了。……

高：（長長的吐了一口氣，幽然醒了過來）……

母：（高興的迎上去）呀！……高小姐，……妳可醒過來了，……這……就好，……有救了！

……

高：（病後聲音低弱）喔，……我……的頭好疼……

母：妳能醒過來……就好了，……高小姐，……妳眞命大，……要不是我兒子把妳送到醫院來急救，……也許，……妳就沒命了。……

高：（低聲問）……妳……妳……是誰？

母：妳當然不認識我了，……我姓曾，……曾國藩的曾，……妳叫我曾大媽……就可以了。

……妳餓不餓？要不要吃點東西？……

高：我不餓，……我想喝水。……

母：好，……我這就倒水給妳喝。（倒水聲）

高：（咕咕喝水聲）……

母：還要不要？

高：不要了，……謝謝妳。

母：高小姐，……妳住什麼地方？電話號碼是多少？……妳快告訴我，……我好通知妳家裡

的人……來這兒看妳。……

高：我住什麼地方？……我……一點兒也記不起來。……

母：那電話號碼呢？

高：我也不知道，……我……我……怎麼頭腦一片空白呢？……

母：妳家裡還有什麼人？……妳有先生嗎？……有沒有小孩？……他們看妳三天沒回家，一

定急死了！……

高：我有先生嗎？……我……家裡……有什麼人呢？……（痛苦的）喔！……老太太，別問

我了，……我頭好疼，……像針在刺我一樣，……我……什麼都……記不起來了！……

（哭泣）……我怎麼會這樣呢？

母：妳是出了車禍，……受了重傷，……高小姐……妳……眞的什麼也記不起來了嗎？……

高：妳別來煩我好不好！……噢！（痛苦萬分）我怎麼會……變成這樣呀！……我的頭髮，怎麼全給剃光了！……（哭泣起來）

母：高小姐，……妳別哭呀！……

（音樂）

高：曾大媽，……飯好了，……去吃飯吧！

母：高小姐，……我牙疼，……不能吃，……妳和來發去吃吧！

高：要不要去看醫生？

母：我吃了止痛粉，也許一會就不疼了，……妳去吃吧，別管我。……

高：好。……（腳步聲離去）

曾：高小姐，……快來嚐嚐我的香酥鴨，還有栗子雞塊、醋溜魚片。……

高：（碗筷聲，吃菜聲）……嗯，……眞好吃，……來發哥，……你燒的每一樣菜，都好吃！

……

曾：我做了十幾年的廚子，做的菜不好吃，還成嗎？

高：來發哥，……你教我做菜，好不好？……我拜你爲師，肯不肯收我這個徒弟？

曾：妳要想學，……我教妳就是了，……不用叫我師傅，……我擔當不起。

高：來發哥，……在紐約……就你和大媽兩個人，……你過去有沒有結過婚？生過小孩？

曾：我媽一直希望我結婚成家，可是……對象不好找，紐約的中國女孩子，大部份都大學畢業，誰會看得上我？……不是嫌我年紀大，就是嫌我的職業不高尚，……沒學問。……

高：可是你的菜燒得好，嫁給你，眞是很有口福，……再說，在餐館做廚子，也是正當的職業，你的收入也許比那些碩士、博士賺的還多，有什麼不好呢？……

曾：高小姐，……那是妳的看法，別人可不這麼想。……

高：再說，你人老實，做事又本份，加上心地善良，……你看，你和我素不相識，你不但救了我的命，……還把我帶回家來，讓我在你們家休養，一住就是半年多，……我失去了記憶，……什麼事都不能做，……你卻一句怨言也沒有，像你這樣的好人，在紐約，眞是打燈籠也找不到了。……

曾：高小姐，妳眞把我說得太好了。……

高：來發哥，……這是我心底的眞心話！……你不相信？……我現今擔心的是，……我的頭髮已經長長了，……可以出去走動了，……你會不會已經討厭我，想趕我走了？……

曾：不，高小姐，……我希望妳，永遠在我們家住下去，……我媽……她也很喜歡妳，絕不會趕妳走的，……妳放心好了。……

高：你媽……常關心的問我，……家裡還有沒有什麼人？是不是有先生、孩子？……我這樣失蹤了，他們一定很著急，……可是，……我就是記不起來……我家裡還有什麼人？住哪裡？做什麼工作？我怎麼想……也想不起來！……

曾：怎麼一場車禍，會讓妳完全變成另外的一個人呢？……妳過去有沒有上班？……像上班的地方，也一點印象都沒有了嗎？……

高：我失蹤了半年多，……老闆也許早就把我開革了。……這一場車禍，就算沒死，……若是沒遇上你，……現在我也不知會流落到什麼地方了？……來發哥，眞虧是你救了我，……我時常在想，……我眞不知該怎麼報答你才好。……

曾：高小姐，……別再這樣說，……再說……我會臉紅的！……

高：來發哥，……今天是你休假的日子，不用上工，我才把心裡的話說了出來，……說眞的，……這些話……悶在我心裡……已經很久很久了，如今說出來……痛快多了，……吃完了飯，……你陪我出去散散步，好嗎？

曾：好呀！……

母：（自內屋走出）來發，……我的牙齒越來越痛了，……你陪我去看牙醫好不好？

曾：好呀，……媽，……牙痛不是病，痛起來要人命！……吃止痛粉是沒有用的，還是要去看醫生。

母：好啦，別廢話啦！……陪我去看就是了。……

高：大媽，我也陪妳去，好嗎？……

母：好呀，……人多我就不怕了。……來發，哪一家牙醫比較好呀？

曾：有一個姓郭的牙醫很有名的，……我知道地址，……那就上車吧！

（汽車發動聲）

高：（恍惚想起什麼？）姓郭的牙醫？是不是叫郭紹良？

曾：是呀！……他曾替我餐館的老闆拔過牙，醫術很高明，……怎麼？妳認識他？……

高：等我見了他再說……，也許……我眞的認識他。……（汽車發動聲）

（音樂）

曾：媽，……妳先坐上去，用水漱漱口，下一個就輪到妳看了。

母：好，我知道了。（喝水漱口聲）

高：來發哥，那位給人在檢查的就是郭醫師，對不對？

曾：是呀！妳認識他嗎？……妳曾找他看過牙齒？

高：我認得他。……（走近）郭醫師，……你還記得我嗎？……

郭：（迷惑）妳……（想了一下）……妳是高小姐，對不對？……

高：對，……你還記得我？

郭：妳叫高鳳凰，……妳比我大兩歲，妳是位會計小姐，……我怎麼會忘記呢？……

高：（興奮的大叫）來發哥，……我突然……完全記起來了，……我恢復記憶了，……他說的沒錯，……我是個會計小姐，……我就住在四十二街十七號七樓，……我現在就可以帶你去！……

曾：高小姐，……妳家裡還有什麼人？……

高：我家……我家裡……沒有什麼人呀！……我父母都已去世了。……
曾：妳沒有先生？也沒有小孩？……
高：（爽朗的笑了，像銀鈴似的）……我還沒結婚，哪來的小孩？……
曾：（驚喜）啊！……妳還沒結婚？……太好了！太好了……
（輕鬆的音樂劃過）
曾：媽，……妳的牙齒不疼了吧？……
母：不疼了，……那位郭醫師的醫術，眞不錯！
曾：媽，……我有件很重要的事和妳商量。
母：什麼重要的事？……瞧你一臉緊張的樣子。……
曾：是這樣的，……我們餐館的老闆，最近身體不太好，……他打算收山不幹了，……他問我願不願意接手，他只要我出五萬塊錢，什麼執照、房子、店面、家具……全盤給我，……這樣……我就是這家餐館的老闆了，……媽……妳說好不好？
母：來發，五萬塊錢不貴啊！……你能做老闆，眞是太好了！……媽還有不贊成的嗎？
曾：祗是……
母：祗是什麼呢？……五萬塊錢你拿不出，……媽還有些，幫你湊一湊！這眞是再便宜不過的價錢了！
曾：媽，……五萬塊錢我還有。……我只是擔心，……我在廚房忙，還要忙照顧外面，怕照顧不過來，……妳年紀又大了，我……打算眞要盤了下來，我有意請高小姐來做經理，……另外還兼會計，……就是不知道她肯不肯答應？

母：來發，……你不是說以前的那家貿易公司，早已有了人，不要高小姐回去了嗎？……她正閒著，她會答應的。……

曾：媽，……妳說她會答應嗎？

母：傻孩子，……這根本不用問，她「鐵定」會答應的！……對了，……你和她的事，……只要你開口，我也保證她不會拒絕的！

曾：我和她的事？……什麼事？……

母：婚事啊！……你還沒向她開口啊？

曾：媽，……我……不好意思，我怕一開了口，若是她不答應，……那多尷尬，以後就不好見面了。

母：（生氣）嗨！……你呀！……五十歲的人了……還害羞，不敢開口，眞是沒出息！……氣死媽了！……要我怎麼說你才好！……

曾：媽，……我……是怕……她嫌我年紀太大了。……

母：她卅四歲配你五十一歲，……不正合適，……她說過你老了嗎？……我只聽她說：你一點也不像五十出頭的人，走路、做事、開車，……完全像卅多歲的人一樣！

曾：是嗎？……她這樣和妳說過？

母：你呀！……真沒用！……好，……我說，……我來說！……
（開門聲，門後掛鈴響了）
曾：啊！……高小姐，……妳來啦！……我媽……正有話要和妳說呢！
高：大媽，……妳不用說了，……剛才妳和來發哥說的話，……我在門外已經全聽見了。……
母：是嗎？……這麼說，……妳……是願意做我們曾家媳婦了？
高：媽，……我願意一輩子侍候妳老人家，……讓妳早一點抱個孫子！
母：啊！……那眞太好了！太好了！
（接著一長串鞭炮聲，接「結婚進行曲」的音樂）
（音樂）
但：（醉醺醺的推門進來）太太，……我回來了。……
太：振華，你到哪兒去了？……喝了這麼多的酒回來，是不是喝醉了？
但：我沒有醉，……我今兒是遇見一個老朋友，他請我去吃飯，在一家餐館遇見那位高小姐，……妳記不記得？……就是死心眼兒非牙醫不嫁的那位高鳳凰小姐。
太：我記得啊！……怎麼？……她結婚了沒有？找到理想的牙醫師了嗎？
但：她結婚了，肚子已經很大，快生小寶寶了，她是那家餐館的經理兼會計，……妳知道她嫁的是什麼人？
太：你不說我怎麼知道！……是你鳳凰橋婚友聯誼中心介紹的嗎？

但：妳做夢也猜不到的，她的丈夫就是那位曾惠花老太太來代為登記的那位廚師曾來發，……他如今已是那家餐館的大老闆了！妳說巧不巧？……

太：兩個人年齡差了一大截，專長、學識都不相當，怎麼會結合在一起呢？高小姐堅持非牙醫不嫁，怎麼會嫁給廚師呢？

但：唉！……男女間的事，……能夠結成夫妻，完全靠一個「緣」，……所謂「有緣千里來相會，無緣對面不相識」，……眞是一點也不錯！俗語說：「姻緣三生石上訂」，男女結婚在一起，三生以前就已訂好了，……誰也無法來改變！……（電話鈴聲響）

太：好了，別說了，快接電話，求偶的生意又上門來了。……

但：喂，……對了，這兒是「鳳凰橋婚友聯誼中心」我就是但老師……你想找一個醫生做對象，……什麼？最好是「牙醫」！……天哪！牙醫可不好找呀！……

（輕快的音樂升起）

——全劇終——

紅娘難爲

——民國八十三年七月五日漢聲電台播出——

·胡覺海 導播·

人物：但老師—紐約鳳凰橋婚友中心負責人，約五十歲。（但）

白女士—求偶的女人，四十餘歲，上海人。（白）

錢老先生—七十二歲的老人，名一峰，說話帶山東腔。（錢）

萬先生—名大宏，做生意的上海人。（萬）

但太太—但老師的太太，四十餘歲。（太）

丁先生—五十歲的工程師。（丁）

（音樂，劇名，演職員報幕）

（電話鈴響，響了一陣子，才有人來接）

白：喂，……請問你這兒是鳳凰橋婚友聯誼中心嗎？
但：是的，我這兒是鳳凰橋婚友聯誼中心。
白：我在紐約世界日報上，看到你們刊登的廣告，說你們可以專門為紐約地區的華人，辦理婚姻介紹的工作，是嗎？
但：是的，……小姐，請問妳貴姓？
白：我姓白，……先生，你貴姓？
但：敝姓但，……但是的但，我就是聯誼中心的負責人，……你叫我但老師，就可以了，……白小姐希望我們為妳服務嗎？
白：是的，但老師，……我是想拜託你，……能幫我找一個合適的對象。
但：可以，沒有問題，我們服務的方式，採會員制，希望妳能來中心，先辦妥入會手續，我們才好為妳服務啊！
白：你的意思是要我先塡寫申請表格，和繳費對不對？
但：對。
白：入會費是多少？
但：入會費是一百元，一直介紹你找到滿意的對象為止，不再另行收費。
白：很好。……這樣吧，這費用，我馬上開張支票寫給你，……
但：還有，……寄一張妳的照片，一起寄來。

白：表格的資料，你給我填一填，我現在在電話裡告訴你，可以嗎？

但：行，……你等一下，我去拿表格。

（開抽屜聲，拿紙筆聲）

白：準備好了嗎？……我先告訴你，我姓白，黑白的白，名字叫如玉，今年四十二歲，是上海人，如今我是一個人，在美國，我過去曾做過中學教師，中英文都能說能寫。……我的文化水平是很高的，你都寫好了嗎？

但：寫好了，白小姐，妳結過婚嗎？

白：我結過婚，也生過小孩，……但是，我和先生已經離婚好幾年了，我希望心目中對象的條件，第一是必須要有美國公民的身份，……第二是，……有不動產，……能有房子最好，……至於年齡、學歷、職業、身高、體重，我都不計較。

但：白小姐，我都登記好了，妳把妳的地址和電話告訴我，好嗎？……我找到合於妳條件的對象，立刻和妳電話聯絡，由妳直接和對方，約定時間、地點見面，直接交談，……約會以後，把對方的印象，告訴我，……我再向妳報告，好嗎？

白：好極了，但老師，我現在就把我的地址和電話告訴你，……你要很快給我打電話，若我外出不在家，留在答錄機裡也一樣，……別忘記了，我姓白，……我叫白如玉。

但：我不會忘記的，……對了，記得先把支票寄給我。……白小姐，……

白：我的電話是（二一三）二六八九一九五。地址是紐約Whitestone街三〇三號三樓。

但：好，我記下了，……

白：但老師，拜拜，再見。

但：再見。（掛上電話聲）

（音樂）

（電話鈴響，很快接聽）

萬：（宏亮有力）喂，……鳳凰橋聯誼中心嗎？……

但：是啊，……請問先生貴姓？

萬：是但老師嗎？我是你們的會員，萬大宏呀！

但：啊，大宏兄，……我正在等你的電話呢？……怎麼樣？……我和你介紹的白小姐，……你們已經見過面了嗎？

萬：見過了，我們在咖啡廳喝了咖啡，……談了很久，……

但：啊，……那不錯，……我以爲你們沒談多久，就分手了呢！怎麼樣，談談你對她的印象，

怎麼樣？……你們是老鄉呀！

萬：你大概是只聽過她的電話，……沒見過她本人，……

但：她長得怎麼樣？……有殘障嗎？……

萬：殘障倒沒有，只是又矮又胖，牙齒漆黑的，抽起香煙來，一枝接一枝，像個十足的老煙槍！

但：大宏兄，你也別太挑剔了，那兒還有十全十美的，……你自己又不是什麼帥哥，……能湊和，就湊和一些，……我告訴你，過去她在國內，曾做過中學老師，中文、英文都能說能寫，是個很有文化水平的，……像這樣的條件，可不好找啊！

萬：啊呀！……那是她的條件，……可是對我來說，那有什麼用呢？我又不是中學校長，要急著找一個老師。

但：除了外形，她有什麼缺點嗎？

萬：我覺得她太現實了。

但：怎麼現實法？

萬：我們坐下，還沒說上三句話，她就問我，銀行裡有多少存款？……若是結婚的話，……她要掌管經濟大權，……把我的不動產，全移轉到她的名下，……使她有……安全感。

……

但：女人嘛！……還不多是這樣。

萬：她還要我把綠卡拿給她看，……看我美國公民的身分，是眞的，還是假的？……她說，現在社會上騙子很多，……明明沒有綠卡，還冒充說有綠卡！

但：大宏，你是貨眞價實，具有美國公民的身分，她要看，給她看，就是了，……免得她起疑心，也好呀！

萬：但老師，人和人交往，要有互信，……這樣才會互相尊重，你說是不是！……

但：大宏兄，……聽你這口氣，……你是打算放棄了？

萬：我考慮了很久，我覺得，我跟白女士並不合適，……你還是替她介紹別人吧！……我謝了。……

但：大宏兄，……

（電話已掛斷）

（敲門聲）

但：誰！（開門聲）……啊，……白小姐，……請進！

白：但老師，……眞謝謝你，……接二連三，給我介紹了三個對象，……我都和他們見過面了，……現在，……我專程的來，當面向你提出報告。

但：白小姐，……妳說，……妳最先和誰見的面？

白：是王先生，……

但：那位大學教授，很斯文的，……妳對他的印象怎麼樣？

白：人長得很端莊的，說起話來，也很有禮貌的，帶了副金邊眼鏡，我一見到他，心裡就很喜歡。……

但：這麼說，……有成功的希望囉！

白：有屁的成功希望！……

但：怎麼說呢？妳不是說，一見到他，心裡就很喜歡嗎？……

白：我是很中意他，……可是，這位王教授，似乎太驕傲了，眼睛長在頭頂上，他一聽說我大學只是肄業，連個學位也沒有拿到，還沒坐上三分鐘，就起立走了。……

但：是嗎？

白：走的時候，連他的電話、地址也不說，生怕我會黏上他，眞把我氣死了，……這樣瞧不起人。

但：白女士，……別氣，氣壞了身子，可不好玩。……那麼，再說，第二位梅剛健先生呢？……他，怎麼樣？

白：那位梅剛健梅先生，……他是和我約在公園裡見面的。……

但：他怎麼樣？

白：我看他一點也不剛健，說不上幾句話，又是咳嗽，又是吐痰，我看他十足是個「癆病鬼」！……但老師，……你怎麼可以把這樣的「寶貝」，介紹給我呢！……我又不是什麼「垃圾筒」，什麼寶，都要！

但：白女士，……妳也未免太挑剔了，……

白：女人嫁人，是一輩子的事，怎麼可以馬虎隨便呢！……

但：好了，就別談他了，最後，那位萬大宏，妳和他，還談得來吧？

白：嗯，……那位萬先生，是個做生意的，他說，他在紐約混了十幾年，有身分，也有些錢，……也很合我的條件，……

但：這麼說，……妳對他，是很滿意了？……

白：還不錯，……可以考慮，只是我看他究竟是做生意的，算盤打得很精，同時也很小器，……我們在咖啡館喝咖啡，談了兩個小時，我向他暗示，肚子有點餓，想要他請我吃客牛排，……結果他推說，另外還有個約會，說走就走了，……眞不夠人情味！……

但：也許，……他眞還有別的事！……

白：對了，但老師，他有沒有給你打電話來？……他對我的印象怎麼樣？……

但：你來之前，他剛好給我打了個電話！……

白：（緊張興奮的）他電話裡，怎麼說？……但老師，……若是你給我牽成了紅線，……結婚的那一天，我會送你一個大紅包的唷！

但：白女士，……我說老實話，……妳別見外唷！……他對妳的印象，並不太好！……

白：是嗎？……我那一點配不上他了？

但：他說妳，煙抽得太兇，一枝接一枝，像個老煙槍！

白：若是他同意和我結婚，……我可以戒煙哪！

但：他又說妳，……太現實了，一開口，就問他銀行有多少存款！

白：……這，算我沒問好了。

但：他說，妳要看他的綠卡，對他一點信心也沒有。

白：哼，……我看他公民的身分，八成是冒充的，……故意找藉口來回絕我，……算了，我也不稀罕，……但老師，……我還是拜託你繼續留意，我不相信，憑我的條件，找不到一個好老公！

但：白小姐，……我會繼續爲妳留意，……只是，妳也最好自己把條件降低一點，沒有不動產，不一定要有美國公民的身份，這樣的人，就好找多了。

白：但老師，你不知道，我在紐約，沒有綠卡，回國回不去，回去以後，就再也出不來，我兒子在國內，我想把他移民到美國來，我沒有綠卡，就幫不上他的忙。……

但：喔，原來是這樣。

白：但老師，拜託你，一定要幫我的忙，若是我能找到一個老公，是美國公民，就可以幫我辦到綠卡，……這不是很重要嗎？……

但：白女士，……妳的「如意算盤」是打得不錯，……可是在紐約，具有公民身分，沒有太太，要想找對象的人，可不多唷，……我好不容易給妳找到了三個，結果，都打了退票，……所以我說，……妳不妨再考慮，……把這樣的限制，放寬一點！……

白：但老師，……今天我的心情也不好，改天，我們再聯絡吧，拜拜，再見。

但：白小姐，再見。

（音樂）

（打電腦的聲音，開門聲，腳步聲，停止打電腦聲）

太：振華，你到那兒去了？這麼晚才回來。

但：還不是爲別人做媒忙的，……那位錢老闆興緻可眞好，把他家裡收藏的那些字畫、古董，都拿給我看了，……有一把是什麼越王句踐使用的寶劍，價値連城，要是普通朋友，他是決不會拿出來給他看的！……

太：錢老闆，也是希望你給他找太太？

但：是啊，……要不他爲什麼把收藏的那些古董，給我看。

太：他年紀不小了，……還想找太太？

但：他說，已經七十二了，……可是精神好得很，一點也看不出來。……就是不知道，……那個女的，……會看上他。……

太：只要有錢，……會有人看上他的！……

但：太太，……是不是剛才有人來找過我，……所以，妳才問我到那兒去了？

太：對了，……那位白如玉小姐，……剛才，在這兒哭呀叫的，……等了你老半天，才走。

但：白如玉，……她……又來找我做什麼？……沒有合她條件的！我不是早告訴她了嗎？

太：她呀！……哭著對我說，她已經想開了，再也不堅持非要什麼有公民身分、有不動產這兩個條件了。……

但：眞不容易，……她居然也會想開了。……

太：她跟我說，她最近這一陣子，租了一棟房子，做二房東，靠收房租過日子，她說因爲她沒有丈夫，……那些房客就欺負她，故意不付房租給她，一會兒油漆牆壁，一會兒修理衛生設備，只拿付款的收據來抵賬，……爲了討房租，有個單身房客還找了朋友來，當衆吃她豆腐，要趕又趕不走，眞不知怎麼辦才好？……

但：這位房客也眞是的，怎麼可以這樣！……

太：白女士說，一個單身女人，在紐約，根本就站不住腳，到處受人欺侮，她再三懇求我，一定要你幫她找一個老公做靠山，……她說在這個世界上，若是沒有男人給她撐腰，……她眞活不下去了。……

但：聽妳這麼說，她也眞是夠可憐的，……站在都是中國人的立場，……我就幫她這個忙，……只是……她沒有什麼另外的條件了吧？

太：她說沒有什麼條件，只是還有兩個要求。

但：什麼要求？

太：第一，要經過她先看過相，再做決定，若是看相不通過，那一切免談。

但：白女士，她懂得看相？

太：有沒有福相，她一看就知道，她當然還是不願意嫁個窮鬼啊！

但：嗯，也好，……那第二呢？

太：第二，是她看相滿意了，對方也願意先友後婚，……那就要求對方一定要租她的房子住。

但：一定要租她的房子住，……這是爲什麼呢？

太：她說，因租了她的房子住，彼此可以天天接近，方便她進一步考察他的爲人，究竟是好是壞？……以免受騙後悔！……

但：嗯，……說得也有道理，……好，……我馬上就給她在資料櫃中，找合適的人選。……

（音樂）

（撥電話聲，撥通了）

但：喂，……請問，……丁工程師在家嗎？

丁：我就是，……請問你是誰？

但：我是鳳凰橋聯誼中心的但振華。……

丁：啊，……但老師，……我天天在等你的電話，有什麼好消息嗎？

但：丁先生，……目前有一位小姐，……很符合你的條件，你是不是願意和她先認識、認識。

丁：好呀！……多大年紀？……

但：四十歲，配你五十，不正合適嗎？

丁：什麼教育程度？

但：大學程度，做過中學老師，中英文都行！……

丁：就她一個人，在紐約嗎？

但：就她一個人。

丁：有沒有結過婚？

但：已經離婚多年了，……有個孩子在國內，……也很大了，很單純的！

丁：嗯，……這很好。……對了，人長得怎麼樣？

但：人也不難看，……不過，……最好，你們兩個人先見個面，再說。……

丁：見面，好呀，……只要她有空，我隨時奉陪。

但：丁先生，有一點，我先告訴你，……就是她要先替你看相，相滿意了，她才願意和你交朋友，……若是相不中，……那就免了。……

丁：嗄！還有這樣的規定……（好笑）哈哈……眞有意思！

但：丁先生，這可不是開玩笑，那位小姐，眞有這樣的要求呀！

丁：（考慮了片刻）好吧，……我願意和她先見個面，讓她給我看個相，……怎麼和她見面呢？……對了，那位小姐，姓什麼，叫什麼？

但：她姓白，叫白如玉，……我現在就打電話，把你的情況，先和她說清楚，若是她有興趣，她會直接打電話給你，你們願在什麼地方約會見面，由你們自己決定，ＯＫ？

丁：ＯＫ……我現在不走開，就等她打電話來。……

但：見過面之後，……你再告訴我，……對她印象怎麼樣？……

丁：但老師，若是成功了，我一定好好謝你。……

但：我也希望能早一天喝到你的喜酒！

（掛斷電話，音樂，羅曼蒂克的音樂）

（門鈴響，開門聲）

太：振華，……快出來，白小姐來看你了。

白：但老師，……

但：白小姐，……怎麼樣？……接二連三，妳已經看了七個男人的相了，難道就沒有一個，能讓妳滿意的嗎？

白：但老師，……你別生我的氣，不是我故意在雞蛋裡挑骨頭，找你的麻煩。……實在讓我中意的，太少了。

但：白小姐，……妳這樣挑對象，實在太苛求了，人只要五官端正就可以了，何必一定要計較什麼福不福相？

白：但老師，你不知道，人的面相實在太重要了，……我老實跟你說，我的前夫，就是面帶尅相，我受他的累，他的氣，……眞是受夠了，帶給我的痛苦，……眞是刻骨銘心，……所以，如今我要再嫁，不得不重視這一點，……我若是再遇人不淑，……那就永遠也翻不了身了。

但：好吧，……既然妳有妳的道理，我也不說了。……

白：但老師，……你這邊資料櫃裡，不是還有不少人嗎？是不是可以讓我先翻一翻他們的照片！……

但：妳翻也是白搭，沒有合乎妳條件的，還是過一段時間再說吧！

白：但老師，……我自己找，……又不用你費神！……

太：振華，……你就讓白小姐，看一看嘛，……也許能找到她中意的呢！

但：好吧，……妳自己找，……找到合妳意的，……再跟我說。……

（翻動資料卡聲）

但：妳可別弄亂了！……

白：放心，……我……會很小心的！……

太：（倒茶水聲）白小姐，……妳喝口茶，再找吧！

白：謝謝，但太太，……我不渴！……

（繼續翻卡聲）

白：啊，……找到了，這位先生，很有福相，……但老師，……你看，這一位，相貌不就很好嗎？介紹給我認識，可以嗎？

但：這位錢先生，頭髮全白了，他年紀不小了，……可以做妳父親了，……配妳不太合適吧！

白：他多大年紀？

但：今年已經七十二歲了！……不錯，有幾個錢，……妳怎麼東挑西檢的，會對他中了意？

白：七十二歲，……人生才開始沒多久嘛！一點也不老，我只看相，你看他兩個耳朵，還有這鼻子，下巴，……有肉，一臉的福相，……眞是太好了，……但老師，你做媒，就做到底，……我只要求你把他介紹給我，就滿意了。

但：妳……眞相中了他。

白：嗯！……行不行嘛？

但：難得沙裡淘金，找到一個妳滿意的，……我還能說不行嗎？……哪，……我現在就撥電話給他，……看他願不願意？……

白：啊！（高興的）但老師，……眞太好了。……

（撥電話聲，……未接通）

但：呀，……在講話中，……我等一下再撥。……

白：但老師，……那位錢先生，是做什麼的？

但：他呀！……已經退休了，現在什麼也沒有做，……在做「寓公」，……手上有的是錢，……吃兩輩子也用不完，……妳若和他結婚，……夠妳過享福的好日子呢！

白：是嗎！……他太太，……是分開了，還是死了！

但：他呀，有一個太太，在大陸，一個太太在台灣，已經分手了，一個太太在美國，死了也快六、七年了，……兒子女兒不是總經理，就是董事長，都不跟他住在一起，一個人太孤單了，……所以想找個老伴。……

白：啊，……這太理想了！……

但：不過，……妳要注意，他的脾氣很古怪呀！

白：我不在乎，……你……快打電話吧！……我……一刻也不能等了。……

但：好，我打，……（撥電話聲，終於撥通了）喂，……是錢老嗎？……

錢：誰？……我是錢一峰啊？……

但：錢老，……我是鳳凰橋聯誼中心的但振華，……你還記得嗎？……

錢：但振華，……我記得，……怎麼？有眉目了嗎？

但：有位年輕的白小姐，……看了你的照片和資料，非常滿意，想和你見個面，聊聊，你有空嗎？

錢：（興奮，急促）有空，……絕對有空。

但：那你……現在就到我這兒來，……小姐就在我這兒等你，……你越快來越好呀！

錢：好極了，……我三分鐘內馬上趕到……那位白小姐，……今年多大年紀啊？

但：才四十歲出頭，……你滿意嗎？……

錢：三十如狼，四十如虎，好吔！……（山東話）俺，……馬上就到！

（電話掛斷）

但：白小姐，……妳不用急了，……他三分鐘內馬上趕到。……

白：三分鐘？……他坐直昇飛機啊！

但：他住的地方，離我這兒，只隔兩條街，開車過來，……三分鐘足夠了！……

白：啊，……眞是太好了，……太好了。……

（浪漫的音樂升起）

白：錢先生，……就你一個人，住在紐約呀！

錢：是啊，……白小姐，……妳煮的咖啡，可眞香！

白：有點苦，要不要再加一塊糖？

錢：好呀！……我喜歡吃甜的！

白：你有沒有糖尿病？高血壓？

錢：我才做過全身健康檢查，……醫生說，一切正常，……我跟妳說，我練外丹功，氣功，……什麼毛病也沒有。

白：你喜不喜歡聽流行歌曲，……我這兒有周璇的「花好月圓」，紫薇的「明月千里寄相思」都有！

錢：有沒有「夢裡相思」！……

白：有啊，……我現在就放給你聽！……

（播出「夢裡相思」的音樂）

錢：白小姐，……跟妳生活在一起，一定很愉快。

白：是嗎？……錢先生，……我聽說你在大陸還有一個太太，是嗎？

錢：啊，……那是幾百年前的事，……我和她四五十年沒通音信，也許早已不在了！……她還比我大三歲，……我不相信，她還活著！

白：若是你……再結婚，……會不會有麻煩？

錢：白小姐，……妳放一百廿個心，就是了。……

白：錢先生，………你有幾個孩子？………都結婚成家了嗎？

錢：兩個兒子，一個女兒，全都成家了。

白：他們住在那兒，做些什麼呢？

錢：我的大兒子，在舊金山，一家藥品公司當總經理，二兒子在洛杉磯，經營一個養雞場，………一天可以生十萬個蛋，………完全是科學管理的，………

白：噢，………規模眞不小，女兒呢？

錢：女兒在芝加哥，開一家超級市場，自己當老闆，………都不用我爲他們操心！

白：錢先生，………你可眞是一個有福氣的人，看你的相就知道！………

錢：（得意的）白小姐，………妳會看相？………

白：雖說不上百分之百的準，………至少也八九不離十！………

錢：那………妳………看我………，會不會再紅鸞星動啊？………

白：會，………一定會！………

（唱片放完了）

白：錢先生，………你看我這房子怎麼樣？

錢：坐南朝北，光線好，空氣流通，不錯。

白：你看，………這周圍的環境，………很安靜，一點噪音也沒有，在紐約，這樣清靜的地方，可不好找唷！

錢：不錯，……很難找。

白：我這一間客房，租給人家住，……只收八百塊錢的房租，……你說，貴不貴？

錢：八百塊一個月，……不貴！……

白：錢先生，……你願搬到這兒來住嗎？……

錢：妳，……要我……租妳的房子住？……

白：這樣，……我們不就可以天天見面了嗎？……

錢：白小姐，……我自己的房子，……比這兒的，大多了，……我也住慣了，……何必要租妳的房子住？……

白：怎麼？……你不願意。……

錢：我……回去，再考慮一下，答覆妳，好嗎？……

白：也好！……

（時鐘敲六下）

錢：啊，……時間不早了，白小姐，……我想請妳出去，一起去吃晚飯怎麼樣？

白：不用了，……就在我家吃，……我來下廚，什麼菜都是現成的！……讓你嚐嚐我的手藝。

錢：白小姐，……第一次來，就打擾，怎麼可以？……我們出去吃！……我請客，……妳務必賞光！

白：不太好意思吧！

錢：白小姐，……我是很有誠意的……

白：好吧，……那你等一下，我去換件衣服。

（電話鈴響）

白：（接聽電話）誰呀，……小高，……什麼事？……你……改天再來，好不好，……我馬上就要出去吃飯！……（掛上電話）……

錢：白小姐，……我們去吃中國館子，北京樓，怎麼樣？……

白：好呀！（電話又響）……（關門聲）錢先生，……我們走吧！

（電話響起不停）

白：（把話筒拿下）眞煩人，……我懶得聽！……

（音樂）

但：錢老，怎麼樣？……瞧你滿面春風的，……談得還不錯吧？……

錢：但老師，……這位白小姐，……我覺得很不錯。……

但：這麼說，你很滿意囉！……那她對你……怎麼樣呢？

錢：她……對我……很溫柔、體貼，……我請她出去吃飯，她還說，……要親自下廚燒菜給我吃呢！……這樣的女人，可不容易碰見啊！……

但：這麼說，……有希望了。

錢：吃飯的時候，我們談了很久，她很奇怪，堅持一定要我租她的房子住，……才願意和我繼續交往。……

但：她是想……澈底瞭解你，……才好答應嫁給你呀！

錢：照說，……租她的房子住，……我是很不情願的，……你想想看，我自己的洋房，又大又方便，……何必還要出房租，去租她的房子住呢？……如果兩個人合得來，能夠結婚或是同居，住在一起，是天經地義，……單是爲了交朋友，限制一定要租她的房子，這不是很可笑嗎？

但：錢老，……這不是租房子，……這是「試婚」，……你懂不懂？

錢：試婚？

但：試婚滿意，就正式結婚，不滿意，……可以「不合則去」呀！……有什麼不好呢？……現代人，流行這一套！……

錢：是這樣嗎？

但：錢老，……白小姐既然堅持要你這樣做，你就不妨委曲一下，遷就答應她，……你呀，先把你自己的房子出租給別人，再去租她的房子住，不就好了嗎！

錢：這……不很麻煩嗎？

但：錢老，反正你又不上班，又不工作，隨便住那裡，不都一樣，……何況還有美女陪你一起住，不好嗎？

錢：也好，……看在她不嫌我年紀大的份上，我就答應租她的房子住，……彼此先適應一下也好。……

但：你能這樣想，就對了，錢老，……我祝福您倆戀愛早日成功，……讓我這做媒的，……可以早日喝你們的謝媒酒！

（音樂）

（平劇「四郎探母」……「我好比籠中鳥……」在唱著）

白：（不像以前的口吻）一峰，……請你把聲音關小一點行不行，……整天聽平劇，把我的耳朵都聽聾了。……

錢：（先是關小聲，後來，生氣的用力關掉）好了，我不聽總成了吧！……沒想到，連聽平劇的自由都沒有了！……

（電話響）

錢：（接聽）喂，……我是錢一峰，什麼蘇委員來了，……你們三缺一，找我去摸八圈，好呀！……我已經好久沒摸過中發白了，……好，我馬上就來。

白：什麼？……你要出去打麻將，……不行，我不准你去。……

錢：打麻將，又不是去跳舞，玩女人，……有什麼關係，打完八圈，……我準時回來，不可以嗎？

白：我說不准去，……就是不准去！……

錢：蘇委員……好幾年都沒到美國來了，老朋友，我們去見個面，也不行嗎？

白：你……要去，……你就別回來！……

錢：白小姐，……我們還沒正式結婚，……妳又不是我太太，妳管我，管這麼緊！……

（電話又響）

錢：（接電話）喂，……是妳的電話！……

白：（聽電話）喂，……你等一下，……我到房間裡去聽，……（向錢說）你等一下掛上，可不准偷聽唷！……

（腳步聲，關上房門）

錢：哼，……準又是那個小高打來的！……看樣子，……他們還藕斷絲連，……常有聯絡。……對了，……我去門縫裡偷聽一下，究竟在講些什麼！……

白：（開門聲，生氣）喂，……你怎麼這麼卑鄙，……偷聽別人的電話，侵犯他人的隱私權，……這是犯法的，你懂不懂？

錢：白如玉，……我問妳，……那個姓高的，跟妳究竟是什麼關係，……你……自己說，……是老情人，還是新相好，……妳給我坦白！

白：你又不是我的老公，……你憑什麼要我向你坦白！……一點君子風度也沒有！

錢：妳在外面交男朋友，……還說我沒有君子風度，你是存心要我戴綠帽子，是不是？我錢一峰活了這一大把年紀，……也不是一個瘋子、傻瓜，……由妳這樣隨便擺佈！……

白：你想干涉我的自由，……就別租我的房子住！……

錢：本來，我就沒想住在這兒，……是妳非要我租妳的房子，……第一天才搬來住的時候，……對我可眞客氣，……想不到，還沒住滿一個月，狐狸尾巴就露出來，顯了原形了！……

白：你還說我！……你不拿面鏡子，去照照自己，頭髮白了，背也駝了，還沒來幾下子，……就氣喘如牛，……嘿，像你這樣，還想討老婆，過第二春，……眞是笑掉別人大牙了！……

錢：這種話，……妳還好意思說出口，……眞是不要臉！……還說什麼做過中學老師，……簡直是誤人子弟！……

白：我是實話實說，……什麼誤人子弟！……姓錢的，……我沒有想到，你有了這麼多錢，……還這麼小氣，……除了第一次見面，請我吃過一頓飯以外，這些日子，都是我在家裡燒菜給你吃，……好不容易，帶我去麥當勞吃早點，……還是我付的賬！……跟你在一起，我是倒了八輩子楣！

錢：越說越不像話，我再也不聽妳嘮叨，……我現在就打牌去，妳滿意也好，不樂意，也罷！……再見！……

（狠狠關門聲）

白：（生氣把煙灰缸扔出去，粉碎聲）鬼再和你再見！……滾，滾得越遠越好！……（旋又傷心哭泣起來）嗚……

（音樂）

太：白小姐，……怎麼啦，瞧妳哭得兩個眼睛，都哭腫了。

白：但太太，但老師呢？

太：他有事出去了，發生了什麼事嗎？

白：那個沒良心的老混蛋，……我跟他吹了。

太：白小姐，……妳是說，錢一峰錢老先生，……怎麼會吹了呢？

白：姓錢的，……一點良心也沒有。？

太：怎麼？……他租了妳的房子，沒付給妳房錢？

白：房錢，他是付了，……可是他住在我那兒，免費的牛奶、水果、飯菜讓他白吃不說，……還嫌我做的菜，口味太淡，不合他的口味，……這還不去說他，老是呆在我的房裡不走，……處處干涉我的行動自由！……

太：那是他關心妳。

白：關心，……老是偷聽我的電話，……問東問西，嘮叨個沒完沒了！生怕我在外面，還有別的男朋友！……一天到晚，開錄音機，聽那煩死人的平劇（學唱）……我好比籠中鳥……

太：白小姐，老年人，都喜歡哼兩句，……妳裝著沒聽見，不就好了，……夫妻之間，彼此要多容忍！……

白：嘿，容忍，……也要看看他是怎樣的人，……他是個漂漂亮亮的小伙子，……我什麼都可以容忍，……但太太，……妳沒和他生活在一起，妳不知道，他的脾氣有多倔強古怪，……他說怎樣，妳就要聽他的，決不能和他唱反調，……有一次他說：「食色性也」這句話是孔子說的，……我說不對，很多人都弄錯了，應該是告子說的才對，他就和我爭得臉紅脖子粗，……根本就是不講理。……

太：老年人，多半比較固執！……

白：這且不去管他，……最要緊的，是他視錢如命，小氣得一毛不拔，比猶太人還厲害，……像他這麼有錢，眞是少見，……我跟妳說，有一次我和他去麥當勞吃早餐，還是我付的賬！……

太：將來，他的錢，還不都是妳的錢，……白小姐，妳要想開些！……人都有毛病，沒有十全十美的！

白：他的毛病才大呢？……大得我實在無法忍受！

太：什麼毛病？……不是說，醫生體格檢查，全正常嗎！……

白：全正常？……但太太，……我告訴妳，……他，……根本就不能辦事了！……勉強折騰了老半天，……還是放不進去，妳說，……我怎麼受得了！

太：這麼說，……他是性無能了！……

白：對了，……妳說，……我怎麼能要這樣的一個老公呢！……

太：這……這就難怪了！……

（音樂）

萬：但太太，……但老師在嗎？……

太：在，……我叫他出來，你先坐。……（向內）振華，……萬大宏先生來看你了！……

但：萬先生，……怎麼樣，……前幾天我給你介紹的那位范小姐，你們進行得怎麼樣？

萬：但老師，……我眞想砸了你們鳳凰橋的招牌！……

但：怎麼說呢？

萬：你介紹的那位范小姐，……說是死了丈夫，……又沒有生過小孩，……在紐約就單身一個人，……結果，差一點，讓我上了大當！……

但：怎麼說呢！……

萬：她呀！不但有個植物人的丈夫，躺在醫院裡。……還有一個母親，兩個小孩都要靠她來養活，……我若是跟她結了婚，……那就慘了！……

但：怎麼會有這樣的事？……

萬：她……哭著說，……也是不得已，才瞞著我，不讓我知道，……後來，我，……也心軟了，……給了她一千美金，……算是做了善事！……

但：啊！……眞沒想到，……紐約，什麼事都會發生，……看來，我這鳳凰橋聯誼中心，……還得兼辦「私家偵探」的工作才行。……

萬：對了，……但老師，……前一陣子，你給我介紹的那位白如玉小姐，……最近，在登報徵婚，……你知不知道？

但：她曾經託我給她登廣告，……給我拒絕了！……

萬：爲什麼呢？

但：那個女人，……神經不太正常，……心裡儘打如意算盤，又想馬兒好，又想馬兒不吃草，天下那兒有這樣的事呢？

萬：不是說，她會替人看相嗎？……怎麼會有神經病！

但：不錯，她是會看相，她跟我說，一個人有沒有福相，很容易看，要眼大耳大，鼻子大，……還有額頭寬，嘴唇紅，牙齒白，……嘴唇上有輪紋，手指頭要長過手掌！……

萬：這些靈不靈呢？

但：誰知道！……婚姻要靠緣份，……看相是沒有用的，……相中了別人，……別人不一定相中你呀！……唉！……說來說去，……這年頭，……「紅娘難爲」，……過一陣子，我也打算收山，幹別的行業了。

萬：……但老師，你可不能收山，……我找老婆，還是要靠你幫忙呢！

但：是嗎？哈……哈……

（音樂起，……「夢裡相思」主題曲升起）

—全劇終—

異鄉

——民國八十五年十月六日中廣公司播出——

·戴愛華 導播·

時：現代。

人：**黃　龍**—四十餘歲的美術老師。（黃）

愛　玲—黃妻，卅餘歲，國小教員。（太）

黃海盛—黃龍堂兄，四十餘歲，在美經營工藝品商店。（海）

小　李—廿餘歲廚房工作者。（李）

馬師傅—四十餘歲，廚房的油鍋師傅，猶如領班。（馬）

路小姐—廿八、九歲，街頭女畫師，大陸人，說京片子。（路）

羅女士—卅餘歲，精明能幹型婦女，華僑小餐館老板娘。（羅）

黑　妞—一個黑皮膚的洋女人，講美語。（黑）

（音樂）

（劇名、演職員報幕）

黃：（興奮的）愛玲……昨晚我整整想了一夜，我最後決定還是去美國闖一闖，……堂哥說，他非常同意我的計劃，到了紐約，他去機場接我，……可以暫且住在他那兒，吃住不用發愁，……他還說，等我決定了，他願意提供我來回的機票！……這樣的條件，我還猶豫什麼呢？

太：美國眞如你想像，可以馬上幫你發大財嗎？……你呀，就知道做白日夢，眞讓你去了美國，吃到苦頭，……可就後悔也來不及了。

黃：我四十才剛到……又不是七老八十了，……怕吃不了苦？……太太，你忘了「吃得苦中苦，方爲人上人」嗎？

太：你呀，……你眞以爲你畫的那些「山水畫」，在美國會暢銷嗎？老美喜歡的是油畫、裸體畫，……你認爲滿意的那幾幅精心之作，說不定到了美國一文也不値呢！……再說，你的英文又不靈光，萬一，畫賣不出去，……你怎麼在美國生活下去？你好意思一直躭在你堂哥家裡白吃白住嗎？

黃：我有我最壞的打算！

太：什麼打算？

黃：去餐館洗盤子啊，不是那些去美的留學生，多半在餐館，洗盤子，半工半讀，照樣讀完了大學、研究所！……他們嬌生慣養的公子哥兒，都做得，……我有什麼都做不得的……。

太：黃龍，……你去了美國，把我和兩個孩子，留在台灣，……日子怎麼過？

黃：愛玲，……我早就算過了，我郵局裡，還有十萬塊存款，給妳留做家用，我不帶走，憑妳在國校做教員的這份薪水，養活兩個小孩，應該沒有什麼問題！……再說，我去美國賺了美金，一定會寄回來的……。

太：好像「你去美國」是註定馬上就要發財似的，天下的事，不一定會像你想得那樣美的，……萬一，你的畫賣不出去，工作又無著落，……你還能寄錢回來？

黃：太太……我知道妳害怕，……不過，……我可以告訴妳，這一次我去美國，打算辦探親的護照，可以在美國居留半年，到了半年以後，若眞是混不下去，……我會如期回台灣來的，這……妳還有什麼好躭心的呢？再說……若是半年之內，我眞發了財，在美國站住了腳，……我會把妳和孩子，都接到美國去辦移民，……這樣……我們一家四口，照樣可以生活在一起啊！

太：龍哥……你說的是眞的嗎？……眞要是你在美國發了財，你不會愛上別的女人，變了心，不要我了吧！

黃：太太，我們結婚都十年了，……難道妳還不能相信，我對妳的愛情，……是永遠也不會變的！

太：別肉麻，……對我灌什麼迷湯！我還是不同意你一個人去美國。……要去，……我和孩子跟你一起去！

黃：愛玲，……妳冷靜的想一想，……我在美國賣畫，能不能成功？一點把握也沒有，……這樣冒冒然的一大家子全去了，萬一，碰了釘子怎麼辦？……凡事，還是穩紮穩打，比較保險，要不然，兩頭落空，不就慘了？

太：（沉思稍頃）好吧！……你說的也對，……讓你一個人先去！……不過……到了紐約，三天你一定得寫封信給我！

黃：（高興的）呀！……眞不容易，讓妳同意我一個人先去！

太：那……你自己學校的教職，怎麼辦？

黃：我先去請一個月的長假，去了美國，再決定是否辭職，妳說好不好？

太：你們校長會同意嗎？

黃：我假說去美國「開畫展」，校長會同意的！愛玲，……眞要有一天，我的畫，能像張大千那樣値錢就好了！

太：龍哥，會有這一天嗎？你打算這一次帶多少幅作品去？

黃：我打算帶五十幅去！

太：會不會太重，超過規定？還是多帶些畫紙去，配合外國人的口味，可以當場揮毫，只要有筆在手，還怕畫不出來嗎？

黃：對，……只要有銷路，不愁沒有貨供應！（得意的笑起來）

（噴射客機起飛聲）

（汽車疾駛聲）

（轉入美國的爵士音樂）

（撕信聲）

太：龍哥：走的時候，你答應到了美國以後，三天就給我一封信，可是如今一個月了，我只收到你寄來的一封短信，你在紐約賣畫的情形，進展究竟如何呢？眞如不順利的話，你就回來吧，害我和孩子們，天天掛念著你。天氣漸漸冷了，希多注意保重，千萬別病了，讓我著急，見信後，希即回信爲要！愛玲寫於深夜。

黃：（將信紙摺起聲）唉，……眞沒想到，在紐約賣畫這麼困難，堂哥爲了幫我銷畫，親自帶我奔走了不少銷畫的商店，因爲我英文不靈，又不會說廣東話，加上地方又不熟，若不是堂兄翻譯、帶路，要是我自己能把畫銷出去，那才是大笑話。有些專銷中國山水畫的老板說，他們銷售的畫，都有固定的貨源供應，不做代銷的事，有些老板，說我的畫裱得不夠漂亮，現代的中國畫，講究配玻璃框，楠木的鏡框，而我用木軸裝裱的，……根本沒人問津……唉，……這怎麼辦呢？

（敲門聲）

黃：請進。……堂哥，……你去的那幾家洋人的畫廊，怎麼說？……有沒有希望？

海：阿龍，……我看你還是打消了賣畫的這份念頭嗎？……有些洋人說，沒有鏡框，根本就賣不出去，……又說你沒有知名度，畫的也沒什麼特別，要想賣出去，太難了！……除非你畫上上百幅，舉行一次大規模的畫展，加上不少宣傳費，或許可能賣出一兩張，……

……否則，他們一點也幫不上忙。

黃：堂哥，辛苦你了，害你爲了我的事，浪費了不少寶貴的時間，我在台灣聽說洋人很喜歡中國的山水畫，想不到，竟然是這樣！我聽說張大千的一幅畫，可以賣到好幾萬的美金，有沒有這回事呢？

海：阿龍，張大千是名畫家，當然會有這樣的行情，你知道他畫畫化了多少年的功夫嗎？……

……沒有十年二十年的奮鬥，是不可能成爲一個名畫家的！……阿龍……走，到客廳去，我沖杯咖啡，和你好好聊聊。……

黃：是，堂哥！（二人走出房間聲）

（沖咖啡聲，倒入杯中聲）

海：我先講個故事給你聽。有位大作家，在未成名的時候，他的稿子寄給出版商，出版商給退了回來，隔了二十年，他成名了，那出版商主動來找他要稿子，這位大作家，就將過去被退回的稿子，交給出版商，並且獅子大開口，稿費要照最高的標準支付，那出版商，雖嚇了一跳，結果仍笑臉承諾，開出支票。唯恐那篇稿子落入別人之手。……你相不相信，有這樣的事？

黃：我相信。

海：還有一些明星，也是如此，未成名前，一文不值，一旦成了大明星，再高的片酬，也有人出，……這就是現實！

黃：堂哥，……既然賣畫不成，那你看我該怎麼辦呢？我護照簽證是半年，總不能空手來，空手回去呀！

海：阿龍，天無絕人之路，只要你不怕吃苦，在紐約找工作，還是沒問題！

黃：我不怕吃苦，什麼活，我都願意幹！

海：你既然這麼說，我明天帶你去華埠的「職業介紹所」等機會，餐館的炒鍋是薪水一千六，抓碼一千四，洗碗是九百……

黃：什麼叫炒鍋？抓碼？……

海：炒鍋是炒菜的大師傅，抓碼是二手，切菜、配料，你會不會？

黃：我看，……我只能洗碗，……就是洗盤子，對不對？

海：你剛來，先洗盤子也好，慢慢學，做久了，可以一步步升上去，最後自己當老板，也會發財的！

黃：堂哥，那就說定了，你明天帶我去職業介紹所去！

（音樂）

（廚房切菜、炒菜聲）

馬：你貴姓？是第一次上餐館來打工嗎？

黃：是的，敝姓黃，草頭黃，單名一個龍字，是第一次來餐廳上工，請老板多關照。

馬：不用客氣，我姓馬，我是這兒的油鍋師傅，你叫我馬師傅就行了，老板因爲身體不太舒服，先回去休息了！……你是那兒人？是台灣來的嗎？

黃：是的，馬師傅，我是彰化人，從台灣來的，從來沒有在餐館幹過……你多教導。

馬：我先來給你介紹一下，這是張師傅，這是陳師傅，這是王師傅，所有在廚房工作的，都稱呼師傅，這位是這兒最年輕的打雜工，大家都叫他小李，我才來美國的時候，也是先從洗碗做起，想不到一轉眼，已是十幾年前的事了。……這是你的工作服，上工的時候，一定穿工作服，洗碗工是最簡單的，很快就容易學會，……你先去換上工作服，我要小李來教你，……怎麼做……好，我要工作了，你去忙吧！

黃：謝謝，馬師傅。（急忙穿工作服的聲音）小李，……我工作服穿好了，……怎麼洗碗？……要用洗碗機嗎？……這我可沒有用過呀！

李：我來教你，這是開關，這是插頭，洗碗以前，先要放好水，再放清洗劑！……你記住：盤子、碟子、碗、玻璃杯，要分類，擺在固定的地方，不可亂放，放亂了，碟子會打破，……我先做一次給你看，……。

黃：是，……大盤子放這邊，碗放這邊，……都放好了，……再放水、清洗劑，開開關。

（洗碗機發動聲）

李：這是定時開關，一次至少要十五分鐘，才洗得乾淨……清洗劑用量杯，這兒有一張表，多少盤子，用多少清洗劑，不能太多，也不能太少，洗好了，所有的盤子、碟子，都得用布擦乾！

黃：是。

李：除了洗碗，和洗碟子，還有兩件事，也是你份內的工作。一是煮飯，二是拖地。我先帶你去地下室，看米放在那裡。

（下地下室腳步聲）

李：這是米桶，這是煮飯的電鍋，米打多少，水就放多少，這兒也有一張表，寫得很清楚，平時燒多少米，假日燒多少米，都不一樣，假日客人多，要多燒一些，飯不能煮得太硬，也不能太軟，飯煮好以後，要把飯打到上面的桶裡去，飯桶飯吃完了，要很快補充上去，不然外面的Waiter會叫的……這些，你都記住了嗎？

黃：我記住了。

李：每天一上工，你就煮飯，千萬別忘了開電鍋的開關。

黃：是。

李：喏，這是拖地用的拖把，還有肥皂粉，收工以後，就由你拖廚房的地板，一定要拖乾淨了，才能走！……來，你先拖給我看看。

黃：（放水聲）好……。

李：放肥皂粉，……啊，不能放太多，要恰到好處，……拖的時候，不能太乾，也不能太濕，……每一個角落，都要拖到，不能馬虎，老板有時候，會暗地檢查的……。

黃：是！

李：小心，……不要把東西碰倒了。

（一個凳子倒地聲、瓶罐滾落地聲）

黃：對不起，……我……以後會小心的。……

李：對了，拖完了地，……還得「倒垃圾」，這也是你份內的工作，……那些垃圾不清理，第二天會發臭的！

黃：是，……垃圾倒在那裡？

李：後門口，拐角有一個垃圾箱，不太遠。……好了，要做的工，我都交待清楚了，你還有不明白的地方嗎？

黃：我都明白了，李師傅，謝謝你。

李：你不用客氣，叫我師傅，叫我小李好了。你是才來美國吧？

黃：是呀，……你要多幫我一點忙，才行！

李：出門在外，互相幫忙，這是應該的。

（音樂）

（敲門聲）

黃：誰？……請進，門沒關！

馬：（推門進入聲）黃師傅，你怎麼啦？一天都沒見你來上工，特地來看看你。

黃：馬師傅，……眞不敢當，還麻煩你來看我。昨兒格我拖地板，不小心摔了一大跤，起先還以爲不要緊，誰知今兒一早腰疼得直不起來，……可能是跌傷了腰骨，……不知這兒有沒有看跌打損傷的醫生？

馬：啊！準是摔傷了，……不要緊，……我那兒有一種狗皮膏藥，很靈的，……我這就去拿來給你貼上！（說完即開門出去）。

黃：馬師傅，……（見李走進，只能不說了）

李：（進入）黃哥，……腰疼好一點兒沒有？明天還要請假嗎？

黃：小李，……稍稍好一點，……已經收工啦？

李：要是還是疼得厲害，……我就幫你再請一天假，……可是……老板要扣薪水的啊！明天又是週末，客人特別多，你要洗的盤子，至少比平常要多一倍！

黃：那怎麼辦呢？……老板一定要罵人了！

李：我要老板臨時找一個替工來，……你不舒服，還是多休一天罷！

黃：（嘆息）唉！……我眞沒想到，一到週末、假日，客人會增加這麼多，我就是再多生兩隻手，也忙不過來！……那些碟子、盤子，堆得像山一樣高，不趕緊的洗，前面的Waiter

就開始罵人了，……我起先以爲洗盤子很簡單，沒想到……竟像上戰場打仗一樣，盤子供應不及，會像鎗裡沒子彈一樣。

李：黃哥，……我看你，工作的時候，眞像是在拼命一樣，……你不小心摔跤，大概也是太累了，……你大概一輩子，還沒洗過這麼多的盤子吧！

黃：對！……說眞的，我過去是在學校教美術的，來美國以前，那裡幹過這樣的活兒，……如今，眞是吃到苦頭了！……幸好，你們都對我很好。

李：黃哥，……有人可在老板跟前，說你的壞話啊。

黃：誰？誰在老板面前，打我的小報告？

李：前面那個姓顧，戴眼鏡的Waiter，大概是跟你吵過架，今天我聽見他在背後跟老板說，你洗的盤子、碟子都沒洗乾淨，盤子底還有油膩，……是客人向他反應的。

黃：這個混蛋，……那天，他要再讓我碰到，我非狠狠的揍他一頓不可……我黃龍也不是好欺侮的。

李：黃哥，……你千萬別打架。

黃：爲什麼？

李：因爲老板最恨打架，凡是打架，不管誰有理，誰沒理，馬上開除滾蛋！……毫不客氣，……所以……你還是要多忍耐。

（馬推門進來）

馬：黃師傅……狗皮膏藥，我找到了，還有兩張，全給你吧！今晚貼一張，過兩天，再貼一張，就沒事了。……小李，先點上了蠟燭，烘熱了，貼上才有效，我現在就給你貼上。

（擦火柴聲，點上蠟燭）

李：黃哥，……貼在那兒啊？

黃：背脊骨這邊，……對，……就這兒……馬師傅……眞謝謝你啊！

馬：不用客氣，……咱們都是打台灣來的，……人不親土親，互相照應是天經地義的！

李：黃哥、馬師傅，……我洗澡去了，……你們聊吧！（走出門外去聲）

馬：黃師傅，你家裡還有什麼人呀？

黃：我有個太太，在做國小教員，有兩個小孩，還在念小學。

馬：我看你，人是頂好的，……就是脾氣不太好，……容易衝動……出門在外，還是多忍耐一下，老板若是不高興，隨時都可以通知你：「明天你不用來上班了，……這是你這星期的薪水，把工作服脫下來，走吧！……」

黃：馬師傅，……是這樣，毫無保障的嗎？

馬：你是才來，……我在這兒躭了十幾年，見得多了，……有時候一星期之內，換了好幾個新面孔呢！

黃：是嗎？

馬：你洗盤子、洗碗，也要多小心一點，打破幾個盤子、幾個碗，老板都會記在心裡，……

一次給你算總帳！

黃：我又不是故意要打破的！……實在有時爲了趕時間，不小心！

馬：那是你家的事，……打破了，這是事實！……

黃：看來，……這碗飯，還眞不好吃！

馬：小心沒有錯，……時間不早了，我也要去洗澡休息，不陪你了。

黃：馬師傅，謝謝你好意提醒我。

（馬開門走去聲）

黃：唉！……我要不要把我在紐約洗盤子打工、吃苦受罪的情形，寫信告訴愛玲呢？（略頓）……還是別讓她知道的好，知道了，只是增加她痛苦與煩惱，於事無補，還是「報喜不報憂」的好。

（音樂）

黃：小弟，……

李：黃哥，……發生了什麼事？……老板把你找去說話？

黃：老板，已經把這個月的工資發給我了，說：明天不用來上工了。

李：唉！……你好不容易把什麼都摸熟了，怎麼老板突然要你走路呢？

黃：誰知道，……大概是因爲我脾氣不好，經常和別人發生爭執，……所以，才炒我的魷魚。

李：黃哥，想開一點，不必太難過，在餐館打工，被炒魷魚是家常便飯，你不用太擔心，洗碗工到處都需要，你去介紹所，跑一趟，打工，多得是！

黃：謝謝你，小李，謝謝你這些日子，教我學會了不少本事，咱們，後會有期吧！

李：黃哥，你留個地址或是電話號碼給我，……好保持聯繫。

黃：好的，我這就寫給你……（用筆寫字聲）

馬：（聲音插入）黃師傅，……你怎麼啦？……垃圾還沒倒呢，就收工啦！

黃：我被老板炒魷魚了，馬師傅，這是我的工作服，還給你，明天，我就不在這兒打工了。

馬：莫明其妙，你幹得這麼賣力，老板還要炒你魷魚？

黃：老板說我動作太慢，不夠俐落，盤子經常洗得供不應求，燒飯也時軟時硬，……又打破了不少玻璃杯，……他還是找個年輕的，像小李、小白他們那樣，才比較踏實！

馬：黃兄，別記在心上，……此處不留爺，自有留爺處，在紐約，洗碗工缺得是，……你還找不到餐館上工嗎？……那才眞是笑話吶！

黃：馬師傅，謝謝你這些日子的照顧，尤其是你送我的那兩張狗皮膏藥，一輩子，我都是記在心裡的。

馬：那些小事，別說了，……咱們後會有期！

黃：是，後會有期，……馬師傅，再見！

馬：再見！

（黯然告別後的音樂，升起）

（街頭汽車聲，喇叭聲）

報幕：黃龍離開餐館後，就在街頭徘徊，偌大的紐約，……他究竟該往那兒去呢？……穿過熱鬧的市區，有一個廣場，他發現有幾個年輕人，在替人速寫畫像，兩三分鐘就畫好一張，代價是美金十元一幅！

黃：（心聲）呀，……這份工作，對我很合適，一天能畫上十張八張，不是比在餐館打工收入還多嗎？……在餐館打工，一天要工作十二、三小時，累都累死了，一天的工資只有卅元，那有這兒這樣輕鬆？……

（音樂劃過）

黃：這位小姐，你速寫的人像，畫得可眞像喔！

路：不像，……那些外國人，還肯付錢嗎？

黃：對，……得有些眞工夫，才行。小姐，……我也是學美術的，……在這兒畫人像，警察不會來干涉嗎？

路：警察忙得很，很少時間，到這兒來，……你沒看見，這兒除了中國人，洋人也有在這兒畫人像的呀！

黃：小姐，……也是從台灣來的嗎？

路：我是從大陸來的！……（畫像的客人）OK！……Ten dollars……。

（洋人：「very good！」付錢聲）

路：Thank you。

報幕：又有路人，找那位女士畫像，生意很不錯。……黃龍接連去那兒觀察了兩天，決定親自下海，雖說，他在國內學的是山水畫，……但對人物畫像速寫，也有點根基，於是，準備好了畫筆、畫板、水彩顏料，及一張小板凳，向該處進軍，打算從此打開一條新的生財之道，也許會使他人生，呈現一線新機。

黃：嗨！……路小姐，……妳早！……

路：早，……黃先生，你也來加入我們的行列？

黃：是啊，路小姐，我來了，那些洋人會不會不高興？

路：都是同行，不會的，……各人畫各人的，……多一個少一個，無所謂。

黃：那，我就安心了，路小姐，妳來美國很久了？

路：兩年了，……我是來讀書，修碩士學位，……來這兒畫像，是找些外快，做生活費的，……唷，你還帶了水彩顏料來？

黃：若是客人喜歡彩色的，……我就用顏料畫彩色的，路小姐，我才來美國兩個月，英文講得不太流利，還請妳多給我指教。

路：大家都是中國人，這還有什麼好說的！「天涯若比鄰」嘛！

黃：路小姐，謝謝妳……。

路：今天天氣不錯，會有生意上門的！

黃：是嘛！

路：若是下雨天，……就只能在家裡呆著，……別來了，……沒有人，在雨中找人畫像的。

黃：對！

路：所以說，我們是靠「天」吃飯！沒有規定的假日！

黃：比較自由！

路：不錯，……可是收入，就不是固定的啦！要靠「Lucky」。

黃：Lucky？……（明白了）除了靠「天」，還得靠「運氣」！

路：別儘管著聊天，……生意上門了，……啊！這位黑妞，胖胖的，指定要你給她畫一幅。

黃：Please, Sit down。

黑：How much？

黃：Ten dollars，……Five Minutes。

（畫筆在紙上沙沙作畫聲）

（音樂劃過）

黃：畫好了，……滿不滿意？……請付錢。

（黑妞嘰哩古羅，講了一些英語，黃聽不懂？）

黃：What you say？

黑：No，……don't……like me……。

黃：怎麼？妳……不付錢……you pay！

路：怎麼回事？……(黑妞又講了幾句英文)……喔，……她說你畫得不像，她沒有那麼胖，……她不想付錢，畫的像，她也不要了！

黃：怎麼不像呢？……她不去照照鏡子，本來她就這麼胖嘛！……還說我畫得不像，太不講理了！

路：黃先生，你就替她再修一修，把眼睛修大一點，臉頰修瘦一點，眉毛線條加濃一點。

黃：好吧！……我來修。……（修了一陣子，才開口）這樣，總滿意了吧！Well？

黑：……

黃：怎麼？妳還直搖頭？存心扯皮賴帳！

黑：No, good,……It's no good, Half！

黃：什麼？Half？……只給我五塊錢？

（皮鞋聲遠去）

路：她付了五塊錢，……你就算了，別計較了。

黃：嘿！……這麼小氣！……眞見了個大頭鬼！

（音樂）

（北風怒吼）

路：天氣變壞了，一點生意也沒有……

黃：看樣子，可能會下雪！……若是下了雪，那晚上，就更沒有行人了。……只能在家裡呆著了。

路：黃先生，……你也是到美國來讀書的嗎？

黃：我有個親戚在紐約，名義上，我是來探親的，……實際上，我是想來美國闖天下的，我帶了不少畫，準備開畫展，把畫銷售出去。誰知道，這條路根本走不通，沒來以前，聽說洋人很喜歡中國的國畫，隨便一幅山水，就可以賣上四、五百美金，誰知眞到了這兒，卻不是那麼回事。

路：洋人精得很，中國畫，他們要買名人的，……張大千、黃君璧……他們捨得化錢買，沒有名氣的，送給他，還懶得拿去裱呢！

黃：嗯！……妳說的沒錯，那些專售國畫的商店老板，也都這麼說。

路：啊！前面有兩個女學生來了，……她們對你指指點點，……可能是找你畫像來的！

黃：是嗎？……（突發覺是熟人，低聲說）啊！……糟糕，那不是我在台灣教過的女生謝秀芳和李國華嗎？……要是被她們認出我在街頭，替人畫人像，豈不糟透了嗎？……我這臉往那兒放？……眞恨不得有個地洞，好讓我鑽了下去！……路小姐，我有點不舒服，我想先走了。……妳給她倆畫像吧！

路：黃先生，你怎麼要走了？她們……問我……你是不是姓黃？是教他們美術的黃老師？

黃：告訴她們，她們認錯人了，我不姓黃……我得回去了。

路：兩位小姐，他說他不姓黃，……妳們大概認錯人了。

（二女：「他跟黃老師長得好像耶！」走遠去。）

路：黃先生，……別躲了，她們走了！……你告訴我姓黃，怎麼又說不姓黃了呢？

黃：（嘆息）唉！……我怕她們回去以後，告訴別的同學，……我這做老師，以後，怎麼做人呢！……路小姐……妳在此畫人像，不怕碰到熟人嗎？

路：就是碰到大陸來的熟人，也沒有什麼好害怕的！在海外，沒做偷雞摸狗的事，就沒什麼好怕的！

（突然傳來奔跑腳步聲）

路：（害怕）啊！不好！……警察來了，……快跑！

黃：路小姐，畫人像警察會抓嗎？

路：會抓，……他們說妨礙交通秩序，是違法要取締的！……快拿起畫板跑吧！……給抓了去……可就麻煩大了。

（奔跑聲，後面傳來哨子聲）

（有人叫：Police……Police！）

（有人跌倒聲，被抓住聲）

（音樂）

報幕：自從遇見警察來抓以後，黃龍再也不敢拋頭露面去街頭畫人像賺錢了，他想來想去，還是去餐館打工吧！這樣收入固定些。這一次，他找到一家規模較小的餐館，管事的是個精明能幹的女華僑！

羅：我姓羅，……我是這兒的老闆娘，……你願來這兒做洗碗工的話，非常歡迎。……我們這餐館，……客人並不太多，所以要洗的盤子也很有限，……你絕對忙得過來，……一個月的薪資，是一千美金，不會比別的餐館少。

黃：一千塊美金一個月？好，……我願意幹。

羅：不過，我話要說在前面，我們洗碗工，要兼送外賣！

黃：什麼叫「兼送外賣」？

羅：兼送外賣，就是有些客人，不親自上門來吃飯，他打電話來叫飯菜，廚房把飯菜做好了，由你騎腳踏車送過去，這就叫「送外賣」，這份工作，由你去兼辦！

黃：送外賣的飯菜，多不多？

羅：不一定，有時候多，有時候少，有些是老主顧，離我們飯店也不太遠，……有遠的，他們會另給你一些小費，……這就歸你，是你的外快，……廚房師傅，都沒有份的。

黃：可是，……這附近的路，我一點也不熟耶！

羅：你不用操心，我這兒有一張地圖，英文路名，你總認得吧！……我先在地圖上做上記號，……你摸清了方向，不會找不到門的！

黃：好吧！……我先試試再說。

羅：你騎腳踏車不要騎太快，把飯菜打翻了，……就不好了……再說，這附近馬路，汽車很多，若不小心，出了車禍，……那就更麻煩了。……對了，你腳踏車，常騎嗎？

黃：我已經很久沒騎了。

羅：我告訴你，……下雪的天氣，路上很滑的，……不小心，一摔跤飯菜打翻了，客人會打電話來罵的！……所以，千萬要小心！還有，有的人家養了狗……對陌生人會大吼大叫的，……你也得注意提防。

黃：是，老板娘！

（廚房內傳來師傅炒好菜，敲打炒鍋聲）

羅：廚房外賣的菜，已經炒好了，快去拿了送走吧！

黃：是。（腳步聲）

羅：這是卅二街十九號八樓的白朗先生的廣東炒麵，……這是百老匯大廈一〇三八室的羅斯小姐叫的宮保雞丁、蛋炒飯，……這是西河後街教堂北側一位猶太人叫的炸春捲和炸豬排，……這些你可別送錯呀！……收了錢，馬上就回來，還有別的地方要送！

（腳踏車行走聲，鈴噹聲，夾雜汽車喇叭聲，小孩驚叫聲，交織成一片）

報幕：開始的時候，黃龍為外賣送飯菜，尋找地址，吃了不少苦頭，門牌找來找去找不到，急得他像熱鍋上的螞蟻，又有幾次，為了急於過馬路，撞到了一個洋孩子，被孩子的父親抓到，痛揍了一頓，有時候闖了紅燈，險些被車子輾斷大腿……。

黃：老板娘，明天起……我辭工不幹了。

羅：黃師傅，是什麼原因呢？

黃：我路不熟，英文不大流利，有幾次差一點出車禍，把命也送在「外賣」上，……再說，這幾天外面下著大雪，路滑不說，冷風吹得我皮膚都裂開了……我實在幹不下去了。

羅：黃師傅，我知道送外賣，很辛苦，……你是否勉爲其難，幫幫我的忙，……再幹一陣子，這樣好了，我加你一百塊錢工錢……這總可以了吧！

黃：加一百塊工資？

羅：咱們這個餐館，要是沒有「外賣」，生意光靠門市，就難以維持，……你看我的面子，……再幹一個月，不成嗎？

（電話鈴響）

羅：喂……我……就是老板娘……你叫什麼？……什錦炒飯，雙人份……好！馬上就派人送去！……什麼？……趕時間，越快越好……還加兩條春捲，ＯＫ！馬上送到。

（電話掛斷）

羅：你看又有人要送「外賣了」了，……無論如何，你要幫忙我，……幹下去，才行喲！……

黃：好了，……別說了，我去送就是了。

報幕：黃龍看在加一百塊美金的份上，繼續在餐館又工作了一陣子。……一個下大雪的日子，為了送一份外賣，他在那條街上來回走了三遍，就是找不著那個卅九號A的門牌！雪越下越大，他的頭上、衣服上全是雪，天慢慢黑下來，他一急，腳踏車一滑就連人帶車滑到街邊的大陰溝裡去了，……半天爬不起來，終於昏了過去！

（救護車疾駛聲）

（稍頃，電話鈴聲）

海：喂！……你是誰？……這麼晚了還打電話來……什麼？……你是警察局？黃龍出車禍，現在在醫院裡？……在急診室……好……我馬上就去。

（腳步聲，一陣慌亂，走上醫院的走廊，……推開門聲）

海：阿龍，……你怎麼樣？……傷得重不重？要不要緊？

黃：堂哥，……我差一點……命都沒有了！

海：你很小心的，……怎麼會出車禍呢？醫生怎麼說？

黃：醫生已給我照了X光，肋骨斷了一根，右腿骨也裂開了，至少要休養半個月，才能出院！

海：你是在做洗碗工嗎？怎麼會出車禍呢？

黃：都怪我自己，爲貪心多賺一些錢，去送「外賣」，……才會碰上車禍！

海：要是變成殘廢，……我怎麼向你太太交待。……你太太愛玲，昨天還有信來，說兩個小孩，不小心染上了登革熱，都住在醫院裡治療，……她說，你在國外，若是沒有合適的工作，還是早點回去吧！……一家人，團聚在一起，比什麼都重要，發不發財，命裡早就註定好了，不可強求的！

黃：堂哥，……我這一次來美國，給你帶了不少麻煩，……眞不好意思，沒想到，……「天下」沒闖出來，……竟然差一點連老命都送掉了！

海：你的護照，還有多久才到期啊？快了吧！

黃：還有一個多月，……等我養好傷，出院，就差不多了。

海：阿龍，……我看，……你若是能提早出院，就提早回台灣去吧！……免得你太太又要上班，又要照顧孩子，……忙得分身乏術，自己也病倒了。

黃：堂哥，……我這次出車禍受傷的事，你別讓我太太知道，代我寫封信告訴她，說我工作很順利，還存了一些錢，我會帶錢回家去的，……我這一次來美國，雖說沒發什麼財，但也算不虛此行，……我來美國這一趟，還是來對了！

海：阿龍，……你也眞是的，吃了不少苦，……還瞞著太太，不讓她知道！

黃：我不想讓她知道，……免得她爲我操心，擔憂！……若是她知道了實情，不更會爲我難過嗎？

海：想不到，……你還眞是個好丈夫！

黃：堂哥，你回去吧！謝謝你來醫院看我！

海：想吃點什麼，跟我說，……我讓我太太給你做！

黃：過幾天，就是中秋節了，……想不到今年的中秋節，我會在醫院裡過。

海：好好休息吧，別想太多了，明天，我先帶幾個月餅來，讓我們過一個寂寞的中秋節！

黃：堂哥，回去麻煩你先給我寄一千美金，給我太太，……讓她和兩個孩子，過個快樂的中秋節吧！……但願他們的病快好，早一點出院！

海：不用操心，這件事，我馬上就替你去辦！

（音樂）

（電話鈴響）

海：喂！……你找誰？黃龍！……是你的電話！

李：（話筒中傳來）你是黃龍嗎？……我是小李啊！……你還記得我嗎？

黃：小李，……（高興的）我怎麼不記得！……找我有什麼事嗎？

李：有好消息，要告訴你！

黃：什麼好消息？

李：說來話長，……我和馬師傅，在銀宮酒樓喝茶，你方便來一下嗎？……我們好當面談！

黃：銀宮酒樓飲茶，……吃廣東點心？

李：跟你住的地方很近的，過一條街就到了！……就在拐角的地方。

黃：我知道銀宮酒樓。好……等我一下，我馬上就到。

（電話掛斷）

（音樂化入酒樓廣東音樂，人喧嘩聲）

李：黃龍，……來了！嗨！……我們在這兒吶！

黃：（腳步聲走近）嗨！……小李、馬師傅！好久不見了，……近來好嗎？

馬：黃兄，……你好像瘦了，怎麼回事？

黃：我出了次車禍，住了陣醫院，前天才出院，小李，……你說有好消息要告訴我，什麼好消息？

李：黃哥，……是這樣的，……有一家中餐館，最近打算出讓，馬師傅和我去看了一下，覺得地點挺好，裝潢也還不錯，……馬師傅打算把它頂過來，自己做老板，他邀我做股東，也算一份，……你有沒有意思？也參加一腳，……我們三個通力合作，不再另外找人，賺了錢，三個人平分，……你覺得怎麼樣？

黃：我已經打算回國去了，……因為我的護照六個月快到期了，不走也不成啊！

馬：黃兄，……我覺得你跟我，還有小李合得來，……才找你來談的，……這可是個千載難逢的好機會，……我盼望自己做餐館的老板，已經盼了好幾年了，……好不容易等到這個機會，……眞是很難得！

李：黃哥，……我們自己既是老板又是夥計，馬叔說了，工資每月照算，每個月分紅利，出不了三年，……我們就是大老板了，……黃哥，到時候，你不想發財也不行喲！

黃：是嗎？

馬：黃兄，……我是大股，出資貳萬塊，……小李打算出伍仟，你隨便，一千、兩千都可以，加在一起，分紅的時候，就依照比例來分，誰也不吃虧！

黃：馬師傅，……我護照簽證到期了，不走，留在紐約，行嗎？
馬：爲什麼不行，簽證過期，非法入境，非法居留的人，在紐約多的是，你有什麼好怕的？
黃：我聽我堂哥說，非法居留，若是被移民局的官員抓到，會被關起來的！
李：黃哥，……你是才來，才害怕移民局官員，……我跟你說，即使你被移民局抓去，還可以找人保你出來！……沒什麼大不了的，……過一陣子，餐館開張了，我們給你申請辦身份證，有了身份證、綠卡，……你就再也不用擔心移民局來找麻煩了！
黃：小李，……眞是這樣嗎？
李：我騙你做什麼？
馬：黃兄，餐館開了張，我來教你怎麼「抓碼」、怎麼「油鍋」、「炸鍋」，好讓你一步步升上去，不老是做「洗碗工」呀！
黃：這麼說，只要熬個三年五載，我也可以出頭了！
李：是啊！
馬：好了，你好好的考慮一下，我給你兩天的時間作決定。若是過了時間，你不打電話過來，……我們就另外找別人合夥了！
黃：好！……我去找我堂哥商量一下，明後天一定給你回音！
李：黃哥，……那我們就等你回音啦！
黃：小李、馬師傅，……再見！

馬：再見！

（音樂）

報幕：過了兩天，黃龍經過再三考慮，打電話告訴小李、馬師傅，他決定不再在紐約異鄉流浪下去，決心回台灣，和老婆、孩子們廝守在一起打拼，這樣他的人生，才有幸福與快樂！

——全劇終——

迷情

——民國八十六年八月廿五日中廣公司播出——

·戴愛華 導播·

時：現代。

地：美國。

人：**黃　龍**——四十餘歲，美術老師，異鄉流浪。（黃）

愛　玲——黃妻，卅餘歲。（太）

馬師傅——四十餘歲，黃龍在美認識的朋友。（馬）

朱春英——廿餘歲，黃龍的學生。（朱）

潘妮娜——卅餘歲，離過婚的女人。（妮）

潘　母——六十餘歲，嚕囌嘮叨。（母）

（音樂）

(劇名、演職員報幕)

(美國的熱門音樂，顯示故事發生在美國)

(小酒吧喧雜聲，倒酒入杯聲)

黃：(飲酒聲)唉，……時間過的眞快，我一眨眼在美國已經躭了三年了，移民局的人，究竟什麼時候，才會發給我綠卡，讓我好在美國永久居留下去呢？

太：(信紙被打開聲)龍哥：記得你才出國的時候，向我保證，等你安定下來，就很快來接我跟孩子，一起到美國團圓，可是，一等，再等、等了你三年，一直等不到你要我和孩子來美國的消息，尤其是這一陣子，信也很少寫了，你不是說等你在美國開了畫展，就能以第三優先的條件，弄到身份證的嗎？如今，畫展結束已經一年半了，還沒被核准嗎？移民局的官員，故意刁難你？還是你在美國另外有了女人，不想回家來了？……龍哥，中秋節快到了，希望你接信後，趕緊回家來吧，小杰天天在問我，爸爸，究竟什麼時候，才能回家來？……你的妻子愛玲上。

黃：(將信收起)嗯！……她竟然會懷疑我在美國，另外有了女人！……眞是天曉得！……她那會知道，我在異鄉流浪，天天借酒澆愁，愁更愁！……美利，One more！

洋人：O.K.(又倒一杯聲)

(有人推門進來聲)

馬：白蘭地！……

洋人：Yah！（倒酒聲）

馬：（驚喜地）嗨，黃兄，……你怎麼沒回台灣去啊？……還在紐約生活？……

黃：（高興，他鄉遇故知）馬師傅，……眞巧，想不到，我們又碰面了！三年不見，你和小李合夥開的餐館，生意還好吧？……怎麼有空來酒吧喝酒呢？

馬：嗨，……說來話長，咱們到那靠窗邊的位子去坐下，好好聊一聊。（二人腳步移動聲，在一處坐下才說話）你怎麼一個人來這兒喝酒呢？

黃：我是去移民局找律師打聽消息的！

馬：你申請到綠卡了嗎？

黃：遙遙無期，他們說申請的案件太多了，要排隊慢慢等，……我已經等了一年多，眞等得煩死人了！……

馬：黃兄，……你已經申請了，就慢慢等吧！……在美國像你這樣情況的人，太多了！……急也沒有用！……

黃：馬師傅，你哪？……怎麼有空來喝酒呢？……你和小李拆夥了？餐館的生意不好做吧！

馬：餐館的生意還不錯，頭一年，我和小李都賺了些錢，但是忙裡又忙外，太辛苦了，人是肉做的，不是鐵打的，做了一年多，我因過份疲勞，患了急性肝炎，住院治療了半年多，才出院，醫師囑咐我千萬別太辛苦，否則丢了性命，就後悔也來不及了！……我就不再在餐館幹了！……

黃：小李呢？……

馬：小李比我年輕，他還挺得住，後來他找人合夥！……發了財，也不知怎麼迷上了賭博，每逢周末，就往大西洋城去跑，……結果，輸得個精光，……也沒再在餐館幹了，我已經很久沒聽到他的消息了！

黃：那你現在怎麼生活呢？

馬：我現在，就在這附近，做做小生意。

黃：什麼小生意？

馬：喏！你從這兒窗子看出去，……前街上，有些人就在路邊兒地上做買賣，賣衣服、鞋子、電子手錶，還有小收音機的。……

黃：你是說：「擺地攤」？

馬：對了，……就是擺地攤！……我現在是太太在看地攤，我去批貨，抽空來喝一杯，加點油！……提提神！……黃兄，……你沒事，要不要下海也來幹這一行！

黃：馬師傅，我們曾經共過事，不瞞你說，爲了等簽證，律師跟我說，千萬別去打工，萬一被移民局查到，簽證就辦不成了！……我除了會畫畫，別的啥也不會，辛苦存下來的一些老本，坐吃山空，也快光了，正在發愁，不知該怎麼辦才好呢！

馬：黃兄，既然這麼說，……你就來跟我一起幹吧！……我把攤位分讓一點位置給你，你賣你的，我賣我的，不是合股，也不是誰做老板，誰是伙計，彼此平等，可以互相照顧，……像兄弟一樣，規費什麼的，各分擔一半，親兄弟明算賬！……你說好不好？

黃：馬師傅，……這太好了！……只是我什麼都不懂，這大概要多少資本呢？……還有，到那裡去批貨呢？

馬：資本大概一千塊錢就夠了，……先開張了再說，等賺了錢，……可以慢慢增加！……至於貨源，我可以帶你一起去批貨，一回生，兩回不就熟了嗎！……我跟你說，這比你去餐館打工要強多了，一個月賺上一千兩千，絕沒問題！

黃：在紐約擺地攤，警察不會來干涉取締嗎？

馬：這你不用擔心，因爲我申請有執照，……你合著我一塊兒幹，就不用再申請執照，對你來說，不挺方便吧，攤位一切現成的，……你只管放心來幹就是了！

黃：馬師傅，……你眞太幫忙我了！……我不知該怎麼謝你才好呢！

馬：黃兄，不必客氣，大家都是中國人，在海外，互相照顧，……這是天經地義的事，所謂：

「在家靠父母，出外靠朋友」，不對嗎？

黃：對，……馬兄，……做生意，我完全是外行，……今後，還得靠你眞正做我的師傅，好好的教教我這小徒弟呢！

馬：黃兄，你是做老師的，不用對我這老粗，這麼客氣！……

黃：來，……馬師傅，我們乾了這一杯！

馬：好，乾杯！

（碰杯，乾杯聲）

（音樂）

馬：（街頭車水馬龍聲）Ten dollars……（洋人回答說：「Give me two」）O.K.……

（另一洋人：「How much?」）

黃：This two dollars,……that three dollars!……

馬：黃兄，……已經八點了，我們可以打烊收攤了！還不錯，這一陣子，天沒下雨，這個月，你生意還可以吧！

黃：昨兒我盤算了一下，這一個月，我賺了一千三百多塊，比打工洗盤子強太多了，……工作時間又短，又輕鬆，……馬師傅，眞得好好謝謝你，要不是遇見你拉我一把，……差一點都混不下去了！

馬：咱們是同胞……別說客套話，……說眞的，……咱們這兒地段好，來來往往的人不斷，人氣旺，……生意自然好做，不過，……你做生意，還得多學，要有耐心，……有些老外，脾氣壞，很難侍候，……他若嫌貴，……你就不妨照本錢賣給他，交個朋友！

黃：馬師傅，你眞有一套，難怪你經常有一些老顧客來光顧，……我還眞得好好的跟你學習才行。

馬：黃兄，你是學校的老師，別捧我，……說老實話，我連中學都還沒畢業，就出來混了，我只是比你多一些社會經驗罷了！

黃：我是說眞心話！……

馬：啊，……別聊天，生意上門了，快去招呼！

朱：喂，……老闆，……你掛在繩子上的那件毛背心，拿下來，給我看看好嗎？

黃：毛背心，……十五塊！

朱：是不是可以便宜點，大家都是中國人嗎！……

黃：算你十四塊好了，不能再少了。

朱：十二塊怎麼樣？……（突然發現熟人）啊！……你不就是黃龍黃老師嗎？……你教過我美術，我叫朱春英，是你的學生，你還記不記得？……你……也到紐約來了？……你都在這兒做生意？……

黃：（窘極、臉紅、心跳、心底聲音）糟糕……怎麼會遇上我的學生，我這做老師的，竟在外國擺地攤！太丟人現眼了！……

朱：黃老師，……你怎麼不認得我啦？……我叫朱春英，祇是我眼睛有些近視，……

黃：小姐，……你認錯人了，我不姓黃，也不是你的老師！……

朱：奇怪，你跟黃老師長得太像了，怎麼會不姓黃呢？……你不是從台灣來的嗎？……

黃：小姐，（換用山東腔發言）俺是從大陸山東來的，……咱姓蘇，……蘇東坡的蘇，俺可從來也沒有當過什麼老師！……

朱：對不起，我認錯人了！……這件毛背心，我也不要了！……（腳步聲離去）奇怪，……明明是黃龍黃老師，……他怎麼不承認呢？

馬：黃兄，你怎麼啦？……遇上熟人了！……瞧你臉漲得通紅，額角頭上直冒汗！

黃：眞是沒想到，我在紐約，會碰上台灣來的學生，眞是斯文掃地，讓我抬不起頭來！

馬：你呀！……還是放不下身段，擺地攤做生意，又不偷又不搶，有什麼見不得人的！王孫公子也有落難的時候，……等你賺夠了錢，弄到了身分證，……你就可以改行，又不是想在這兒幹一輩子！

黃：馬師傅，……你……不是我，……你不會瞭解我的心情！

馬：怎麼？……爲了碰見一個學生，……丟了你老師的臉，你打算打退堂鼓不幹啦？……我告訴你，我也曾經遇見過熟人，有時候我故意掉過頭去，裝作沒看見，不就沒事了！……

黃：可以這樣做嗎？

馬：又不是欠了人的債，別人會盯著你來討！……所謂睜一隻眼、閉一隻眼，凡事不都過去了！……你沒有殺過人、坑過人，……就不用害怕，遇見什麼仇人，來要你算賬！……

黃：你說的對，……我從沒害過人，有什麼害怕的呢！

馬：我告訴你，四海之內，皆兄弟也，眞要遇上了熟人，看你在擺地攤，說不定伸出援手，拉你一把，……馬上有好差使給你幹，也說不定呢！

黃：啊，我想到了一個好主意！

馬：什麼好主意？

黃：明天起，我把那套頭的毛線帽帶來！戴在頭上，萬一再遇上熟人，我不想見的，就把帽子拉下來，把臉遮住，只露出兩隻眼睛，兩個耳朵在外面，他就認不出我的眞面目來了，……你說好不好？

馬：（笑）哈……黃老師，……眞有你的，……會想出這樣的餿主意！……別說笑了，……眞得打烊收攤子了！

黃：對，打烊收攤了！

（音樂）

報幕：日子一天天過去，冬去春來，又是一年了，黃龍申請的身份證，依然茫茫無期的在等待中，一天，他又收到太太的來信！

太：龍哥，又快兩個月，沒接到你的來信了，幾乎日夜都在念著你，上次你來信說，在做生意，收入還不錯，……存了一些錢，……是眞的，還是騙我、安慰我的？……這一陣子，小杰三天兩頭都在生病，讓我想到你在國外，千萬要珍重保養好身體，聽說美國的醫藥費很貴的，又沒有人在身旁照顧你，……最讓我擔心，……今年過年，家裡冷冷清清的，我看，你還是快點回家來吧！我和小杰都等著你，別做什麼淘金發財夢了！

黃：愛玲：我又何嘗不想回來呢？異鄉流浪的日子，你以爲好過嗎！可是，我既然來了，……總不甘心，……現在這樣，一無所成，默默的回去，……我要衣錦榮歸，……至少，也要等我熬到了綠卡！……

黃：（有些酒意的說）天下無難事，只怕有心人，……總有一天，……我會拿到綠卡的！

（喝下一杯酒聲）

（開門聲，黃龍有些醉醺醺的跌跌撞撞走出酒店）

（與另一人相撞聲）

潘：喂，你怎麼走路不長眼睛，……差一點把我撞倒在地！……

黃：（打著酒嗝）Oh, Sorry, Excuse me！……

（高跟鞋走路聲）

黃：奇怪，……這個女人，……怎麼走進一間地下室去了！……啊，……我跟進去看看，……

……好像很神秘的樣子，……要給小費，才讓你進去呢！……

（開門聲，裡面人聲鼎沸，呼么喝六，「大……大……小……小」，「十三……十八……

……」還有輪盤賭，彈子轉動的聲音……）

黃：（發現新大陸似的，酒也醒了一大半）啊，……原來，這是一個地下賭場，……我過去

從來也沒進來過！……嗨，……那個穿花衣服的女人，……在玩輪盤賭，我跟過去看看，

她怎麼賭法！

（彈子在輪盤轉動聲）

潘：廿四，……廿四。……

潘：（彈子落停在24上）

黃：啊！……（高興的）廿四，……我贏了！……一下子莊家賠她這麼多啊！……什麼？……她還是押廿四！……我也跟她下注，試試手氣！……十塊！……我也押廿四！……

（「放手，開啦」……輪盤轉動聲）

潘：哈……我又贏了！……我已連中三元，不能再玩了！……我得玩牌九去，……今天的運氣眞不賴！……

黃：她贏了錢就走！……眞有兩下，……我也跟她玩牌九去！……看她押那一家，我也跟她押，……沾沾她的喜氣！

（賭場吆喝聲襯底過場）

潘：嗨，……這位先生，……你老跟著我押，……今天讓你贏了不少錢吧？

黃：妳……贏得比我更多，大概有五六百了吧！……

潘：怎麼？你還想要我分紅給你？……

黃：不，……我請妳吃宵夜，……別再下注了，走吧！

潘：嗯！……你說的對，贏了錢，就該走人！……再賭下去，……非輸不可！……好，……吃宵夜去！……

（音樂過場）

潘：先生，……你貴姓？

黃：我……我……姓龍，……天上的龍！……

潘：龍先生，這個姓很少見！從台灣來的嗎？

黃：嗯！……小姐貴姓？

潘：我姓潘，也是從台灣來的，……眞是有緣，能在紐約碰在一起！……龍先生，現在在那裡發財？是不是在餐館打工？

黃：我在做小生意。

潘：什麼小生意？

黃：我跟一個姓馬的朋友，合著開個小店！

潘：開店比打工強，……我也曾經做生意，……只是沒有經驗，……賠了一些錢，現在不做了！

黃：潘小姐，就一個人在美國嗎？……

潘：我是和一個美國人結婚，才到美國來的，……我有綠卡身份證，……可是現在我已和我先生離婚了！……

黃：爲什麼要離婚呢！

潘：那個美國人，脾氣很壞，經常打得我遍體鱗傷，我們是在法院判決離婚的，……他給了我一筆贍養費，我都存在銀行裡，所以眼前我生活不成問題，只是太無聊了，所以去賭場玩玩，消遣打發時間！

黃：你們沒有小孩嗎？……

潘：還沒生，就離婚了！……

黃：啊，……妳眞好福氣！一個人逍遙自在，……標準的單身貴族！……

潘：再過幾個月，我媽要從台灣到美國來陪我，……她希望我，還是早點找個理想對象，嫁了人，她才安心！……

黃：對，……妳媽的想法，沒有錯！……

潘：只是在紐約，……理想的對象，不好找！

黃：潘小姐，……不是我捧妳，憑妳的條件，……你會找到好對象的！

潘：（很嗲的）龍先生，……你是在取笑我！

黃：不，我說的是眞心話！

潘：龍先生，時間很晚了，我得回去了！……喏，這是我的名片，上面有我的名字，還有電話號碼，……有空，我們常聯絡！

黃：妳叫潘妮娜？……

潘：（很有嗲勁的）龍先生，……我等你打電話來喲！

黃：一定！……我明天就打電話給妳！

（音樂）

（電話鈴響了很久，潘才來接聽，聲音依然十分嗲，充滿魅力）

潘：哎，……誰呀？……（本場電話，以黃爲主，潘之聲音較低）

黃：妮娜，……是我呀，……我姓龍，……龍少白，妳不記得我了嗎？

潘：啊，……龍先生，……我怎麼不記得，……你請我吃過宵夜！

黃：這幾天，……怎麼沒看見，妳到「天堂樂園」去玩，……我一直在找妳，……今天，我從早到晚，都給妳打電話，妳都不在家，……好不容易才接通！

潘：啊，……我和朋友去華盛頓玩了幾天，剛才才回來，……龍先生，你找我有什麼要緊的事嗎？

黃：我……想妳喲！一日不見如隔三秋，……自從認識妳以後，……我吃飯、睡覺、走路、做生意，……無時無刻不在想著妳，……怎麼樣？今天有沒有空，我們再去「天堂樂園」碰碰運氣，好嗎？

潘：我又不是賭鬼！天天去「天堂樂園」，……久賭，神仙也要輸的！……

黃：那我請妳吃晚飯，肯賞光嗎？……

潘：龍先生，……你人很好，……我也願意和你交個朋友，……只是我覺得你對我還不夠坦白！

黃：妮娜，……我對妳完全是一片眞心，妳怎麼說我還不夠坦白呢？

潘：你說你是個畫家，在紐約曾開過畫展，又說去移民局以第三優先辦身分證，辦了快三年，還拿不到綠卡，……眞有這麼困難嗎？……我告訴你，有人找個有美國公民身分的女人結婚，以第二優先的條件，很快就取得了身分證！

黃：律師曾經和我說過，……可是，可是……我老實跟妳說，此路不通啊！我台灣有太太，怎麼可以再在美國和別人結婚呢？

潘：我問你，……你還愛不愛你的太太？……分開三年了，我看，大概你早已把她忘了，……何不乾脆先辦離婚手續，到時候，你恢復自由之身了，還怕找不到有身分的女人，和你結婚嗎？……

黃：我先和太太離婚？……妮娜，……妳……妳願意和我結婚嗎？

潘：只要你有誠意，……我不會拒絕你的求婚的！……說眞的，……你我年齡相當，志趣又相投，……在紐約，能嫁給一個畫家，眞是我夢寐以求的事情！

黃：啊，……妮娜……親愛的，……妳不是在電話裡，故意吃我豆腐，跟我開玩笑吧！

潘：我不是跟你開玩笑……我是說眞的！……

黃：妮娜，……妳別逗我！……妳若讓我動了眞感情，……我就眞的跟我太太辦離婚手續！

潘：龍哥，……你別太激動，……你和你太太結婚幾年了，……你眞捨得和她離婚嗎？……你眞提出離婚，你太太會同意嗎？……別想得太天眞了，……婚姻可不是兒戲，……你還是頭腦冷靜一下，想清楚了，再給我打電話吧！

黃：妮娜！……妳別掛電話，……我有許多話要和妳說，……說眞的，我昨天晚上，作夢都夢見了妳。……

潘：龍哥，……我朋友開車來接我了，……改天再說吧，拜拜，再見。

（掛斷電話）

黃：她說，……她不跟我開玩笑，……是說眞的，……（一邊走，一邊回憶著剛才電話裡說的話，腳步聲）只要我有誠意，她不會拒絕我的求婚的！……只是，要我先辦離婚手續，……我怎麼……跟我太太開口呢？……愛玲，……她會同意和我離婚嗎？……

（突然，汽車喇叭聲，刹車聲）

（外人叱責聲：「Go away!」）

馬：（遠處）黃兄，……小心車子！……

（腳步走近）

馬：黃兄，……你怎麼啦？這幾天魂不守舍似的，做生意也心不在焉，過馬路，也前後不看，……剛才差一點就被車撞到了！

黃：對不起，……我是在想一件事！……

馬：喏，……這卅五塊，……是你剛才去打電話時，我替你做生意，代你收的錢！

黃：馬師傅，……眞謝謝你。

馬：你怎麼去了這麼久，一隻電話，打了半個小時！……

黃：馬兄，……不瞞你說，……最近，……我認識了一個女人，……她說她願意，跟我結婚！

……

馬：哦，有這樣的好事？……你跟她怎麼認識的？認識多久了？……我怎麼一點兒也沒聽你提起過呢？

黃：我們是在一家地下賭場認識的……她在台灣和一個美國人結婚後來到美國，現在和她丈夫，已經正式離婚了，靠贍養費在生活，……年紀也不大，和我挺配的！……

馬：這麼說，你是交上「桃花運」了？……

黃：她姓潘，叫潘妮娜！長得不難看啊！……她說，只要我跟我台灣的太太辦好離婚，……她就接受我的求婚！……

馬：黃兄，……別想的太天真了，這樣的女人，……多半愛慕虛榮，不好惹，你還是小心一點，……別遇上了「潘金蓮」，……那就麻煩了！

黃：她會是「潘金蓮」嗎？……不會吧！……

（音樂）

黃：妮娜，……今晚我手氣還不錯，贏了些錢，別下注了，我們吃宵夜去吧！

潘：（聲音要帶些嗲勁，女人味十足）龍哥，……別出去吃了，我們買些吃的帶回家去吃，……今晚，你送我回家，好嗎？

黃：妳要我到妳家去？方便嗎？

潘：就我一個人住，有什麼不方便呢？……我們已經認識很久了，……遲早應該請你到我家去玩的呀！

黃：（高興）好，……那我就恭敬不如從命了。

（音樂、計程車停車聲）

潘：到了，……龍哥，下車吧！

（鑰匙開門聲，開燈聲）

黃：啊，……妳住的地方，比我闊氣多了，一房一廳，有電視，還有落地音響，還有魚缸，……妳可眞會享受啊！

潘：啊，……地方太小了，……你先看電視，我去弄吃的！

（電視機聲、開瓦斯爐聲、煮開水聲、開罐頭聲）

黃：要不要我來幫忙？

潘：不用了！……你等著吃現成的，就是了！

黃：啊！……我不想看電視，多是些外國片。（關上電視機聲）

潘：也好，那就來點西洋音樂吧！

（西洋羅曼蒂克的音樂響起）

潘：好了，三明治、咖啡，……都好了，……來吃吧！

黃：妮娜，……妳眞能幹！……做起事來，又快又俐落。……

潘：龍哥，別給我戴高帽子，……對了，你喜不喜歡聽鄧麗君的歌？

黃：好呀！

潘：我們來聽「何日君再來」！……我最愛的就是這首歌！

（何日君再來的歌聲響起）

潘：龍哥，你會跳舞嗎？……我們來跳舞，好不好？

黃：呀！我不會吔！

潘：我來教你……你起來，抓住我的手，看著我的腳，……這慢三步，很容易學的，一二三，……一二三……

黃：啊，對不起，我踩到妳的腳了！……

潘：龍哥，你眞是的，怎麼這麼簡單的舞，……你都不會跳！……

黃：我是土包子，沒學過這洋玩藝兒！

潘：你到了美國紐約，你不會跳舞，你不怕被人笑掉大牙！……好了，不跳了！……喝酒，你應該會吧！……你喝白蘭地，還是威士忌！……

黃：妳有沒有中國的高粱？……

潘：我這兒全是洋酒，……你就將就點吧！

（倒酒入杯聲）

黃：好吧，……來，……乾杯！

潘：乾杯，……就乾杯！（碰杯聲，又倒酒聲）

黃：妮娜，……妳酒量不錯嘛！……來，再乾一杯。

潘：怎麼？你想把我灌醉啊！……（又乾杯聲）

黃：妮娜，妳說，妳媽也要到美國來，移民手續辦好了嗎？

潘：爲了給我媽辦移民手續，……眞把我累慘了！……混身都在痠痛，……龍哥，……你會不會按摩？你幫我揉揉腿好嗎？

黃：這，……我拿手，我太太腰痠背痛的時候，都是我替她按摩的！

潘：那……我就躺下了！

黃：（按摩起來）怎麼樣？……是這地方痠疼嗎？……

潘：對了，……再上來一點！……啊，……好舒服，……龍哥，……你眞有兩下！

黃：（被挑起情慾）妮娜，……我愛妳。……

潘：龍哥，……你……（驚慌）快放手，……你想幹什麼？

黃：妮娜，我想吻你！……

潘：你是有太太的人，怎麼可以對我這樣！……

黃：對不起，妮娜，……我有點衝動，……我自己無法克制！……

潘：龍哥，……別這樣，……我不是個隨隨便便的女人！……

黃：（稍頃）既然這樣，……時間不早，……我回去了！

潘：（又著急起來）你別急著走嘛！再陪我喝一杯，怎麼樣？

黃：我不能喝了，……再喝就醉了！妮娜，你不怕我喝醉嗎？

潘：龍哥，……別走了，……今晚你就睡在這兒陪我，好不好？我一個人，既寂寞，又害怕！
……眞的，不要走了！

黃：妮娜，……好，我不走！……

潘：來！……抱著我，緊緊的抱我，吻我！……

（急驟的音樂升起）

（馬路上，車輛通過聲）

馬：黃兄，……快，……有顧客上門了，……咦，……怎麼？大白天，你睡著了？……

黃：（夢中驚醒）啊，……什麼事？馬師傅，你剛才在叫我？

馬：顧客上門，你卻睡著了，……你這樣做生意，還可能賺錢嗎？……瞧你眼圈發黑！……
是不是昨晚失眠了，沒睡好覺！

黃：昨晚，爲了給我太太寫一封信，……寫了又撕，撕了又寫，一夜都沒睡覺！

馬：是什麼信，這麼難寫？……讓你一夜都沒睡覺！

黃：喏！……信在這兒，我還沒寄，你拿去看吧！

馬：（打開信紙聲）你寫給太太的信，我可以看嗎？……

黃：你看完以後，給我點意見，究竟要不要寄！

馬：（唸信）「愛玲：好久沒給妳寫回信了！妳近來好嗎？……我在紐約求發展，本想早日回國，怎奈弄不到身分證，一再拖延，現在情況有變，可能不回去了！爲了不辜負妳的青春，不妨妳另覓對象不要再等我了，希望妳早日辦妥離婚手續，妳我都可以開始新的生活，別怪我變心，天意如此，只能認命吧！妳的丈夫黃龍上。」（唸完信，轉變語氣）什麼，黃兄，……你認識了那位潘妮娜，……眞的決定要跟你太太離婚啦？

黃：妮娜，逼著我這樣做，她說她不要一個有太太的男人！

馬：這麼說，……你和她，……已經發生親密關係啦！

黃：哎，……乾柴碰上烈火，還能不著火，燒起來嗎？

馬：黃兄，你要搞清楚，她說不定只是找你玩玩罷了，何必太認眞！你想一想，你既沒有什麼財產，又沒有身分證，在美國只是擺個地攤，混口飯吃！……她憑什麼看上你？願意跟你吃苦！

黃：我是沒有錢，也沒有身分證，可是妮娜她有身分證啊，若是我跟妮娜結婚，就可以憑第二優先的條件，很快辦妥移民手續，拿到綠卡，總比我現在這樣茫茫無期的痴等下去，要快多了！

馬：噢，原來，……你是看在「綠卡」的份上，才和她結婚！

黃：除了「綠卡」，還有現實條件啊，妮娜年輕漂亮，英語又流利，比我那結髮夫妻強太多了！……她能看上我黃龍，眞是我天大的運氣啊，有什麼不好呢？

馬：嗯，現實擺在眼前，……她的條件是比你太太強，……可是你有沒有想過？你和你太太結婚，已經這麼多年了，又有孩子才十歲，她辛辛苦苦守著你，等你接她來美國團聚，如今，你給她寫這樣的信，她受得了嗎？……若是一時想不開，她去自殺了，你良心能平安嗎？

黃：我也是爲了這一點，……所以，這封信，我左思右想，寫了一晚，……雖說是寫好了，……眞不知該不該投進郵筒裡去！……

馬：我說，……你還是打消了這份念頭比較好！……那個潘妮娜，我雖沒見過，但……就想她嫁了外國人，又跟外國人離婚，拿了贍養費，老往賭場跑，……就可證明，決非良家婦女，……她只是太寂寞了，隨便逢場作戲，找你消遣消遣，……過些日子，她遇上一個條件比你好的，……就馬上把你一腳踢開了，……到了那個時候，你再後悔也來不及了！

黃：馬師傅，……你分析得很有道理，這幾天，我內心也十分矛盾，眞像別人說的：「意亂情迷」，……不知究竟該怎麼辦才好！……

馬：我看，……你不妨先拖一拖再說，……說不定熱火勁兒過了，你就清醒了！……

黃：可是，妮娜一見面，就催我趕緊辦妥離婚手續啊！……

馬：黃兄，……我是局外人，不便給你出主意，……你還是自己想清楚了，再作決定！婚姻大事，不是兒戲！要三思而行。

（音樂）

黃：妮娜，……喏，……這是我給我太太寫的信，……你看了以後，沒有意見，我就馬上投入郵筒寄出去了。

潘：（看信……停了一下，才說）龍哥，你眞的決心要跟你台灣的太太離婚了嗎？

黃：若沒有決心，我會寫這封信嗎？……再說，一見面，你就催我趕緊辦離婚手續，……這樣，……我們就可以申請正式結婚啊！

潘：（擦火柴聲）來，先抽根煙！……讓我仔細的再想一想！

黃：你早已離婚了，……還有什麼要顧慮的嗎？

潘：（沉吟了一下）我是已經離過婚了，……不過，……你要跟我結婚，可不是那麼容易！

黃：還有什麼問題嗎？

潘：（嚴肅的）問題可多哪！

黃：我不懂你的意思！

潘：我只問你，你是眞的準備跟我結婚，還是嘴上講講而已。

黃：我當然是眞心誠意要跟妳結婚！

潘：那……你結婚的目的，……是不是要我替你辦身分證？

黃：（支吾一陣才說）這……這個……既然結婚，……當然要辦身分證啦！

潘：好，你既然坦白承認了，……那就表明，你跟我結婚的目的，就是爲了想早日拿到那張「綠卡」，對不對？

黃：妮娜，……話不能這樣說，爲綠卡是一回事，我愛妳，也是眞心的啊！

潘：別揀好聽的說了，我問你，你要我幫你辦身分證，你給我什麼條件？什麼代價？

黃：你說好了，妳要什麼條件？什麼代價？

潘：龍少白，你知道，在美國辦什麼事，都得要錢，辦綠卡，還不是一樣，總得花錢吧？

黃：乾脆！妳開個價錢吧！

潘：你是知道行情的，辦假結婚的，多要一萬五到二萬，眞結婚，至少也要這個數！

黃：你伸三個手指頭，是什麼意思？

潘：只要你三萬，不算多吧！

黃：我的媽啊！……要三萬塊，……這不是獅子大開口嗎？

潘：這是最低的代價，……難道你這做生意的，銀行裡沒有三萬塊存款嗎？……再說，……
我媽明天飛機就到紐約來了，我母女倆在美國，每月的生活費，至少也要一、兩千吧！
……難道結婚以後，你還想我倒貼來養活你？……

黃：妮娜，……我完全是愛妳，才想和妳結婚，……妳爲什麼一定要和辦綠卡扯在一起呢！
……爲了妳，我決定和結婚十多年的太太離婚，……這樣的誠意，還不夠嗎？

潘：誠意是一回事，現實又是一回事，……我怎麼能相信，你一旦拿到了綠卡，就變心，把
我拋棄了，……我對你已經很夠意思了！

黃：一定非要這個數嗎？

潘：這是最便宜的價碼，難道你還想討價還價？……

（電話鈴響）

潘：（接聽）喂，……（很嗲的）啊，……是林主任嗎？……乾爹，……明天你有空嗎？開車送我去飛機場接我媽，好嗎？……明天一早，八點半，……好，……我等你開車來接我，……拜拜。……（掛上電話聲）

黃：妮娜，這個林主任，是誰啊？……

潘：他是一家旅行社的業務經理，也是我的乾爹！……我有事找他，有求必應，……你又沒有車，……爲了去機場接我媽，當然找他了！……怎麼？你不高興！……

黃：他有太太嗎？

潘：有喲！……不過，和我一樣，已經離婚了，……你是不是在吃醋？

黃：他是我的情敵，我能不吃醋嗎？

潘：算了，你還沒離婚，等你離了婚，再來吃醋還不遲。……這封信，我已經看過了，你拿回去，……好好考量清楚以後，再投郵寄出去也不遲！

黃：也好，……等我想清楚以後，再投郵筒寄出去，還來得及。……

潘：不送你了，……我還有別的事要忙呢！……再見。

（音樂）

母：妮娜。……

潘：媽，……妳回來啦！

母：嗯，妮娜，……妳怎麼打扮好了，準備出去啊？

潘：龍哥，……約我去喝咖啡，……他說，有事要和我商量！

母：妮娜，……媽要妳別再和他來往了，……妳怎麼不聽呢？……從小，……妳就是個迷糊蛋，……讀中學的時候，大家都叫妳「小迷糊」，妳還記不記得？

潘：自然記得。

母：那時候，一認識麥可，……就墜入了情網，非嫁他不可，媽怎麼勸妳，別嫁給老外，妳就是不聽，一心想到美國就等於上了天堂……誰知道，那個麥可，是個花花公子，見了女人，見一個愛一個，還不到一年，就離婚了……幸好，妳還拿了一筆贍養費，……要不然，流浪異鄉，……我看妳，只好去討飯！……

潘：媽，……這些都是過去的事了，……妳何必去翻那些老賬！

母：妮娜，妳年紀也不少了，怎麼還是那麼迷糊呢？……我問妳，……妳知道那個姓龍的，究竟是幹什麼的？

潘：他說，是做小生意的。

母：做什麼小生意，你知道嗎？

潘：我跟他是在賭場認識的，我也不太清楚。

母：妳不是說，妳還想嫁給他的嗎？……怎麼這也不清楚，說妳迷糊，眞是迷糊到了家！……

……我告訴妳，我託了一家私家偵探社已打聽得一清二楚，他根本不姓龍，也不叫什麼龍少白，他姓黃，黃顏色的黃，名字就叫黃龍，……是個美術教員，想來美國淘金打天下的，曾經在餐館打工洗盤子，現在則在百老匯一家戲院附近擺地攤！……妳還想跟他結婚嗎？……

潘：他在擺地攤？……

母：還說他是老闆，老闆是個姓馬的，只是分一半地盤給他做生意而已，……妳知道，他銀行裡有多少存款嗎？

潘：多少存款？

母：九千一百廿五塊，連一萬塊還不到！

潘：難怪他聽說，我要三萬塊，他臉都發白了！……

母：妮娜……妳現在夢該醒了吧！……還要跟那位龍大少爺，去喝咖啡嗎？

潘：媽？……妳的消息正確嗎？……

母：妳若不相信，……我們現在就去百老匯找他，他也許正在做生意呢！……

（音樂）

馬：黃兄，斷了也好，……這樣，你也可以不再「意亂情迷」了！

黃：馬師傅，眞沒想到，妮娜這麼現實，一聽她母親說，我銀行的存款一萬塊還不到，馬上就和我拜拜了！

馬：在美國，只有傻瓜、迷糊蛋才不現實，……我早勸過你，那個女的，只是太寂寞了，隨便逢場作戲，找你消遣消遣，……你卻認眞做起白日夢來！

黃：幸好，我那封要和太太離婚的信，沒有投郵寄出去，……若寄了出去，那就糟了！

馬：黃兄，我說婚姻大事，不可兒戲，要三思而行，沒說錯吧！……啊，又有顧客來買東西了，……別再想那件事了，做生意要緊！

（腳步聲）

黃：小姐，……妳想要買襪子？還是布鞋？……

朱：黃老師，……我不是來買東西，我是你教過的學生，我叫朱春英，……你眞的不認得我了嗎？……

黃：（發窘）啊，……又是妳！（變山東腔）俺是大陸山東來的，俺姓蘇，……俺不姓黃。

朱：黃龍黃老師，你別再裝了，……你左眼邊，有一個刀疤，……我們在學校裡，都背後叫你「刀疤」，這總不會錯吧！……黃老師，……你是不是因爲在這兒遇見我，不好意思，……所以才不肯承認！……

黃：春英，……妳不會瞧不起老師，在美國，竟然斯文掃地做起這樣的小生意來！

朱：老師，打工賺錢，又不偷不搶，有什麼丟人？……我覺得老師，這樣艱苦奮鬥，才了不起呢！

黃：是嗎？

朱：老師，前幾天我才從台灣回來，我遇見了師母，我問師母，才知道，老師確是在紐約，我今天來找老師，完全是師母要我來的，她說，你已經好久沒給她寫信，是不是病了？

黃：我沒有病，只是做生意，太忙了。她和我的孩子，還好嗎？

朱：師母要我別告訴你的，可是我想，我還是應該跟老師實話實說才對！

黃：春英，家裡發生了什麼事，……妳快說。

朱：師母有一天去寄信，不小心在路上發生了車禍，有一隻腳腿骨撞斷了，在醫院治了很久才復原，現在走路都用拐杖，……也因爲住院治病，沒好好照顧小杰，他吃了不乾淨的食物，得了傷寒，大病一場，險些丟了性命。……

黃：這麼重要的事，她怎麼不告訴我呢？

朱：師母怕老師躭心啊，……幸好，現在一切都過去了，……師母要我見到老師，就說，若是在美國弄不到綠卡，還是回台灣去吧，一家人團聚生活在一起，比發財重要多了！……

……免得天天兩地相思，日夜掛念！……

黃：春英，……謝謝妳，帶來這樣的口信，……我今天就給我太太寫信，告訴她，……我已經決定提早回去，……不再在美國等那張望穿秋水的身分證了！……

馬：黃兄，……你眞決定不再等了？……打算回去啦！……

黃：嗯！……我已經等了三年了，……再不回去，我太太怕已經不認得我了！

（音樂起）

——全劇終——

一頭蠻牛

·戴愛華　導播·

——民國八十六年七月廿八日中廣公司播出——

時：八十一年至八十六年。

人：竇建安：卅餘歲年輕人，現代人性格，倔強似一頭蠻牛。（安）

丁素芬：其妻，廿餘歲，性格柔順，孤兒院長大。（丁）

竇　父：六十五至七十歲，脾氣不好，已退休，名思偉。（父）

竇　母：六十三至六十八歲。（母）

老　陳：五十餘歲，建安公司中的同事。（陳）

（音樂）

（劇名、牛叫聲、演職員報幕）

（深夜，時鐘滴嗒聲，敲了十點）

（電話鈴響）

母：（在睡夢中驚醒）喂，……誰啊？……這麼晚了，還打電話來？……（接聽電話）誰呀？……是建安啊！

安：（在電話中說）媽。……爸睡了嗎？……我現在要帶一位丁小姐來見他，……媽，……你叫他起來，好不好？

母：什麼？丁小姐，……現在要來，我們家？

安：是呀，……媽，……快去叫爸起來，我有很重要的事，要向他報告。

母：你明天帶丁小姐來不行嗎？家裡沒整理，亂糟糟的！

安：媽！……好不容易，丁小姐答應我來見見你們，……你就別推三阻四的，……亂就亂一點，她不會計較這些的！

母：好吧！……我這就去叫醒你爸！（掛上電話）

（腳步聲）

母：老頭，快醒一醒，建安打電話來說，他現在要帶一個丁小姐來我們家見你。

父：（睡夢中被吵醒）太太，什麼事，把我吵醒！……誰要來見我？

母：你的兒子，他現在要帶他的女朋友來見你，……快下床吧！

父：（強調）現在？現在幾點？……

母：十點過五分，他說，有很重要的事，要向你報告！

父：這小子，專門來這一套，只管自己，不管別人，從來沒把父母放在眼裡，……哼！……半夜十點了，還把我吵醒！什麼重要的事，要向我報告！……難道說，他要和那位女朋友結婚了嗎？……

母：別發什麼牢騷了，快穿衣服吧！

父：這幾年，他女朋友倒交了不少，從來也沒見他帶過一個回家來，讓我們見個面！

母：好了，別嚕嗦了，……他這一次不就帶回來，讓你見面了嗎！快把襪子，鞋子穿上。

父：這麼晚了，……穿拖鞋不行嗎？

（門鈴聲響）

母：啊，來了，……拖鞋就拖鞋，我去開門，你穿好襪子，就出來。

（開門聲）

母：建安，你怎麼這麼快，就到家了。……

安：我在巷子口公用電話打的電話，……素芬，……來，見過我媽！……媽，……她就是丁素芬小姐，……啊，我爸也來了，爸，……我來給你介紹，……這位就是丁素芬小姐，……這是我爸！

丁：竇伯伯，竇伯母，你們好。……這麼晚了，來打擾你們休息，眞對不起。

母：不晚，請坐！……（倒茶聲）請喝茶！

丁：伯母，謝謝你。

母：你們從那兒來？

安：我們看了場電影，……因就在附近，……我想帶素芬來見見你們。

丁：我本想太晚了，改明天來的，但是拗不過他！……

父：（揶揄）哼！……他……就是這付德性，只管自己，不管別人。

母：丁小姐，……家裡還有些什麼人？

丁：我……是在孤兒院長大的，父母從小就過世了，我現在在國民小學做老師！……

父：那你住那裡呢？

丁：住在永和，……和一個同事，合租了一間房子！

父：啊！永和，離我們這兒很遠吶！……等一下，……怎麼回去呢？

安：我會送她回去的！（看錶）啊，十點半了，……我們該走了。……

母：丁小姐，別急著走，我去弄點宵夜給你們吃！

丁：謝謝伯母，不用忙了，我不餓！

安：媽，……爸，……我們走了。

丁：伯父、伯母，再見。

母：有空常來玩。

（開門聲，……關門聲）

父：哼，……還沒說上幾句話，……他說走就走！

母：你呀，別生兒子的氣了，……他急著送丁小姐回去，也沒錯呀！

父：你呀，處處護著他，把他養成一副長幼不分的態度，我能不生氣嗎？

母：他有時候是粗心一點，……但是你也犯不著處處斤斤計較，……你是他老子，他是你兒子，不對嗎？何必這麼小心眼呢！

父：我小心眼？……他變成一頭蠻牛，……就是讓你給慣壞的！

（音樂）

安：爸，……你覺得，……丁素芬，怎麼樣？

父：什麼怎麼樣？

安：比如她的相貌呀、人品、……家庭背景……等等……

父：總共見面還不到五分鐘，你要我怎麼說？

安：哎，……你不是常說，好人壞人，逃不過你的法眼，一眼就看出來了！

父：嘿，……這句話，你可記住了！

安：爸，……我準備和她結婚，……你不會反對吧？

父：（一驚）什麼？……結婚是人生大事，你這麼快就決定了？你認識丁小姐多久了？

安：一個月還不到。

父：太快了，……至少也得半年，……我不同意！

安：可是我已經決定了！……

父：雖說你已經成年了，……是該結婚的年齡了，……但是，……這是件大事，有關你畢生幸福的事，……怎麼可以匆促決定呢？……

安：現在的時代，……就是講究快速，……還有人，認識不到一個禮拜，就結婚的，……不管你同不同意！……我已經決定下個月結婚，誰也別想更改！

（腳步聲自遠到近）

母：哎呀，你們父子兩個，又在吵架？我老遠就聽到你們的聲音！

父：他說要結婚了，我做爸爸的能不管嗎？

母：建安，……你要結婚了？眞的！（高興的）是跟那位丁小姐？

安：沒錯！……媽，你不反對吧？

母：我不反對。……你已經快卅歲了，該結婚了！老頭，……你憑什麼不同意呢？……你覺得丁小姐不好嗎？

父：他們認識還不到一個月，就要結婚，這不太草率了嗎？

安：這不是草率！這是效率快，現在是講究快，速度的時代，……什麼事都要速戰速決，不快，……就要被時代淘汰！……

父：太太，你知道他打算什麼時候結婚嗎？

母：什麼時候結婚？建安。

安：下個月。

母：這……太匆促了吧？……建安……是不是……你們已經先上車了？

安：我才不來這一套！……我們是計劃生育，結了婚，……至少要隔五年以上，才考慮要不要生孩子！

母：什麼？……要隔這麼久？

安：沒有買下房子、車子以前，我是決不會生孩子的！

父：你聽聽，……這就是你生的寶貝兒子，……把房子、車子，看得比生孩子還重要！

安：爸，……你不懂！……這是「現實」！……我們要面對「現實」！……對了，……我還有件事要向你們報告，……就是婚後我們要搬出去，另外租房子住，不和你們住在一起，免得發生磨擦，不愉快！

母：什麼？你們不和我們住在一起！

父：那將來，……也別想……你來養活我囉！……

安：那……要看我的能力！……

父：你這個畜牲！（怒摑兒子一耳光）你給我滾吧！讓我白養了你這些年，……還給你出國去留學，……現在居然給我說這樣的話！……你走，我再也不想看見你！

安：你打我？……還要我走！……好，……我走了！（開門）

母：建安，……你別氣你爸，你不知道他有心臟病嗎？

安：是他說不想看見我的！

父：你走！……你走了，就再也不要回來！

（關門聲，昂然而去）

母：建安（哭叫著）……建安……

（音樂）

丁：建安，既然你父親不贊成，我們就遲一些日子結婚吧！

安：不，我既然已經決定了，……決不更改。

丁：可是，你爸爸會生氣的！

安：不管他了，婚後我們又不和他們住在一起，已經鬧翻了，我還給他打了一個耳光，……眞要生活在一起，我可能死在他手上，也說不定。

丁：有這麼嚴重嗎？

安：你不知道，從小到大，我不知挨過他多少打！……我有什麼事，找他商量，一定談不攏。我說東，他一定說西！……我們之間，就是有代溝！……他總是要我聽他的，……不然就是不孝！

丁：我看你爸不像不講理的人！

安：他常說：「子不教，父之過」，……要我尊老敬賢，知書達理，孝順父母，才能受人尊敬！哼！十足的老古董，食古不化，除了放進故宮博物院，一點用處也沒有。

丁：建安，……你爸把你辛苦養大，沒有功勞，也有苦勞呀！……

安：有什麼辛苦的，有些小孩，沒有父母，還不照樣長大？

丁：建安，……你是說我嗎？……你沒在孤兒院躭過，……那種沒有溫暖、關愛的滋味，也不好過。……從小我就多盼望父母抱抱我，親親我，……就是做錯了事，被父母打，和被別人打，也都不一樣的！

安：是嗎？

丁：建安，你是人在福中不知福，……你父親送你去國外留學，總花了不少錢吧？……若是你沒有他，……你能去國外留學嗎？

安：（沉思）嗯！……你說的不錯，沒有了他，我是不可能出國去留學，……不過，……我已經成人，……他總不該再打我一耳光啊！

丁：你爸要你晚一點結婚，……也沒錯呀！

安：好了，不談這些了！……我聽你的同事們說，……你的性格，就像一頭蠻牛，……你的牛脾氣，一飆起來，……眞讓人受不了。

（音樂）

（「結婚進行曲」的音樂，鞭炮聲）

（辦公室電腦打字機聲）

陳：哈，……建安，……新郎倌度蜜月回來了，……新婚快樂嗎？

安：老陳，……這些日子，我的工作，有勞你代辦，……我得好好謝謝你，……中午，我請你吃飯！

陳：不用客氣了，……我有事，找你代勞，還不是一樣的！

安：咦，老陳，……我的辦公桌呢？怎麼不見了？

陳：你的辦公桌，搬到這兒來了，……你的職位已經調動了，人事命令剛貼在佈告欄上。

安：嗄！……這位新來的張寶順是誰？

陳：他是總經理太太的外甥，剛從國外回來，……明天就來上班！

安：他是博士學位嗎？

陳：他只是大學畢業，比你還矮一截，碩士學位沒有拿到！

安：那憑什麼一來，就接我的工作，……太不公平了嘛！

陳：建安，他有背景、有後台，就成了！……老弟，別發火，又沒扣你薪水，已經很公平了。

安：不行，我得去找總經理理論去！

陳：建安，別去了，沒有用的！

安：不，……我非去不可。

（開門聲，匆匆而去）

陳：這條蠻牛，……這不跟自己過不去嗎！唉，……年輕人，……就是不肯吃虧！

（電話鈴響）

陳：喂，……這兒是金穗公司，你找誰？……竇建安，……喔，他結婚度蜜月去了，今天才來上班，……現在不在辦公室，……你找他有什麼事嗎？……噢，……你是他令堂，……你要他今天下班以後，回家吃晚飯，……好，我會轉告他的！

（電話掛斷）

陳：奇怪？……好像他媽還不知道建安已經結婚了呢？這是怎麼一回兒事？……

（開門聲）

安：哼，沒什麼了不起，……憑我竇建安的學歷、經歷還怕找不到一份工作，此處不留爺，自有留爺處！

陳：建安，你在說什麼？……總經理，他怎麼說？

安：老陳，……我和總經理吵了一架，決定辭職不幹了！……我現在就收拾東西，走人！

（開抽屜，收拾東西聲）

陳：建安，何必呢！火氣這麼大，凡事多忍耐，別走！

安：我非走不可，……我嚥不下這口氣！（繼續收拾東西，把杯子擲下打破聲）

陳：方才你走開時候，令堂打了個電話來，要你下班以後，今晚回家去吃晚飯！……

安：噢！我知道了！……

（音樂）

母：思偉，開飯了，……來吃飯吧！

父：我不餓，……你自己吃吧！……

母：要不要喝一碗雞湯，補補身子。（舀湯入碗聲）
父：那個畜牲走了多久了？
母：你是說建安？……一個多月了！……
父：難道因爲我打了他一耳光，……他就眞的再也不回家了？
母：前兩天，我打電話到公司去，……他們說他度蜜月去了！
父：嘿！……他當眞跟那丁小姐結婚了，……連父母都不通知一聲，……眞是太不把父母放在眼裡了！……
母：後來，我也要他們同事轉告他，要他下班以後，回家來吃晚飯，他也沒有來！
父：唉！……生這樣的兒子，有跟沒有，都一樣！……
母：今天我又打電話到他公司去，……他們說……他跟總經理吵了一架，辭職不幹了！……到那兒去？都不知道！
父：嗯！……眞有個性！
母：他這種牛脾氣！……吃虧的還不是他自己！
父：你呀，……別再主動打電話去找他了，……別再管他，就當他已經死了！……就是在路上碰見他，他不叫你，你理都不要理他！……你要跟我一樣，有點骨氣好不好！……做長輩的，跟小輩低頭，像什麼話！
母：老頭，……何苦這樣，……他終究是我們辛苦養大的兒子，不是嗎！

父：就是因爲你處處遷就他，他才會這麼囂張，不把我們放在眼裡！

母：他的這種倔強脾氣！……十足就是你的遺傳，……還說吶！

父：他倔強，好，我比他更倔強！……難道要我這做老子的，先向做兒子賠禮道歉嗎？……

母：那也沒什麼，……好歹他總叫你老爸吧！……

父：別說了，……我越說越氣，……他就眞的一輩子不回來，我也不稀罕！我，……回房休息去了！……免得血壓又升高起來！……

（腳步聲離去）

母：唉，……眞是，……有其父，必有其子！……

（電話鈴響）

母：喂，……劉太太嗎？……我是竇太太，……有什麼事嗎？（高興的）什麼？……你打聽到我兒子住的地方了，……他就租了你表嫂家的房子，……好……等一下，我去拿張紙來，記一記，……住在松山，……什麼路……八德路四段……

（音樂）

丁：建安，……怎麼啦？下班回來，一直繃著臉，一句話也不跟我說。

安：我心情不好。

丁：你不是說，這家新公司的老闆，很器重你，怎麼還心情不好呢！

安：老闆是對我不錯，說話也客客氣氣的！……可是，那些辦公室的同事，……處處欺負我這新來的！……我眞受不了！

丁：你呀，大少爺做慣了！……在社會上做事，那兒不都這樣，……凡事想開點，多吃一點虧，處久了，就打成一片了！

安：大家都是平等的，幹嗎要我吃虧！……做受氣包！

丁：好，……我們不談這些，……我問你，我們結婚多久了？

安：三個多月，四個月還不到，……怎麼，你有什麼計劃？

丁：過兩天，我們學校放春假了，……我想你們公司清明節，也會放假，我們該抽個空，回家去看看你爸爸和媽媽……向老人家道歉賠不是，你說好不好？

安：回家去向爸和媽道歉，賠不是？

丁：再怎麼說，……他們總是你的父母！

安：你想去，你去，我不去！

丁：跟自己父母，……鬧什麼彆扭呢！

安：他打了我耳光不算！還說，再也不想看見我！

丁：啊呀，……那……只是氣話，……你怎麼可以認眞呢！

安：不，……除非……他們先來看我！

丁：建安，……你看，這是什麼？

安：（看見茄克，一驚呆住，停了半響，才說）……我的皮茄克？……是不是你已經回去過了？……

丁：我沒有回去過。

安：那這皮茄克，……怎麼來的！

丁：是你媽下午親自送來的，……她說，天氣涼了，……她怕你受涼，帶了幾件毛衣來，順便把這件你最喜歡的茄克，也帶來了。

安：（愕然）……啊，我媽怎麼知道，我們住在這兒？

丁：她說她託了不少人打聽，最後是劉太太告訴她的！……

安：啊！……原來是這樣！……

丁：你媽問我說，……你怎麼辭職，離開了那家公司，……她還偷偷拿了兩萬塊錢給我，問你生活有沒有困難？……建安，天下父母心，你跟你父親嘔氣，沒道理連你媽都不理吧！

安：好了，……別說了，……素芬，……明後天，我們回家去一趟就是了！……

丁：（高興的）哈，……眞不容易，……這件茄克，……讓你軟化了。

安：這件茄克，……是當年我去美國留學時，……爸送給我的生日禮物，……他說，美國比台灣冷，……怕我受了涼生病！（說著不禁哽咽起來）……

丁：（取笑）建安，……我還第一次看你流眼淚呢！……

（音樂）

（門鈴響）

母：誰呀？……

丁：媽，是我，……素芬……還有建安……

母：（開門聲）啊，……素芬，……建安，……快進來坐！……

安：媽，……爸呢。

母：他出去散步了，……可能是到附近公園，看那些孩子玩滑溜梯，坐蹺蹺板吧！……

安：媽，……我們沒帶什麼東西來，……這塊衣料是素芬選的，……不知道你喜不喜歡？

母：只要你們回來就好了，……什麼顏色、花樣，都不重要！……

丁：媽，……這匣吉林人蔘，是建安買了送給爸的，讓爸補補身子的，爸的身體還好吧？

母：身體還硬朗！……只是，……你們在外面瞞著他結婚，……心裡老是不痛快！……比前一陣子瘦了！……

丁：爸胖了一點，……能瘦一點，最好！……媽，……我們回來了，爸該不會再生我們的氣了吧！

母：建安，你們回來，也不先說一聲，……吃了晚飯再走，……我去廚房看看，有些什麼菜！

安：媽，……您不用張羅了，……等爸回來，我們上館子去，好好吃一頓，代替補請爸、媽喝我和素芬的喜酒，……爸，喝啤酒沒問題吧？

母：我是不准他喝酒的，……不過，……今天，例外，……

丁：媽，……您眞好！……要不是，媽把那件茄克帶來，……建安，他還不想回來呢！……

安：素芬，……別提了，好不好！……

母：建安，……你這牛脾氣，……眞得好好改一改，聽說你已換了工作，……就別再一發火，又辭職不幹了，……知道嗎？……

安：媽！……我聽您的，……就是了，……對了，我的房間，……是不是老樣子，那些堆得亂七八糟的書，……您沒給我整理過吧？

母：我是想給你整理的，怕你又怪我多管閒事，把那些書反而弄亂了，……所以……沒動，完全跟你離家以前，一模一樣！

安：媽，……我去看看，……

丁：建安，要不要我去幫忙整理？

安：不用了，……你陪媽聊天吧！（腳步聲遠去）

母：素芬，你又要上班，……還要忙晚飯做家事，忙得過來嗎？

丁：還好，……就只我們兩個人，……忙不過來，……就買便當來吃，很方便的！

母：嗯，……現在時代確是不同了！……

（門鈴聲）

母：準是老頭回來了，……素芬，你先躲一下，我們讓他來個驚喜。

丁：好，我到建安房裡去！（腳步聲隨去）

（開門聲）

母：啊！……你散步回來了！

父：嗯！……太太，你瞧，……我帶了幾個熱包子回來，有肉的，豆沙的，還有芝麻的，……都有，趁熱吃吧！

母：思偉，包子留著明天當早點吃，……我現在不餓！……告訴你一個好消息，……今晚有人請我們吃喜酒！

父：吃喜酒？誰？……有喜帖寄來嗎？

母：沒有喜帖！……新郎新娘親自來請的！……我們非去不可的！

父：究竟是誰呀？……這麼冒冒失失的，請吃喜酒，連喜帖也不發，……還非去不可！……

母：你呀，別猜了，你猜不著的，……我去請他們出來，你就知道了！

父：這是什麼啞謎？

（二人腳步聲出）

母：是建安小倆口回來了！……他們要補請我們吃喜酒，你不會不去吧！

安：爸，……你不會不高興看見我吧？……我是特地和素芬來向你賠罪的！……素芬我們一起向爸、媽，鞠躬，行禮！……

父：（阻止）不用了，……（高興的）建安，……素芬，……你們能回來，請我喝喜酒，……我就什麼氣也沒有了。……

丁：爸，……請你原諒我們不懂事！……結婚，也沒先稟告你。

父：過去的事，就別提了！
母：你看！……這匣吉林人蔘，是建安買來送給你補身子的！……
父：啊！……我離開吉林，已經四十多年了！……想不到還能吃到吉林人蔘，眞不容易！
安：爸，……剛才媽說，她本來是不准你喝酒的，不過，今天「例外」，等一會兒，我要陪你好好的乾一杯！……
父：（高興的）太太，是眞的嗎？……這可眞是一大「突破」啊！……

（音樂）

安：素芬，……你在看什麼？……看得這麼入神。
丁：一張嬰孩的圖片，胖嘟嘟的，你看，多可愛！
安：（畫像紙張聲）哎喲，……這是人家賣奶粉的廣告，當然要胖一點，……否則誰要買他的奶粉。
丁：建安，……我有個同事，跟我們只差一個星期結婚的，前兩天，她帶她生的孩子，到學校來玩，已經一歲多了，剛剛會走路，長了兩顆牙齒，笑起來，逗人喜歡極了！……
安：我明白了，你別說了，你也想生小孩子，是不是？
丁：建安，……我們結婚已經三年了，……每次回家去，媽就問我，什麼時候，才有好消息啊！……她還給了我一個偏方，……說只要照偏方去做，可以保證生男孩子，……若是我們怕麻煩，只生一個小孩也行！……

安：素芬，……我們結婚時候，說好要計劃生育的，……至少要過五年，……再等兩年，才考慮這個問題好不好？

丁：先是你說要把錢省下來，要買車子，現在車子也買了，分期付款也快扣完了，……你又說要買房子，……一幢房子要好幾百萬，我們要熬多少時候，才買的起呀！

安：有些房子，是預訂的，只要先付了頭期款，等它慢慢的蓋，兩年或是三年蓋好了，有百分之八十房屋貸款，……就可以搬進去住了，……素芬，一步步來，你急什麼呢？……

丁：你是不用急，……慢慢再等兩年，可是我再過兩年，就是高齡產婦了，生產，就有危險性的，你能說我不急嗎！

安：現在醫術高明的很，至多剖腹生產，不會有危險的！

丁：我不管，……我決定不再和你合作避孕了！……看你敢把我怎麼樣！

安：素芬，……你別惹我發火好不好？……

丁：我……就要，……我有做母親的權利。

安：有了孩子，你上班就沒有那麼方便了，半夜裡要起來給孩子沖奶粉，……孩子病了！還要帶他去看醫生！……奶粉錢、醫藥費、保母費，……增加這麼多開支，……你仔細計算過沒有？……就是不爲我著想，……你也該爲你自己想一想！……

丁：你是很會替自己著想，……要是永遠沒有孩子，那該多好，我們可以省下很多錢，……永遠只有我們兩個人，過著神仙一樣，無牽無掛的生活，……想到那兒去玩，就到那兒去玩，……屋子裡打掃得乾乾淨淨，不會有人來搗亂、想靜下來聽聽音樂，看看書，也沒有人來吵來鬧，……那多逍遙自在！……

安：就是呀！……有什麼不好呢？……

丁：可是，等我們兩個都老了，……走也走不動了，……事也不能做了，……誰來養活我們，整天大眼瞪小眼，……你看我，我看你，……多寂寞，……多痛苦！……

安：好了，……算你說得有理，……到時候，我們再考慮領養一個義子或是義女，不也一樣嗎？……

丁：領養的，……怎麼能和親生的相提並論呢！……建安，……你太功利主義了，……什麼事情，都只往「利」字上去著想，……難道，人生的幸福，就只有「利」，沒有「情」和「義」嗎？

安：唉，……怎麼，你怪我呢！……這是時代潮流所趨啊！……什麼叫「新新人類」，……新新人類就是「一切以自我為中心」，要突破傳統的觀念，強調享樂，這樣，人生才有意義！……

丁：我不要聽你這些歪論！……若是社會上，大家都像你們這樣，……我們的未來，……將是一片黑暗！……

安：別扯遠了，……目前，……我們還是照「原定計劃」進行！……

丁：不，我反對！

安：（大聲喝阻）你再反對，……我就讓你吃「茶杯」！

（玻璃杯丟過去，破裂聲）

（音樂）

（「電視新聞」正在播報某一社會新聞，播了一半，突被關掉聲）

母：咦，……老伴，你不是最愛看電視新聞的嗎！……怎麼看了一半，突然關掉，不看了呢！

父：唉，……到處都是打架、暴力、色情，……這種新聞，眞是不看也罷！還可以耳根清淨，少惹一些閒氣。

母：嗯，……眞是世風日下，什麼太太殺丈夫，兒子殺老子，什麼亂七八糟的事都是新聞！

父：我們的社會病了，……眞得好好的心靈改革一下，才行。……前兩天，……我在電視上看到那個綁票歹徒林春生的父母，哭著向白冰冰道歉說，他們沒有管教好自己的孩子，讓他做出這樣傷天害理的事情來，……我想起自己，也沒管教好自己的孩子，……我眞慚愧！……

母：老伴，你是怎麼啦，建安好端端的，他也沒做什麼壞事啊？……你怎麼拿他跟林春生來比呢！……

父：他是不能和林春生來比，……可是，他跟素芬結婚已經快五年了，……我們都盼望他能早一點給我們添一個孫子，……可是，他就是不聽！……堅持他那什麼狗屁的「計劃生育」！……「不孝有三，無後爲大」的道理，他都不懂嗎？……

母：現代的年輕人，只顧到自己，……那還想到別的！……

父：早知道這樣，……我何必讓他讀大學，還出國留學，……若是我只讓他國中畢業，……說不定早就抱孫子了！……

母：你呀，……整天就想抱孫子，……

父：難道，你不想嗎？

母：我也想，……不過，……現在，我已經想開了！前兩天，劉太太要我陪她去看她女兒在學校演出的一齣話劇，劇名叫「海葬」，是根據一齣世界名著改編的，劇情是說海邊一個漁村中，有一戶人家，都是捕魚爲生的，一個母親，生了六個兒子，結果，她丈夫，五個兒子都因爲出海打漁，死在海上。後來，她最小的兒子，還要出海去打漁，也死在海上，老母親聽到這一消息，竟然，不哭了！

父：怎麼回事呢？

母：她的女兒和媳婦都哭得死去活來，反而老母親卻冷靜的告訴一些鄰居說：「他們都走了，大海再也不能加害於我了，我也可以不用再日夜提心吊膽，爲兒子的安危而擔心了」！……眞的，當人想開了，看開了，生活中就沒有什麼害怕，也就沒有什麼煩惱了！……你說是不是？

父：有道理，……兒孫自有兒孫福，……我們又何必爲他們瞎操心！

（電話鈴響）

（接電話）

父：喂，……誰？劉太太，……太太，你的電話！

母：劉太太嗎？我就是，有什麼事嗎？……什麼？你的小孫女芳芳，放學很久了，還沒有回家，……有沒有到我們家裡來？沒有啊！……（話筒中傳來哭泣聲）劉太太，別緊張，大概小孩子貪玩，到什麼地方玩去了，……一會兒會回家來的，……不用去報警！……你啊，……該去學校接她回來，不就安全多了嗎？……（掛斷電話聲）

父：怎麼？芳芳被綁架了？

母：過了十分鐘，她還沒有回到家，……劉太太就急了！……

父：嗯！……沒有孫子也好，……有了孫子，還得躭心他被綁架呢！

（音樂）

安：嗨！……老陳！……還記得我嗎？

陳：（停止走路聲）竇建安，……啊，我們已經分開快五年了吧？……想不到我們今天會在這醫院裡見面！……

安：老陳，你還在金穗公司上班嗎？……好不好？

陳：老樣子，……一切都沒有變！你哪？現在在那兒高就？

安：離開金穗以後，我換了好幾個地方，總是幹不長，……現在算是安定了下來，在一家立達電腦公司，當系統工程師，喏，這是我的名片，上面有電話，可以保持聯絡。

陳：結婚五年，有幾個小寶寶了？男的，還是女的？

安：我們是計劃生育，還沒生吶！老陳，……你來醫院，有什麼事嗎？

陳：我是來看我的媳婦，……她剛替我兒子，生了個小孩，八磅重，……是個男的，眞沒有想到，我還沒滿六十歲，竟然已經做了公公了。……要不要一起去育嬰室看看，……胖嘟嘟，一雙大大的黑眼睛，怪可愛的！……

安：老陳，……眞得向你恭喜！

陳：建安，……你來醫院看朋友啊？……

安：不，……我是來看我太太的，……她，……有點不舒服，……東西吃不下，……又老是吐，……醫生正在給她檢查！

陳：我看吶，不用檢查啦！……八成是「害喜」了！……

安：你是說，我太太懷孕了？……這怎麼可以呢！……這分明是跟我作對嘛！……

陳：建安，……這是很正常的好事！……你怎麼說是作對呢！……好了，我去看我的孫子了，……建安，跟我一起去看了再走。（腳步聲）

安：好，去看了再走！（二人同行）

（音樂）

母：老伴，……下個月五號，……就是你七十歲的生日了，……那一天，正巧也是我們倆結婚四十週年，……我打算好好的給你慶祝一下，熱鬧一下，你說好不好？

父：你有什麼計劃？先說說看。

母：我要在美國的大女兒，香港的二女兒，和女婿、外孫他們都回來，和建安他們團聚在一起，還有你那幾個常見面的老同學、老同事、中南部的一些親戚，也都請來，估計只請三到四桌，……建安結婚也沒有請大家喝喜酒，有人都在怪我們，……這次一概免收禮，只是請大家來吃頓飯，……你不會不同意吧！

父：時間過得眞快，我退休也快五年了，……是該好好聚一聚，祇是，大女兒、二女兒她們都能回來嗎？

母：人生七十古來稀，我想她們都會回來的，……那些外孫，恐怕已長得我們都不認識了！……美華說，喬治只會說英語，中文一個字都不識！美玲生的女兒，大概只會說廣東話，……恐怕爺爺奶奶都不會叫！

父：只要他們能回來就好了，……管他會不會說中國話呢！……希望她們這一次回來，能多住幾天，家裡有了小孩，就熱鬧多了！……

母：偏偏建安這麼彆扭，結婚五年了，也不肯給我們生個會說國語的孩子，……眞洩氣！……

父：你自己說的，……凡事想開了，就沒有什麼煩惱了，……怎麼這回兒，又想不開啦？……

母：好了，別提了，……提起來，就掃興！

（門鈴聲）

父：奇怪，都快十一點了，……這麼晚了，怎麼還有人上我們家來？

母：我去開門。

父：別忙開，現在歹徒多得很，……先問清楚是誰，再開門。

母：是誰呀？……

丁：媽，……是我和建安哪！

母：（開門聲）素芬哪，什麼要緊的事，……這麼晚才來。

丁：是建安他要來的，……我要他明天來，他不肯呀！

父：是建安他們嗎？……快讓他們進來吧！

安：爸，……你們還沒睡？……

父：你媽正在和我商量，怎麼爲我過生日，……她打算把你大姐、二姐她們都找回來，好好熱鬧一下！……

丁：爸，……你生日是那一天？

母：下個月五號，……建安、素芬，你們也要來啊！……這一天，不僅是你爸七十大壽，也是我們結婚四十週年紀念，……

丁：啊！雙喜臨門，……我們一定來。……

安：爸爸，……你都七十歲啦？……

父：怎麼？你還不知道？……

母：建安，……你不小了，怎麼還是冒冒失失的，已經很晚了，還回家來打擾我們，究竟有什麼重要的事呢！……你說呀！

安：還是讓素芬來說吧！……素芬，你說呀！

丁：爸爸，……媽，……醫生給我檢查的結果，確定我已經懷孕了……

母：素芬，是眞的嗎？……

丁：是眞的！

父：啊！那眞是個好消息！

丁：可是建安不同意我懷孕，……他說按照他的計劃，至少還要再等一年，我們才可以有孩子，……他要我去把孩子拿掉，……

母：這怎麼可以？建安你是一頭蠻牛，……眞是蠻不講理的蠻牛！……

丁：我不肯！……就吵了起來！……

父：所以，……你們才半夜回家來，找我們來評理，對不對？……

安：不，不是這樣的！……

母：那還是怎樣？你說呀！

安：我本是想把孩子拿掉的，……可是後來我改變了主意！

父：是什麼，讓你改變了主意呢！

安：我在醫院裡，遇見了一位過去的同事老陳，他今年六十歲還不到，因爲他兒子給他生了個孫子，高興得什麼似的，……一定要我去育嬰室，看他剛出生不久的嬰孩，……那嬰孩眞是可愛極了，……一直對我笑，……我才想起，若是我自己的嬰孩，一定比他更可愛，……

母：所以，你改變了主意！

安：不，還有素芬跟我說過的話，她說：我太功利主義了，什麼事情，都只往「利」字上去著想，人生的幸福，除了「利」，還有「情」和「義」！……

父：建安，……你總算開竅了！……不再是一頭蠻牛了！……

丁：爸，……您……七十大壽，……這是我們送您的「生日禮物」，……您高不高興？……

父：高興，太高興了！……

母：素芬，……你從今天起，重的東西不要提，粗重的活也不用做，……最好，先把工作也辭了，……小心在家多休息！知道嗎？……

丁：是，媽，……我會小心的！

（音樂起）

—全劇終—

三度空間

·戴愛華 導播·

——民國八十六年十二月廿八日中廣公司播出——

時間：民國八十六年四至八月間。

人物：曾爺爺—七十歲以上老人，三度空間的男管理員。（曾）

賈婆婆—六十餘歲老太太，口齒略有漏風，女管理員。（賈）

黃玉如—十六歲女學生。（黃）

湯銘心—四十餘歲，計程車司機。（湯）

曹大明—年輕，基層警察。（曹）

錢達海—五十餘歲，董事長。（錢）

林美蘭—十五歲，國中生。（林）

小　黃—看守的警犬，兇猛。（小）

（劇名，天上安祥的音樂，猶如仙籟。本劇配音盼多採聖樂）

（演職員報幕）

（音樂）

報幕：各位聽衆，……這是一個與衆不同的廣播劇，故事中一些人物的遭遇，是你常見的，……他們會聚合在一起嗎？……這三度空間，……究竟是在什麼地方呢？……你只要仔細聽下去，……你就會明白了！……

（音樂）

（小黃的吠叫聲）

曾：小黃別叫了，……（狗叫停止聲）我知道了，……一定是有人來了，誰呀！……（開門聲）……嘿，……是個年輕的小姑娘，……你怎麼年紀輕輕的，就到這兒來報到呢？……
……你叫什麼名字啊？……

黃：我叫黃玉如，……我是被人強暴後殺死的！……老先生，這兒是什麼地方啊？……天上嗎？……

曾：這兒不是「天上」，可也不是「人間」……是離開滾滾紅塵很遠的一個「第三度空間」，
……我是這兒的男管理員，我今年已經七十多歲了，我姓曾，……你就叫我爺爺好了！
……到了這兒……我們就經常見面了，……你……今年幾歲啊？……怎麼會被人強暴殺死的呢？……唉！現在人間，眞是人慾橫流，太不像話了！……到處都是色魔、色狼！

黃：曾爺爺，……我今年十六歲，……只是去給我奶奶送便當，想不到，在路上遇上歹徒，要強暴我，我就叫救命，後來他拿出刀來，我還是反抗，結果就被他勒死了。

曾：啊，……你渾身上下，有不少的傷痕，眞可憐。……

黃：曾爺爺，……那些色狼，太可恨了，我好好的在路上走著！……又沒有做什麼壞事……就因爲不願被強暴，就應該被殺死嗎？（傷心哭）……我媽就我一個女兒，我父親早已死了，她若知道我死了，她一定會很難過的！……（說這段話，一邊哭，一邊斷斷續續的說）……

曾：啊，……家裡還有什麼人？

黃：還有一個奶奶，她生病住在醫院裡，每天都是我給她送便當的，……現在我不能送了，……媽就……更辛苦了！

曾：你媽做什麼事呢？

黃：她……在市場賣菜！只賺很少的錢來養活我，我一直想，等我學校一畢業，就去找工作，賺錢來養活我媽！

曾：啊，你這樣孝順母親，……可眞是好女孩！……也是你奶奶的心肝寶貝，發生這樣不幸的事，實在令人同情。

黃：曾爺爺！……我好想我的母親和奶奶，……我不在她們身邊，……她們一定也在想我。……

曾：黃玉如，……我們這兒還有個賈婆婆，她今年也已經六十七歲了，……我請她出來，……介紹和你認識，……她是這兒的女管理員，你有什麼需要，都可以跟她說，……她很和藹可親的喲！……(向內叫)賈婆婆，快來喲！……這兒有位小孫女，要等著見你吶！

賈：(枴杖走路聲)別叫，我聽見了！……老曾啊，……小孫女在那兒啊？

曾：玉如，……快叫啊，……她就是賈婆婆，……她和紅樓夢裡的賈寶玉，同一個姓。

黃：賈婆婆，您好，……我是黃玉如，……我來向你報到的。

賈：(高興的)啊，……好討人喜愛的小姑娘，……啊，……你的衣服怎麼髒髒的，臉上手上也傷痕累累血跡斑斑，……快，……跟我來，……我給你去梳洗一下，……換套衣服，……再給你安排一個住處，……這兒空氣清新，環境幽靜，……你一定會滿意的。

黃：謝謝賈婆婆！……曾爺爺，……再見。(腳步聲遠去)

曾：(嘆息)唉，……這麼活潑可愛的小女孩，……那些色狼，怎麼狠得下心，……把她活活勒死呢！……這些人，人性到那兒去了？……他們怎麼一點良心都沒有？……唉！這些人眞得要好好的「心靈改造」一番不可了！……

(音樂)

(鳥叫聲，流水潺潺聲)

賈：玉如，……來，……別再想過去不愉快的事了，我帶你到花園裡去走走，這兒不但鳥語花香，一些奇花異草，你看都沒有看過呢！……你看，這朵花多美，像隻蝴蝶一樣！

黃：賈婆婆，……你說，花園裡，有一塊石頭，表面就像一面鏡子一樣，對著它，只要誠心的默默禱告，就可以看到幾千里以外，想見到的人，是眞的嗎？

賈：當然是眞的！我現在就可以帶你去看這塊石頭，它叫「萬里靈石」，……玉如，……你想看見誰呢？

黃：我想見我的母親，還有奶奶，……還有幾個我最要好的同學！……

賈：玉如，……喏，……你看「萬里靈石」到了，……記住，……先要默默的虔誠禱告！

黃：（喃喃低聲禱告）萬里靈石，求你讓我看到我母親，……她現在在做些什麼事嗎？

賈：你可不能和你媽說話啊！……就是說話，你媽也是聽不到的……這塊靈石，只能傳送畫面，……沒法傳送聲音！……

黃：（高興的）啊，……眞像彩色電視機一樣，畫面好清楚唷！……我看到我媽了……她在我的房間裡，……整理我的書本，筆記簿……啊，……她在看我的日記……還有我的成績單，……啊，我母親一邊整理，一邊在哭，……（大聲）媽，……我看到你了，……你別難過了，……你一哭，我比你更難過，……媽，……你聽見我在跟你說話嗎？……

賈：玉如，……別哭了，……我們到別處去玩吧！……在這兒，我們希望聽到的是：「笑聲」，……不是哀傷的「哭聲」，……把眼淚擦了，看，那邊有一群小天使，正在高興的唱歌、跳舞吶！

黃：好，……我不哭！（強抑止）……我不哭。

（遠處傳來「聖母頌」的歌聲和音樂）

賈：玉如，你到這兒來，一眨眼已經兩個月了，……還過得慣嗎？

黃：賈婆婆，這兒空氣跟台北的空氣，完全不一樣，……住的地方，也寬敞舒服，……什麼都準備得周周到到的，……既沒有煩惱，也不用擔心害怕，……只是，沒有人做伴，……太寂寞了，……賈婆婆，你跟我奶奶一樣疼我、照顧我，賈婆婆，……你做我的奶奶，好不好，……我願做你的小孫女！……

賈：好呀，……玉如，……有你這樣乖巧的孫女來陪我，……眞是再好也沒有了。

黃：奶奶……

賈：玉如，你知道嗎？人活在世界上，除了肉體以外，還有靈魂！

黃：人活在世界上，除了肉體以外，還有一個靈魂？

賈：對！人的肉體，一旦死了，它的靈魂就升到這兒來，……肉體的死，有很多種不同的死法。一般來說，可以分成三等。頭一等人，是本身並不想死，可是爲了國家民族打仗而陣亡的，像軍人。也有些爲了維持社會治安而犧牲了性命的，像警察。更有些人爲了救別人，結果卻犧牲自己生命的，像救災英雄，這些人的死，都轟轟烈烈，令人肅然起敬，這些人的靈魂，到了我們這兒，就可以享受頭等的待遇，將來還可能升到天堂去。

黃：嗯，那是應該的！……什麼是第二等人呢！

賈：第二等人，本身也並不想死，但爲了自然的法則，年老生病而死，再或是因爲一些意外事件，如飛機失事、車禍，或是風災、水災、火災、地震房屋倒坍，……等意想不到的突變，就像你這樣被人害死，這些人，若是生前沒有做過壞事，他們是值得同情憐憫的，靈魂到了我們這兒，也會受到很好的接待，將來，可能讓他重返「人間」，再次做人。

黃：這些人，若是生前做了壞事呢？

賈：那就另當別論了。……

黃：賈奶奶，……什麼又是第三等人呢？

賈：第三等人，是本身就想去死的，如自殺，再或是雖不是自殺，但爲非作歹，壞事做盡，貪贓枉法、貽害他人，像黑道火拼被打死，或是被法律槍斃處死。……這些人，令人恨入骨髓，到了這兒，就會受到第三等的待遇，……不會像你這樣的舒服了。……

黃：那些罪大惡極的土匪、強盜、壞蛋，……將來會不會被打入「地獄」呢？還是再讓他們到人間來作惡害人呢？

賈：當然會被打入「地獄」，……也不可能讓他們重返「人間」，……上帝是十分公正公平的！……

黃：有些人只是爲了愛情而自殺，也會被打入地獄嗎？

賈：凡不愛惜自己生命的人，……都會被打入地獄，……不過，……其間，也多少有些分別，例如，有人在「地獄」躭不多久，……就可以重返人間，……有人罪孽深重，不可饒恕，可能永遠打入地獄，不得超生，……就像有人是被判「有期徒刑」，有人被判「無期徒刑」一樣。……

黃：嗯，……是應該有分別，才合情理！

（音樂）

（狗吠叫聲）

（二聲槍聲）

曾：嗯，……準又有人來報到了，……（開門聲）我去看看，是誰來了！……小黃，別叫了！……我又沒睡著！（狗不再叫）

湯：請問，您是這兒的管理員嗎？……我是新來報到的！……

曾：瞧你身體長得壯壯的，……還不到四十歲吧？……怎麼也來了？……你叫什麼名字，可以把你的來歷，向我說一下嗎？……我姓曾，曾國藩的曾，……我是這兒的管理員。……

湯：曾老伯，……我姓湯，……喝湯的湯，名字叫銘心，金字旁加一姓名的名，心是良心的心！……我是因爲犯了罪，……被槍斃後，才來這兒報到的！

曾：你犯了什麼大的罪，要被槍決呢！

湯：（略停頓，回憶往事）那是四年以前的事了！……那時候，我在台北開計程車，那天晚上吃宵夜，我多喝了一些酒，與一家ＫＴＶ的幾個職員發生衝突，當時他們幾個人打我一個，我挨了幾拳，氣不過，就回家搬了個瓦斯筒，與他們理論，他們躲在裡面不出來，我就開了瓦斯，用打火機點燃，縱火，打算嚇嚇他們！

曾：這……太危險了嗎！

湯：誰知，火勢一發不可收拾，很快就燒了起來，還沒十分鐘，整個「天堂ＫＴＶ」就燒個精光，造成了十二個人，在那次大火中，活活的被我燒死！……

曾：嘿，……你……眞夠狠，……一時衝動，十二個人的生命，就斷送在你的手裡！

黃：（突然插入）啊，……你隨意縱火殺人，……燒死了十二個人？

曾：黃玉如，……我和湯先生在談話，……你怎麼可以偷聽？

黃：曾爺爺，……我正巧路過嘛！哇！……這位湯先生殺人的記錄，可眞嚇人啊！你殺了這麼多人，法官怎麼定你的罪的？……

湯：我被判處了死刑。……

曾：罪有應得，一點也不冤枉你，……不過，……怎麼會拖了四年，才執行槍決呢！

湯：因爲我一再的申請上訴、再上訴，爲自己的罪辯護，希望法官大人，法外開恩，最後能免我一死，……就這樣一審再審，一拖再拖，……讓我多活了四年，……到了最後，法官還是認爲我罪無可逭，判了我死刑！……

曾：湯先生，……你認爲有點冤枉嗎？……十二個人的性命，斷送在你的手裡吔！……

湯：起先，我一直以爲自己很冤枉，因爲我不是預謀殺人，只是喝醉了酒，一時氣憤衝動，才闖禍的。因爲我那時就住在那家ＫＴＶ附近，我也常去那裡唱歌，……搬瓦斯筒去，只是想嚇嚇他們，誰知道，水火無情，一下子，會燒死這麼多人呢！……每一次開庭的時候，那些被害人的家屬，都在法官面前哭訴，非要判我死刑不可！……直到有一天，那些家屬中，有一個七十五歲的老太太，……突然表示說，人都死了，……爲什麼不能原諒他，寬恕他呢！……她請求法官免我一死，讓我可以重新做人！……

黃：嗄，居然有這樣的老太太，……被你燒死的，……是她的什麼人？

湯：是那位老太太的兒子，結婚才三個月，因爲心情愉快，和同事去KTV唱歌同樂，想不到，因爲我的一把火，奪走了他的性命，開始的時候，老太太對我這位兇手，也十分憎恨，但過了一段日子，冷靜下來，想了又想，就是把我馬上處死，……他兒子也無法再活過來，……因爲她和她的女兒，都是虔誠的基督徒，爲了表示基督徒的愛心，老太太饒恕了我，願意認我做他的義子，……她不再恨我，……願意原諒我一時糊塗，犯下這樣的大錯！……

曾：這位老太太，可眞不容易！

黃：啊，……世界上，……還是有好心人啊！

湯：這一對母女的愛心，完全把我軟化了，……我開始不再申辯，放棄上訴，在神的面前，痛切的悔悟，……深深覺得自己罪孽深重，就是死十次八次都應該，還說什麼冤枉！……所以，當我被押赴刑場，槍決的時候，我內心很平靜安祥。我相信，我的肉體，雖已死去，但我的靈魂，已獲得了拯救。……行刑前，我還特意在牧師的見證下，簽下了「器官全部捐贈」的同意書，表示誠心誠意爲自己贖罪！……

曾：你能有這樣痛改前非的決心，……我想，……將來，……你還有可能重返「人間」的！

湯：曾老伯，……會有這樣的機會嗎？

曾：神是公正信實的，……只要人有悔改的心。……迷途的羔羊，神總不丟棄！……

黃：曾爺爺，你看他……眞的不像是個很壞的壞人噢！……你會把他帶到第三等人的宿舍去嗎？

曾：黃玉如，……你很同情他，是不是？……

黃：曾爺爺，……難道，你認爲他不値得同情嗎？……

曾：凡是做錯了事，而有悔改之意的人，……神……都會原諒他，……我想，……我先去請示神的旨意後，再決定把他帶到那一等人的宿舍去比較妥當，我只是一個管理員，可不能越權處理事情啊！

黃：嗯，……有道理！……曾爺爺，你也是個好人！

（音樂）

黃：湯大哥，我眞高興，……神眞的饒恕了你，沒讓你和那些第三等人住在一起！

湯：黃小妹，……我想，你應該叫我湯叔叔才對，因爲我有一個兒子，和你一樣大，今年也是十六歲！……另外，我還有個女兒，她只有六歲，兩個人相差了十歲。

黃：怎麼會差這麼多呢？

湯：我廿歲就結婚了，婚後，因爲年紀輕，又喜歡喝酒，喝醉了，有一次跟人打架，失手把人打成重傷，結果被關進監牢，待了三年，出來後，找不到工作，與一些幫派弟兄混在一起，詐欺、勒索，……我現在回想起來，……當年，我眞是犯了不少罪，結果，我太太和我離婚！……

黃：年輕人，……都容易……做錯事！……

湯：後來我學開車，做了計程車司機，生活才逐漸正常，……這樣我又第二次結婚，……才生下那個女兒，……想不到，不到五年，……又闖下這樣的大禍。……（停了一下，才說）被判死刑的第二年，……我第二個太太，也和我分手離婚了，……如今我死了，……一了百了，……就是留下這兩個兒子女兒，……不知道他們的日子……怎麼過下去？……（說至此，不覺英雄氣短，流下傷心的眼淚）

黃：你……沒有父母嗎？

湯：我父親早死了，母親常年生病癱瘓在床上，……她自己都需要人照顧，……那還能指望她來照顧小孩！……（又深深的嘆息）……

黃：湯大哥，……你想不想他們？

湯：自然想！……人之常情，你說，我能不想嗎？……

黃：我帶你去看他們，好不好？

湯：怎麼去看法？

黃：這兒花園裡，有一塊「萬里靈石」，就像一面千里鏡，只要你誠心的默默禱告，就可以在石頭上，看到你想看的人了！……

湯：那你快帶我去看看！

黃：（興奮地）好，你跟我來。（腳步聲）……到了，……這就是「萬里靈石」……你想看你的兒子、女兒，……就默默禱告吧！

湯：（喃喃禱告）神呀，感謝讚美你，求你讓我能看到我的兒子和女兒，……他們現在在做什麼？……

（奇妙的音樂）

黃：你看到了嗎？……湯大哥！……你怎麼不說話呢？……

湯：（激動地）……我……眞的看到他們了，……他們正在吃飯！……啊……那個原諒我的姊妹，還有她母親，……帶了不少禮物來看他們了，……啊，有吃的，還有穿的，……還勉勵我的兒子，要好好用功讀書，……（邊說邊拭眼淚）她們……眞是對我太好了，……我實在愧對他們！……我該死！……（激動地）我……不是人！……我不是人！

黃：湯大哥，……你已經接受法律的制裁了，……別太自責了！……把過去的事，……都忘了吧！……

湯：（失控地）……我忘不了，……我眞是個罪人，……不可饒恕的大罪人！……

（音樂）

賈：老曾哪，……你有沒有發現？最近這幾年，自殺的人越來越多，年紀輕輕的，有的只是被父母或老師罵了一兩句就去自殺，有的呢，爭風吃醋，爲了愛情，也去自殺，自殺還算好的，有的往往要死一起死，來個同歸於盡……這究竟是什麼原因呢？

曾：從前哪，日子過得很艱苦，大家只知道咬緊牙根，努力奮鬥，……很少去自殺，現在哪，生活太富裕了，經不起一點挫折、磨難，眞所謂：「溫室裡長大的孩子，受不了風雨」，……稍有不如意，就一死了之。……神，把人的生命，看得十分莊重而珍貴，而人自己卻把生命視作泥土一樣，任意踐踏！……眞讓神……痛心哪！……

賈：還有，……現在社會上的風氣也太壞，流氓地痞滿街跑，……看不得別人有錢，整天動歪腦筋，想綁票勒索，強搶豪奪，希望不勞而獲，只顧自己，不管別人死活，……唉，人心，……實在太壞、太可怕了！……眞得徹底的改革一番不可！

曾：現在一些槍枝，好像玩具店的玩具槍一樣，連國中生都有手槍，子彈也有的是，你沒看電視上那些警匪槍戰，……開槍就如同放鞭炮一樣，……衝鋒槍、鳥茲槍，……火箭炮、汽油彈，……全都出籠了，……和電影上演的一模一樣！……誰被流彈打中，死了，也是活該！……

賈：地球上，人口膨脹，可以施行「節育」，少生一些，……而我們這裡，……一大批一大批的來報到，遲早也會有「客滿」的一天，……那怎麼辦？

曾：賈婆婆，……你放心，……那些爲非作歹的強盜土匪，……到了這兒報到以後，……神會很快加以審判，將之打入「地獄」的，……不會像對那些好人一樣，讓他悠然自在，……過舒服日子的！……

賈：最近，……這一陣子，壞人來報到的太多了，……也該清理一下了……

曾：你說得不錯，是該清理一下了！……

（腳步聲跑來）

黃：賈奶奶，……啊，……曾爺爺，……你也在這兒！……

賈：玉如，……有什麼事嗎？……瞧你跑得上氣不接下氣似的！

黃：賈奶奶，……我們住的地方，……是不是也可以裝一台電視機呢？

曾：玉如，……你們到了這兒，需要的是清靜，……悠閒，何必還要去關心人間的一些瑣事呢！……神讓你們到這兒來，……就是讓你們遠離紅塵啊！

黃：可是「電視新聞」，……可以讓我們知道一些「人間」最新的消息啊！……

賈：玉如，……你知道那些消息，有什麼意義呢？……你現在已不在「人間」了，……再去知道那些消息，只是徒增一些困擾和煩惱！……何必呢！……

黃：賈奶奶，那……你們管理員，怎麼可以看電視呢？

賈：玉如，……我們也很少去看，……只是職務上，……爲了管理工作上的需要，不得不去看！……不是每天都有不同身分的靈魂，……來我們這兒報到嗎！……我們對他們的過去，多少也該瞭解一些啊！……

黃：奶奶，你知道嗎？……有三個綁匪，殺了人，犯了案……到現在已經四個月了，還逍遙法外，……要他們留在「人間」繼續作壞事害人嗎？……神，……為什麼不把他們抓起來，早日繩之以法呢！老天爺，也太不公道了！

曾：黃小妹妹，……你儘可以放心，……遲早，……這三個人，……一定會被送到這兒來報到的！……神在天上，做了一張網，這張網，看不見，也摸不到邊，……但是，凡是做壞事的人，都逃不出這張網，你沒聽說過嗎？「天網恢恢，疏而不漏」，……沒有一個壞人，可以做「漏網之魚」的，……只是時間早晚而已！……

賈：玉如，……曾爺爺說的，一點兒也不假！……你不要心急，總有一天，……你會看見他們的！……

（音樂）

曹：別跑，站住！……再跑，我就開槍了！

（跑步聲、追逐聲、槍聲響，……接著衝鋒槍掃射聲）

曹：啊，……我中彈了！……你不要管我，我不會死，……快去追！（大叫）你快去追呀！

……

（遠處，又傳來幾聲槍聲）

（沉寂片刻）

曹：……你們快去報警！……千萬別讓那兩個歹徒跑了。……（未說完，聲漸弱，終於噗通倒地死了）……

曾：哦！……好勇敢的警察，……爲了抓歹徒，一點也不顧自己的性命！……

曹：（悠然，甦醒過來）呀！……老先生，……這裡是什麼地方？……好像不是醫院的病房嗎！……

曾：曹先生，……這不是病房，……這已經不是在人間了！……

曹：什麼？……（大驚失色）……難道，……我已經死了嗎？

曾：曹先生，……你一定渴了，……我去倒杯水，你喝了水，再說吧！

（倒水聲）

曹：（喝完一杯水後說）我只是中了一顆子彈，怎麼就死了呢！……老先生，……你要告訴我眞話，……我不能死呀！……

曾：曹先生，……我不騙你，……你因爲傷中要害，所以，雖說只中了一槍，仍是死了！才會到這兒來，……我是這兒的管理員，我姓曾，……我今年已經七十歲了，……你就叫我曾爺爺好了！……你叫曹大明，曲日曹，大小的大，光明的明，對不對？……你今年廿七歲，還沒有結婚，是嗎？

曹：曾爺爺，你是神仙，……是吧，……對我知道得這麼清楚！

曾：我不是神仙，我只是這兒的管理員，……像你這樣爲了維護社會的治安，犧牲生命的人，是我們最景仰的頭等人物，……你還沒有來報到，……你的資料，早就由電腦傳送過來了。

曹：這究竟是什麼地方呢？

曾：這兒既不是「人間」，也不是「天上」，是介在兩者之間的第三度空間。人的肉體死了，靈魂就會到這兒來，暫且歇個腳，等神的審判以後，再決定分送你到什麼地方去！

曹：我可以再回到「人間」去嗎？………

曾：你是英雄人物，可以到「天堂」去的，………爲什麼還留戀「人間」呢？………

曹：曾爺爺，………不瞞你說，………我有個未婚妻，………今年六月和我訂了婚，原定下個月，………就要結婚的，………誰知道，突然會發生這樣的意外呢！………眞恨死我了！………還有，………更糟糕的是………（停住不說了）

曾：更糟糕的，是什麼呢？………

曹：更糟糕的是，………我未婚妻，………她………她已經懷孕了！………這下，………她該怎麼辦呢！………大肚子的女人，誰還願意娶她！………她若沒人和她結婚，………往後的日子，怎麼過呢？………

曾：聽你這麼說，………確實很糟糕！………不過，這要怪你自己，………還沒舉行婚禮，………怎麼可以就先發生關係呢！………

曹：曾爺爺，………我和她已經訂婚了啊！………這是很正常的！………你大概忘了，時代不同了嘛！………

曾：嗯！………我是忘了！時代是不同了。………過去，歹徒那敢對警察開槍？把警察打死了，……這還得了，罪加一等，……抓到了非槍斃兩次不可。……

曹：也怪我的運氣不好，……我拿的是手槍，那歹徒手上，拿的是衝鋒槍，雞蛋碰上石頭，當然是我倒楣了！

曾：曹警官，……你也不用太難過，……你雖不幸，光榮殉職，……但是，殺你的歹徒，……他遲早會來這兒報到的……

（小黃吠叫聲）

曾：你聽，……小黃在叫了！又有人來報到了。

（急促敲門聲）

曾：外面是誰呀？

錢：是我呀！……快開門哪！

曾：來了，……來了，小黃，走開，別叫了。

（小黃停止吠叫，開門聲）

曾：啊，……錢達海，……錢董事長，……你怎麼也到這兒來報到啦！……

錢：老先生，……眞奇怪，我不認識你，……你怎麼知道我叫錢達海？……又怎麼知道，我是董事長呢！

曾：你是大名鼎鼎的大財主，身兼好幾家貿易公司的錢董事長，你的財產……大概有好幾十億，你有三個太太、四個兒子、兩個女兒，……我沒有說錯吧！

錢：老先生，您貴姓，……你是不是私家偵探？才把我的底細打聽得這麼清楚。

曾：我姓曾，我只是這兒的管理員，可不是什麼私家偵探！……你放心，雖說，你的隨身保鑣，沒有跟你一起來，我絕不會拿你綁票，向你勒索錢財的！……

錢：你是這兒的管理員，這兒究竟是什麼地方呢？……醫生已經正式宣佈我心跳停止了，……難道說，我沒有死，我還活著嗎？……

曹：（插嘴）錢董事長，……你是死了，……這兒既不是「天上」，也不是「人間」，這兒是第三度空間！

錢：第三度空間，……這兒住旅館需要錢嗎？……我雖說沒有帶一文錢來，可是，我可以開支票，……你們去銀行，照樣可以領到錢的！

曾：錢董事長，……你放心，……這兒根本不需用錢，……錢在這兒，一點用處也沒有！

錢：噫，……居然天下有不需要用錢的地方！……

曹：錢董事長，你沒聽說過，……人到世界上來，空著手，人離開世界的時候，同樣空著兩雙手，……一毛錢，也帶不走的，……你忙碌了一輩子，有了不少的錢財，結果，還不像一場夢一樣，空著雙手，來這兒報到。

錢：我就是想不開！……整天就想著賺錢，……結果我還沒斷氣，就聽見我的老二、老三在爭著分遺產。……

曹：老二、老三是你的公子嗎？

錢：不，那是我的二姨太、三姨太，……她們心裡的話，我都聽見了，……兩個人都說，要不是看在錢的份上，……才不會嫁給我吶！……她們根本沒有眞心愛過我！……唉！

（嘆息）……女人哪，都是靠不住的！

曾：錢董事長，你的兒子、女兒，……都很孝順你罷！……

錢：別提了，那幾個寶貝兒子，不是賭鬼，就是色鬼，……沒有一個爭氣的！女兒嘛，雖也出嫁了，……結果，也請了律師來，要平分我的財產！……我……辛苦了一輩子，……眞不知是「爲誰辛苦爲誰忙」！……

曹：眞沒想到，有錢人也有有錢人的煩惱。

曾：錢董事長，……你也很累了，你先在這兒休息一下，這位也是才來的曹警官，你們隨便聊聊，我先去檔案室，調閱一下你在人間的資料，再來給你安排住處，好嗎？（腳步聲遠去）

錢：好。……你是曹警官？……（心虛的）我可沒有做什麼犯法的事，你可別找我的麻煩啊！

……

曹：錢董事長，……你放心，……在這兒，我已不是警察了！……我也是才來，這兒東南西北都分不清，怎麼會找你麻煩呢！……我倒很欽佩你，……眞有本事，在世上，……賺了這麼多的錢！……

湯：（腳步聲走近）兩位是新來的嗎？

曹：是啊！……先生，你貴姓？

湯：我姓湯，叫湯銘心，……過去，我是個計程車司機。

曹：我姓曹，我叫曹大明，過去，我是個警察，……這位是有名的錢董事長，他叫錢達海，你大概聽過他的大名吧！

湯：久仰，久仰，錢董事長，……你年紀也不大，身體也挺好的，怎麼也到這兒來了呢？

錢：我呀，……是高血壓，又有糖尿病，……因爲心臟病突發，才來這兒的！

湯：曹警官，錢董事長，……你倆初來乍到，對這兒的環境，一定還不太熟悉，……我帶你們去周圍逛逛，好嗎？

錢：好呀！……

湯：那就跟我來吧，……我先帶你們到花園去走走！……

（音樂）

黃：賈奶奶，我在這兒！你找我，有什麼事呢？

賈：玉如，今兒有不少新來報到的，我忙不過來，你幫我接待一下這位小妹妹好嗎？……她比你年紀小！……對了，小妹妹，你叫什麼名字？她叫黃玉如，……你們先談談，好嗎？

林：好的，……黃姐姐，……我叫林美蘭，雙木林，美麗的美，蘭花的蘭，……今年十五歲！……國中還沒有畢業。

黃：你比我還小，這麼年輕，怎麼會到這兒來的呢？

林：我是上吊自殺，才到這兒來的！

黃：（吃驚）……呀！……你爲什麼要上吊自殺呢！生命是很寶貴的，……怎麼這麼糊塗呢？
……你知道嗎？……自殺的人，……是會被送入地獄去的！……下地獄是非常可怕的！

林：（駭怕的）我……不要下地獄，……（哀求地）我求你……不要讓我下地獄！

黃：告訴我，……你究竟是爲了什麼，想到要自殺呢！你不爲你的父母想一想嗎？

林：黃姐姐，……我父親在我三歲的時候就死了，……爲了活下去，母親就改嫁了，……我的繼父，是個賭鬼，輸了錢，就打我媽媽出氣，有一天……我母親去工廠加夜班，繼父喝了酒，……就強暴了我！……我曾經告訴我母親，……但是，她也無可奈何我繼父，……就這樣，……我一直被我的繼父欺負。……

黃：你繼父，怎麼可以這樣，……不顧人倫道德！……

林：黃姐姐，……爲了這件事，……我再也無心用功讀書，……在學校考試不及格，就常被老師責罵！……讓我在學校裡，也抬不起頭來，……我想來想去……還是死了算了！……

……死了不就沒有痛苦和壓力了嗎！

黃：林美蘭，……你爲什麼不把繼父強暴你的事，告訴學校的老師呢？

林：是我母親不要我去和別人說的，……我繼父更嚴重的警告我，……若是告訴了別人，……
……他就殺了我！……

黃：你眞不幸，……怎麼會遇上這樣的繼父！……唉！……

林：黃姐姐，……我好痛苦！……我實在是無路可走，……才自殺的，……我並不是不珍惜自己的生命，……這樣也要被送到地獄去嗎？……

黃：聽你這麼說，……我覺得，雖說你做錯了事，……但情有可原，……我陪你去向賈奶奶求求情，……希望她也能同情你的遭遇，……不送你下地獄去！……

林：黃姐姐，……以後，……我再也不這樣糊塗了，……求你救救我！我不想下地獄！

黃：別說了，……我們現在就去求賈奶奶吧！

（音樂）

湯：在這個花園裡，除了那些奇花異草以外，有一塊「萬里靈石」，……只要你們虔誠的向它禱告，它就可以讓你看到幾千里以外的家人。……

錢：湯先生，眞有這樣的奇石嗎？……

湯：錢董事長，……你想看見你的家人嗎？……曹警官，你吶？

曹：湯大哥，……你別說了，快帶我們去看那塊奇石，我希望看我的未婚妻，她現在在做什麼？……

湯：說到這塊「萬里靈石」，眞是奇妙極了，……我除了在石頭上，看見我的兒子女兒以外，有一次，你們猜我在上面，看見了什麼？

錢：看見了什麼？

湯：我看見了四個陌生人，……他們一起由一位醫生帶領著，到我的墳前來向我獻花、行禮。

……原來，他們是接受了我捐贈的器官，有的眼睛復明了，有的心臟變好，……更有一位接受了我的大腿骨，……讓他走路不再用枴杖，……我眞沒想到，……我臨刑前捐出的器官，……竟然還能造福人群！……

曹：本來就是這樣，我父親常說：「善有善報，惡有惡報」，……人活在世界上，不能做惡事，……會有因果報應的！

錢：什麼因果報應，我才不信這一套！

湯：喏，……我說的「萬里靈石」就是這一塊石頭，……你們一定要虔誠的禱告，想見什麼人，……告訴它，……慢慢地，你想見的人，就會在石頭表面上顯現出來，……就像電視機的螢光幕一樣！

錢：曹警官，……我年紀比你大，你讓我先看好嗎？……

曹：錢董事長，……你先請！……我能和你一起看嗎！

錢：好呀！讓我先默默的來做一個禱告。……（喁喁低語）……

曹：啊，……你家的房子，好大，好漂亮啊！……

錢：什麼？我的大太太，二太太……在吵架，……大打出手，……啊！……打得頭破血流！……老三呢？……不在家，……什麼！……她跟一個牛郎去了賓館，……這個不要臉的女人，在倒貼小白臉！……我不要看了，越看越讓我生氣！……

湯：錢董事長，……你不想看看你的兒子嗎？……

錢：萬里靈石，……拜託你，讓我看看，我的兒子在做什麼？……老大在賭場賭梭哈，……老二在證券所玩股票！……老三，在玩女人，……什麼？醫生在給他檢查，得了愛滋病！……老四吶，……好，在吸毒，安非他命，……氣死我了，……沒有一個成材的，……難道？……真是……因果報應！……我不看了，……我再也不想看見他們。

曹：錢董事長，你怎麼掉頭不看了呢？……

錢：曹警官，……你看吧！……我走了。（腳步聲離去，突然摔了一跤）哎喲！……哎喲！……疼死我了……

湯：錢董事長，……走路小心，……摔疼了沒有，我來扶你！

曹：萬里靈石，……求你讓我看到我的家人，和未婚妻好嗎？……（喁喁禱告聲）……啊，……果然讓我看到他們了，……我未婚妻在哭，……啊，……好多大官，都到我的靈堂來行禮，……還安慰我的父親、母親……他們還在我的棺材上，……蓋上了國旗、警徽旗……想不到……我死得……好風光……

（音樂）

曾：錢董事長，……真沒想到，那些把毒品一大批一大批運進來的，幕後主使者，就是你；那些走私進口運到台灣來的黑槍、衝鋒槍，真正賺錢的大老闆，也是你。……你發的都是黑心錢，昧著良心的不義之財。……在人間，你很聰明，有那些小嘍囉，做你的替死鬼！……可是在神的面前，你卻顯出了原形，那些你犯罪的「錄影帶」記錄得一清二楚，……現在神判你下「地獄」，你還有什麼要申辯的嗎？

錢：奇怪，那些「錄影帶」，是那個傳播公司拍的，日期、地點，都記得清清楚楚，一點也不漏！

曾：是神的傳播公司給你拍的，他用隱形的千里眼，拍攝的。人在人間行善作惡，神都有完整的記錄，這樣，你們到了「三度空間」，來接受審判的時候，才可以讓大家心服口服！你要知道，神是無所不知、無所不在、無所不能的，……你可以逃過法律，但你想欺瞞了祂，那是不可能的。

錢：曾老伯，……我能不能和你商量，……我把留在世上的那些財產，全部捐獻出來，作慈善事業，……是不是可以減輕一些對我的處罰。

曾：你現在想做善事了？……

錢：是啊，……知過能改，痛改前非，行不行呢？

曾：恐怕，……爲時已晚，……若你在人間，……沒死以前，……也許可以，……現在，……

……只有接受神的制裁了。

錢：曾老伯，……你是一個仁慈的長者，你就不能可憐可憐我，代我向神去求個情，別讓我下「地獄」，好不好？

曾：你做了這麼多「缺德」的事，你還想上「天堂」去？

錢：我是做了不少的壞事，……我怎麼敢要求上「天堂」呢？……只是，「地獄」實在太可怕了！……神昨天已經讓我先去那兒參觀了一下，……那些毒蛇、猛獸，都伸長著舌頭，……在等著吞吃我呢！還有那不滅的烈火，紅紅的燒著，人丟下去，不被燒焦，也被烤熟了，……那怎麼受得了？

曾：錢董事長，……你的肉體，早就死了，你被丟進地獄去的，只是你的靈魂！那些毒蛇猛獸，吞噬、啃食的，只是折磨你的靈魂，烈火燒烤的，也是你的靈魂！……你不會死的，神只是讓你的靈魂，永遠受到：迫害、折磨、煎熬的滋味而已。

錢：這種靈魂受到迫害、折磨、煎熬的滋味，永遠無窮無盡的繼續下去嗎？

曾：是呀！……

錢：那比肉體死了，還更可怕！……我……不要去地獄！……

曾：你想重返人間？……

錢：嗯，我願肉體吃苦受罪！……做牛做馬，……做豬都可以。

曾：可是，你做的惡事，實在太多了，那些毒品，害了多少人？那些黑槍，打死了多少人，你有計算過嗎？……你的罪，只有「下地獄」這一條路可走！

錢：（嘶喊叫）不……我不要去地獄！（絕望的哭嚎）老天爺，我不要下地獄！

曾：錢達海，……遲了，已經來不及了，快走吧！

（鐵鍊地上行走夾雜叫喊聲：「我不要下地獄」……漸行漸遠）

（音樂起）

——全劇終——

附錄一

姜龍昭歷年得獎紀錄

(1)四十一年編寫兒童劇「榕樹下的黃昏」獲臺灣省教育廳徵兒童劇首獎。
(2)四十二年編寫獨幕劇「奔向自由」獲總政治部軍中文藝獎徵獨幕劇第三名。
(3)四十三年編寫多幕劇「國軍進行曲」獲總政治部軍中文藝獎徵多幕劇佳作獎。
(4)四十七年編寫廣播劇「葛籐之戀」獲教育部徵廣播劇佳作獎。
(5)五十一年編寫廣播劇「六六五四號」獲新文藝月刊祝壽徵文劇本類獎首獎。
(6)五十三年編寫電視劇「青年魂」獲青年反共救國團徵電視劇佳作獎。
(7)五十四年編寫廣播劇「寒澗圖」獲教育部徵廣播劇佳作獎。
(8)五十六年編寫「碧海青天夜夜心」電視劇獲中國文藝協會頒發「最佳電視編劇文藝獎章」。
(9)五十六年編寫獨幕劇「父與子」獲伯康戲劇獎徵獨幕劇第四名。
(10)五十七年編寫多幕劇「孤星淚」獲伯康戲劇獎徵多幕劇首獎。
(11)五十九年因出版劇本多種，人物刻劃細膩獲教育部頒發戲劇類「文藝獎章及獎狀」。

(12)六十年製作「春雷」電視連續劇，獲教育部文化局頒巨型「金鐘獎」乙座。
(13)六十年編寫連續劇「迷夢初醒」使「萬福臨門」節目獲教育部文化局頒「金鐘獎」乙座。
(14)六十一製作「長白山上」電視連續劇，獲教育部文化局頒巨型「金鐘獎」乙座。
(15)六十一年與人合作編寫電視連續劇「長白山上」獲中山文化基金會頒「中山文藝獎」。
(16)六十三年製作電視連續劇「青天白日」獲中國電視公司頒發獎狀。
(17)六十四年編寫宗教話劇「眼」獲「李聖質戲劇獎」首獎。
(18)六十四年編寫電影劇本「勇者的路」獲國軍新文藝金像獎電影劇本徵文佳作獎。
(19)六十五年製作電視節目「法律知識」獲司法行政部頒發獎狀。
(20)六十五年編寫多幕劇「吐魯番風雲」獲臺北市話劇學會頒第三屆「最佳編劇藝光獎」。
(21)六十五年編寫電影劇本「一襲輕紗萬縷情」獲電影事業發展基金會徵電影劇本佳作獎。
(22)六十五年編寫電影劇本「大海戰」獲國軍新文藝金像獎電影劇本徵文「銅像獎」。
(23)六十六年製作電視節目「法律知識」獲行政院新聞局頒巨型「金鐘獎」乙座。
(24)六十七年編寫兒童歌舞劇「金蘋果」獲教育部徵求兒童劇本首獎。
(25)六十八年編寫電影劇本「鐵甲雄獅」獲電影事業發展基金會徵求電影劇本優等獎。
(26)六十九年獲臺灣省文藝作家學會頒發第三屆「中興文藝獎章」電視編劇獎。
(27)七十年編寫舞臺劇「國魂」獲教育部徵求舞臺劇第二名，頒發獎狀及獎牌。
(28)七十年編寫電影故事「鳥棚中的奮鬥」及「吾愛吾師」獲電影事業發展基金會入選獎。

(29)七十一年製作電視節目「大時代的故事」獲中央黨部頒發「華夏」二等獎章及獎狀。
(30)七十一獲國軍新文藝輔導委員會頒發「光華獎」獎狀。
(31)七十二年編寫舞臺劇「金色的陽光」獲文建委員會徵求舞臺劇本第二名及獎牌。
(32)七十二年參加教育部委託中華日報家庭休閒活動徵文獲第三名。
(33)七十二年編寫電影故事「老陳與小杜子」獲電影事業發展基金會徵求電影故事入選獎。
(34)七十三年編寫舞臺劇「母親的淚」獲教育部徵舞臺劇第三名，頒發獎狀及獎金。
(35)七十四年編寫廣播劇「江爺爺」獲中華民國編劇學會頒發「魁星獎」。
(36)七十六年因實踐績效評定特優獲革命實踐研究院兼主任蔣經國頒發獎狀。
(37)七十七年編寫舞臺劇「淚水的沈思」獲教育部徵舞臺劇佳作獎，頒發獎牌及獎金。
(38)七十八年編寫廣播劇「地下英雄」獲新聞局國家建設徵文獎，頒發獎金。
(39)七十八年編寫廣播劇「血洗天安門」獲青溪新文藝學會「金環獎」頒獎座及獎金。
(40)七十八年編寫電影劇本「死囚的新生」獲法務部徵電影劇本獎，頒發獎金。
(41)七十九年編寫電影劇本「綠島小夜曲」再獲法務部徵電影劇本獎，頒發獎金。
(42)八十年製作電化教材「大地有愛」獲中國國民黨考核紀委會頒發獎狀。
(43)八十二年服務廣電界屆滿卅年，獲新聞局頒發獎牌。
(44)八十二年編寫舞臺劇「李商隱」獲教育部徵舞臺劇佳作獎，頒獎狀及獎金。
(45)八十二年編寫廣播劇「李商隱之戀」獲中華民國編劇學會頒發「魁星獎」。

(46)八十五年配合推行拒菸運動，獲行政院衛生署頒發獎牌。

(47)八十六年編寫廣播劇「異鄉」獲中國廣播公司頒發「日新獎」。

(48)八十六年推行軍中新文藝，獲國軍新文藝輔導會頒發「特殊貢獻」獎座及獎金。

附錄二

姜龍昭著作出版書目

作品名稱	類別	出版處所	字數	出版年月
烽火戀歌	獨幕劇	總政治部	約二萬	四十一年十二月
奔向自由	獨幕劇	總政治部	約二萬	四十二年十二月
自由中國進步實況	報導文學	中央文物供應社	約廿萬	四十九年十二月
六六五四四號啞吧	電視劇選集	平原出版社	約三萬	五十三年二月
電視綺夢	電視劇選集	正中書局	約五萬	五十五年九月
金玉滿堂	電視劇選集	菲律賓劇藝社	約廿萬	五十六年九月
父與子	獨幕劇	僑聯出版社	約二萬	五十六年十二月
碧海青天夜夜心	電視劇選集	商務印書館	約十二萬	五十七年一月
一顆紅寶石	電視劇選集	菲律賓劇藝社	約十二萬	五十八年二月
金色陷阱	電視劇選集	東方出版社	約十二萬	五十八年六月

故都風雲	廣播劇	軍中播音總隊	約二萬	五十九年四月
孤星淚	多幕劇	僑聯出版社	約四萬	五十九年四月
情旅	小說	新亞出版社	約六萬	五十九年五月
青雷	小說	新亞出版社	約六萬	五十九年十月
長白山上	圖畫故事	新亞出版社	約六萬	六十年三月
紅寶石	獨幕劇	中國戲劇藝術中心	約二萬	六十年十二月
長白山上（與人合編）	電視連續劇	正中書局	約五十萬	六十一年十月
海戰英雄	廣播劇	總政治作戰部	約二萬	六十三年十月
吐魯番風雲	多幕劇	商務印書館	約四萬	六十五年六月
眼	多幕劇	商務印書館	約四萬	六十五年十二月
海與貝殼	小說	正中書局	約十八萬	六十五年七月
電視劇編寫與製作	論著	黎明文化事業公司	約十二萬	六十五年七月
金蘋果	兒童歌舞劇	中國戲劇藝術中心	約四萬	六十七年三月
電視縱橫談	論著	聯經出版社	約十四萬	六十八年三月
一個女工的故事	電影劇本	遠大出版公司	約八萬	六十八年六月
姜龍昭選集	綜合	黎明文化事業公司	約十八萬	六十八年九月
電影戲劇論集	論著	文豪出版社	約廿萬	六十八年十二月

電視編劇理論與實務（與人合著）	論著	中視週刊社	約廿萬	七十年三月
中華民國電視事業的回顧與前瞻（與人合著）	論著	中國電視公司	約廿二萬	七十年十月
姜龍昭劇選（第一集）	劇本	遠大出版公司	約十八萬	七十一年四月
戲劇編寫概要	論著	五南圖書出版公司	約卅萬	七十二年三月
一隻古瓶	劇本	漢欣文化公司	約三萬	七十三年三月
金色的陽光	劇本	文化建設委員會	約三萬	七十三年三月
幾番漣漪幾番情(與人合編)	劇本	文化建設委員會	約四萬	七十三年三月
英風遺烈	傳記文學	近代中國社	約十二萬	七十三年三月
武昌首義一少年	傳記文學	黎明文化事業公司	約十二萬	七十三年三月
母親的淚	劇本	教育部	約四萬	七十四年二月
最後的一面	小說	晨星出版社	約十二萬	七十五年三月
戲劇評論集	論著	采風出版社	約十二萬	七十五年五月
淚水的沉思	劇本	教育部	約四萬	七十七年八月
香妃考證研究（正集）	考證	文史哲出版社	約十四萬	七十七年十月
姜龍昭劇選（第二集）	劇本	文史哲出版社	約廿萬	七十七年十月

血洗天安門	劇本	中興出版社	約二萬	七十九年三月
淚水的沉思（中英文對照）	劇本	文史哲出版社	約四萬	八十年十一月
飛機失事以後（中英文對照）	劇本	文史哲出版社	約四萬	八十一年七月
泣血煙花（中英文對照）	劇本	文史哲出版社	約四萬	八十一年十二月
香妃考證研究（續集）	考證	文史哲出版社	約十八萬	八十一年三月
李商隱	劇本	教育部	約四萬	八十二年四月
細說流行語（第一集）	考證	號角出版社	約十萬	八十二年八月
細說流行語（第二集）	考證	號角出版社	約十萬	八十三年五月
如何編劇本	論著	新中國出版社	約十二萬	八十三年四月
李商隱之戀（中英文對照）	劇本	文史哲出版社	約四萬	八十年十二月
細說流行語（第三集）	考證	健行出版社	約十二萬	八十五年一月
細說流行語（第四集）	考證	健行出版社	約十二萬	八十七年一月
姜龍昭劇選（第三集）	劇本	文史哲出版社	約廿六萬	八十七年二月

附錄三

姜龍昭廣播劇（已出版者）

一、六六六五四號——五十一年十月「新文藝」月刊。
二、故都風雲——五十八年由軍中播音總隊出版。
三、海戰英雄——六十三年總政治作戰部出版之「谷中清泉」書中刊出。
四、江爺爺——七十二年五南圖書公司出版之「戲劇編寫概要」書中刊出。
五、花臉的人——七十三年五南圖書公司出版之「戲劇編寫概要」書中刊出。
六、陶匠與泥土——七十六年教育廣播網年刊中刊出。
七、血洗天安門——七十九年中興出版社出版之「薪傳」中刊出。
八、孟母教子（錄音帶）五十九年中廣公司錄製發行。
九、二姐的妙計（錄音帶）八十二年萬世傳播公司「懷舊廣播劇」發行。